अशोक महेश्वरी

अकबर-बीरबल की नोक-झोंक

व्यंग्य-विनोद, बुद्धिचातुर्य, न्याय-कौशल की अनूठी कहानियाँ

राधाकृष्ण पेपरबैक्स

पहला पुस्तकालय संस्करण
राधाकृष्ण प्रकाशन प्राइवेट लिमिटेड द्वारा
2013 में प्रकाशित

राधाकृष्ण पेपरबैक्स में
पहला संस्करण : 2013
चौथा संस्करण : 2023

राधाकृष्ण पेपरबैक्स : उत्कृष्ट साहित्य के जनसुलभ संस्करण

राधाकृष्ण प्रकाशन प्राइवेट लिमिटेड
जी-17, जगतपुरी, दिल्ली-110 051
द्वारा प्रकाशित

शाखाएँ : अशोक राजपथ, साइंस कॉलेज के सामने, पटना-800 006
पहली मंजिल, दरबारी बिल्डिंग, महात्मा गांधी मार्ग, प्रयागराज-211 001

वेबसाइट : www.radhakrishnaprakashan.com
ई-मेल : info@radhakrishnaprakashan.com

विकास कंप्यूटर एंड प्रिंटर्स
ट्रॉनिका सिटी-201 102
द्वारा मुद्रित

मूल्य : ₹250

AKBAR-BIRBAL KI NOK-JHONK
Stories by Ashok Maheshwari

ISBN : 978-81-8361-630-0

अकबर-बीरबल की नोक-झोंक

अकबर-बीरबल की चुहल-भरी इन कहानियों में जीवन की अठखेलियाँ हैं तो समय का विद्रूप भी। लोभ, ईर्ष्या और स्वार्थ की अचम्भित कर देनेवाली अनेक घटनाओं से अप्रभावित रह सकने के सूझ-भरे दृष्टिकोणों का हैरतअंगेज चित्रण इस संग्रह की कहानियाँ करती हैं।

सच कहा जाए तो अकबर और बीरबल के बीच चलनेवाली नोक-झोंक में जीवन के गूढ़ रहस्य पैवस्त हैं जो पाठक को हौसला भी देते हैं, और गुदगुदाते भी हैं। ये कहानियाँ हँसी का दामन थामे हुए चलना सिखाती हैं और बताती हैं कि उन्मुक्त परिहास का असर किस तरह स्थायित्व ग्रहण कर लेता है।

संग्रह की कहानियों के विषय-वैविध्य लुभाते हैं। ये कहानियाँ, जीवन से सीधा सरोकार रखने वाली छोटी-छोटी बातों में व्यंग्य उत्पन्न कर हास्य का सृजन करती हैं। निर्मल हास्य उत्पन्न करने वाली कहानियों में जिजीविषा का प्रकटीकरण चमत्कृत करता है। जीवन-व्यापार की समस्त विसंगतियों और विडम्बनाओं के साथ सहज हास्य को सहेजती-बटोरती चलती ये कहानियाँ जीवन के गूढ़ रहस्यों को भी खोलती हैं।

जीवन को सकारात्मक भावों से भरने की क्षमता विकसित करने में इस संग्रह की कहानियाँ सहायक हैं। संग्रह की प्रायः हर कहानी हास-परिहास के बीच संवेदना के स्तर पर पाठक को छूती-सहलाती है। ये कहानियाँ हास-परिहास में ही सामाजिक, राजनीतिक, आर्थिक विसंगतियों पर प्रहार करती हैं।

आवरण-चित्र : सोरित

इलाहाबाद में जन्म और शिक्षा। जनसत्ता (कलकत्ता) से पॉलिटिकल कार्टूनिस्ट की शुरुआत। दिल्ली में *आब्जर्वर, पायोनियर, सहारा टाइम्स, टाइम्स ऑफ इंडिया* में कार्टूनिस्ट, इलस्ट्रेटर के रूप में कार्य किया। वर्तमान में *आउटलुक* में बतौर इलस्ट्रेटर।

प्रकाशित कृतियाँ : 'द गेम' (ग्राफिक्स नॉवेल), महाश्वेता देवी के '19वीं धारा का अपराधी' (उपन्यास) का बांग्ला से हिन्दी में अनुवाद। राजकमल प्रकाशन से बाल पुस्तकें प्रकाशित।

भूमिका

अकबर और बीरबल के व्यंग्य-विनोद से सजी कहानियों का यह संग्रह जीवन की कठिनतम परिस्थितियों में भी सूझ का दामन थामे रहने और विवेकपूर्ण निर्णय लेने की प्रेरणा देने का माद्दा रखता है।

आखिर, कुछ तो ऐसा अवश्य है इन कहानियों में कि पीढ़ी-दर-पीढ़ी किस्सों की शक्ल में ढलकर ये वर्तमान से जुड़ी रही हैं और अब ताजातरीन कहानियों की शक्ल में ढलकर आई हैं। इन कहानियों में मुश्किलों में भी नहीं घबराने और ईंट का जवाब पत्थर से देने की कला निहित है लेकिन ऐसे नियन्त्रण के साथ कि मानवीय गुणों का अनादर कभी भी और किसी भी परिस्थिति में नहीं हो।

अकबर-बीरबल की चुहल-भरी इन कहानियों में जीवन की अठखेलियाँ हैं तो समय का विद्रूप भी। लोभ, ईर्ष्या और स्वार्थ की अचम्भित कर देनेवाली अनेक घटनाओं से अप्रभावित रह सकने के सूझ-भरे दृष्टिकोणों का हैरतअंगेज चित्रण भी इस संग्रह की कहानियाँ करती हैं।

सच कहा जाए तो अकबर और बीरबल के बीच चलनेवाली नोक-झोंक में जीवन के गूढ़ रहस्य पैवस्त हैं जो पाठक को हौसला भी देते हैं, और गुदगुदाते भी हैं। ये कहानियाँ हँसी का दामन थामे हुए चलना सिखाती हैं और बताती हैं कि उन्मुक्त परिहास का असर किस तरह स्थायित्व ग्रहण कर लेता है।

संग्रह की कहानियों के विषय-वैविध्य लुभाते हैं। ये कहानियाँ, जीवन से सीधा सरोकार रखने वाली छोटी-छोटी बातों में व्यंग्य

उत्पन्न कर हास्य का सृजन करती हैं। निर्मल हास्य उत्पन्न करने वाली कहानियों में जिजीविषा का प्रकटीकरण चमत्कृत करता है। जीवन-व्यापार की समस्त विसंगतियों और विडम्बनाओं के साथ सहज हास्य को सहेजती-बटोरती चलती ये कहानियाँ जीवन के गूढ़ रहस्यों को भी खोलती हैं।

जीवन को सकरात्मक भावों से भरने की क्षमता विकसित करने में इस संग्रह की कहानियाँ सहायक हैं। संग्रह की प्रायः हर कहानी हास-परिहास के बीच संवेदना के स्तर पर पाठक को छूती-सहलाती है। ये कहानियाँ हास-परिहास में ही सामाजिक, राजनीतिक, आर्थिक विसंगतियों पर प्रहार करती हैं।

—अशोक महेश्वरी

अनुक्रम

अकबर ने छोड़ी शराब

अकबर ने जब साम्राज्य विस्तार का कार्य पूरा कर लिया तब उनके दिन आराम से गुजरने लगे। युद्ध का उन्माद समाप्त हो चुका था। मनोरंजन और पर्यटन में अकबर के दिन गुजरने लगे। शृंगार-प्रियता बढ़ी। रास-रंग में अकबर की रुचि बढ़ गई।

अकबर में हो रहे परिवर्तनों को बीरबल ने महसूस किया। अकबर और बीरबल के बीच केवल बादशाह और दरबारी जैसा सम्बन्ध नहीं था। बीरबल ने जहाँ अपनी बुद्धिमत्ता से बादशाह के दरबार में अपना अक्षुण्ण स्थान बना लिया था वहीं अपने सद्‌गुणों के कारण वह बादशाह का सबसे आत्मीय व्यक्ति भी था। अकबर सुरा और सुन्दरी में रमे रहे, यह साम्राज्य के लिए अच्छी बात नहीं थी। बीरबल ने अनेक रजवाड़ों को इसी सुरा और सुन्दरी के चक्कर में उजड़ते देखा था।...लेकिन वह यह भी समझ रहा था कि बादशाह अकबर को शराब पीने से रोकने के लिए कोई सीधी बात कहने से लाभ नहीं होनेवाला इसलिए वह ऐसी तरकीब सोचने लगा जिससे वह अकबर को अहसास करा सके कि वे शराब पी रहे हैं, इससे किसी का भला नहीं हो रहा—न उनका और न ही उनके साम्राज्य का।

बीरबल ने अकबर के निजी सेवकों से जानकारी हासिल कर ली कि बादशाह जब दरबार से अपने महल में लौटते हैं तब सीधे अपने निजी कक्ष में जाते हैं और छोटी बेगम या उनकी निजी बाँदी को बुलवाते हैं और घंटों उसी निजी कक्ष में रहते हैं। जब बादशाह उस कक्ष से बाहर निकलते हैं तब शराब उन पर हावी हो चुकी होती है। बीरबल ने इस जानकारी से यह अर्थ निकाला कि बादशाह दरबार से लौटकर अपने महल में ही पीते हैं और अपनी शराबनोशी में वे छोटी बेगम अथवा उसकी बाँदी की सहायता लेते हैं। तेज दिमाग बीरबल के लिए यह जानकारी काफी थी।

एक दिन अकबर ने किसी काम से बीरबल को अपने महल में बुलवाया। काम की बातें हुईं। जाने से पहले बीरबल बादशाह के निजी कक्ष में गया। उसने सोचा कि अकबर यदि इसी कक्ष में शराब पीते हैं तो उनके लिए इसी कक्ष में शराब भी रखी जाती होगी। उन दिनों छोटी बेगम की बाँदी नियमपूर्वक प्रतिदिन बादशाह के महल में आती थी और बादशाह के निजी कक्ष की सफाई और सज्जा करती थी। वह अपने साथ बादशाह के लिए शराब की भरी बोतल लाती थी और खाली बोतल अपने साथ लेकर चली जाती थी। बादशाह के महल के सेवकों को उस निजी कक्ष में जाने की इजाजत नहीं थी।

बीरबल ने निजी कक्ष में रखे सामानों को उलट-पुलटकर देखा। अधिकांश सामान विलासिता से सम्बन्धित थे। बीरबल ने ताखे पर गुलदस्तों के बीच एक खूबसूरत बोतल देखी। बीरबल ने उस बोतल को वहाँ से उठा लिया। ढक्कन हटाकर उसने उसे सूँघा। स्पष्ट हो गया कि उसमें शराब भरी हुई है। उसने शराब की बोतल को अपनी काँख में दबा लिया और बादशाह के निजी कक्ष से बाहर आ गया।

अकबर उस समय बैठक से निकलकर निजी कक्ष की ओर आ रहे थे। उन्होंने बीरबल को अपने निजी कक्ष से निकलते देखा तो चौंक पड़े। अकबर तुरन्त मुड़कर अपनी बैठक में चले गए और वहाँ उन्होंने बीरबल को बुलवाया।

बीरबल अपनी काँख में शराब की बोतल छिपाए, अकबर की बैठक में आया।

अकबर बीरबल को कुछ अस्वाभाविक ढंग से अपनी काँख में कुछ दबाए देखकर चकित रह गए। उन्होंने अपना विस्मय छुपाते हुए बीरबल से पूछा–''यह तुम्हारी काँख में क्या दबा हुआ है बीरबल?''

''कुछ नहीं है जहाँपनाह।'' बीरबल ने कहा।

''कुछ तो है, जो तुम काँख में दबाए हुए हो। बताओ, क्या है?'' अकबर ने पूछा।

''तोता है जहाँपनाह!'' बीरबल ने संकुचित होते हुए उत्तर दिया।

''तोता और काँख में! नहीं, तुम सही नहीं बोल रहे! सच बताओ, क्या छुपा रखा है तुमने?'' अकबर की आवाज इस बार सख्त थी।

बीरबल ने थोड़ा हकलाते हुए उत्तर दिया–"तोता नहीं, घोड़ा है।"

"क्या बकवास है! मैं पूछा रहा हूँ, तुम्हारी काँख में क्या दबा है?" अकबर की आवाज और सख्त हुई।

"हाथी है जहाँपनाह, हाथी।" बीरबल ने कहा।

"तुम क्यों मेरा वक्त जाया कर रहे हो? सीधी तरह बताते क्यों नहीं?" अकबर की आवाज में अब खीज भर चुकी थी।

"गधा है आलीजाह, गधा।" बीरबल ने संजीदगी से कहा।

"मजाक बन्द करो बीरबल! सीधी तरह बताओ वरना सिपाहियों को बुलाकर तुम्हारी तलाशी लूँगा।" अकबर ने बेहद कठोर स्वर में कहा।

बीरबल ने अपना हाथ उठाया और दूसरे हाथ से काँख में दबी बोतल निकाली फिर अकबर से कहा–"शराब है जहाँपनाह, शराब!"

बीरबल के हाथ में शराब की बोतल देखकर अकबर चकराए। उन्हें भरोसा ही नहीं हो रहा था कि बीरबल के पास से शराब बरामद हुई है। उन्होंने सोचा कि बीरबल इस वक्त नशे में है इसलिए ही वह उनके प्रश्न का अजीबोगरीब जवाब दे रहा था। उन्होंने अपने कुछ खास सेवकों को बुलाकर बीरबल को उसके घर पहुँचाने का निर्देश दिया। शराब की बोतल बीरबल अपने साथ लेता गया।

शराब देख लेने के बाद अकबर में पीने की तलब जगी और वे अपने निजी कक्ष में चले आए लेकिन खोजने पर भी उन्हें वहाँ शराब नहीं मिली।

दूसरे दिन पुनः उन्होंने बीरबल को अपने महल में तलब किया। जब बीरबल उनके पास पहुँचा तब उन्होंने बीरबल को ऊपर से नीचे तक अच्छी तरह निहारते हुए पूछा–"बीरबल! आज तुम्हारी तबीयत कैसी है? तुम अब पूरी तरह ठीक तो हो न?"

"जहाँपनाह! मेरी तबीयत बिलकुल दुरुस्त है। न मेरी तबीयत कल खराब थी, न आज खराब है। मैं कल भी स्वस्थ था और आज भी स्वस्थ हूँ।" बीरबल ने कहा।

"नहीं बीरबल, अपनों से सच्चाई नहीं छुपाते! कल तुम नशे में थे और मेरे प्रश्नों का अनाप-शनाप उत्तर दे रहे थे।" अकबर ने बहुत मुलायम स्वर में बीरबल से कहा।

"मैं आपसे कुछ भी नहीं छुपा रहा। जो भी कह रहा हूँ, ठीक कह रहा हूँ। कल भी मैं आपके प्रश्नों का सही उत्तर दे रहा था। मेरी काँख में शराब की बोतल दबी थी। यह बोतल मैंने आपके निजी कक्ष से उठाई थी। इसलिए मैं यह समझकर आपके प्रश्नों का उत्तर दे रहा था कि आप भी शराब की सच्चाइयों से परिचित होंगे। मगर जब आज भी आप मेरे उत्तर को अनाप-शनाप समझ रहे हैं तो इसका अर्थ यही है कि आपको शराब की हकीकत का पता ही नहीं है।"

थोड़ी देर चुप रहने के बाद बीरबल ने कहा–"जहाँपनाह, हर पीनेवाला व्यक्ति जानता है कि शराब की एक बोतल से छह जाम बनते हैं। पहले जाम को पीने के बाद भी आदमी का होशो-हवास कायम रहता है। उस पर शराब का कोई असर नहीं पड़ता। जब आपने पहली बार मुझसे पूछा तो मैंने पहले जाम के असर के बारे में जवाब दिया कि यह कुछ नहीं है। जब आपने दूसरी बार पूछा तब मैंने कहा–तोता है। दूसरे जाम के बाद आपने भी देखा होगा, पीनेवाले की जबान लड़खड़ाने लगती है और वह तोता रटन्त बातें बोलने लगता है, चाहे उन बातों की उस समय जरूरत हो या नहीं हो। तीसरे जाम के बाद आदमी अपने को बहुत ताकतवर समझने लगता है और बात-बात में घोड़े की तरह हिनहिनाने लगता है। इसलिए जब तीसरी बार आपने मुझसे पूछा कि तुम्हारी काँख में क्या छुपा है तो मैंने कहा–घोड़ा है। चौथी बार पूछने पर मैंने आपसे कहा–हाथी है। चौथा जाम पीकर आदमी मदमत्त हाथी की तरह हो जाता है। वह उचित-अनुचित का ध्यान नहीं रख पाता है। जब आपने पाँचवीं बार अपना सवाल किया तब मैंने कहा–गधा है। मेरा आशय यह था जहाँपनाह कि पाँचवें जाम के बाद पीनेवाला पूरी तरह गधा हो जाता है। आप उससे जो चाहे कहलवा लो और जो चाहे करवा लो। और छठी बार पूछे जाने पर मैंने कहा–शराब है। क्योंकि छठे जाम के बाद पीनेवाले को लोक-लाज का भय नहीं रहता, वह खुद भी यह बताने में फख्र महसूस करने लगता है कि उसने शराब पी रखी है।"

बीरबल के इस स्पष्टीकरण से अकबर बहुत खुश हुए। उन्होंने कहा–"बीरबल, मैं समझ गया। तुम्हें मेरा शराब पीना उचित नहीं लग रहा है। तुमने मुझे यह नसीहत भी दे डाली है कि यदि मैं शराब पीऊँ भी तो

थोड़ी-थोड़ी क्योंकि पहला जाम 'कुछ नहीं' होता है।" फिर अकबर ने हँसते हुए बीरबल से कहा—"ठीक है बीरबल, अब मैं नहीं पिया करूँगा।"

अकबर के ऐसा कहने पर बीरबल बहुत खुश हुआ और कहा—"जहाँपनाह! यह आत्मनिर्णय और आत्मसंकल्प से ही सम्भव है।"

इसके बाद बीरबल अपने काम में लग गया।

कर्तव्य-परायणता का पुरस्कार

एक बार अकबर बीरबल पर बहुत प्रसन्न हो गए। उन्होंने बीरबल से कहा—"बीरबल! तुम्हारे लिए अब मेरे महल के द्वार हमेशा खुले रहेंगे। तुम कभी जरूरत के वक्त, मध्य रात्रि में भी मिलना चाहो तो मिल सकते हो।"

बीरबल बहुत सुलझा हुआ इनसान था। उसने सोचा—आज बादशाह उस पर प्रसन्न हैं इसलिए ऐसा बोल रहे हैं। यह प्रसन्नता हमेशा तो बनी नहीं रहनेवाली। कल वे किसी कारण नाराज भी तो हो सकते हैं। यह भी ठीक है कि बादशाह ने मुझे इस बात की इजाजत दे दी है कि मैं जब चाहूँ महल में उनसे मिलने आ जाऊँ मगर यह बात तो वे मुझसे कह रहे हैं, यह कोई ऐलान तो है नहीं कि सभी जान जाएँ! महल में आगन्तुकों की आवाजाही पर तो द्वारपालों और सुरक्षा सेवकों का नियन्त्रण रहता है। महल में सुरक्षा कारणों से किसी के भी आने-जाने का समय निर्धारित रहता है। बादशाह भी तो प्रायः गोपनीय बैठकों में व्यस्त रहते हैं और इन बैठकों के समय तो स्वयं बादशाह द्वारपालों और सुरक्षा सेवकों को निर्देश दे देते हैं कि कोई भी आए तब कह देना, आज मुलाकात सम्भव नहीं है।

बीरबल को यों चुपचाप देखकर अकबर ने बीरबल से पूछा—"क्या बात है बीरबल, मेरे इस कथन से तुम्हें प्रसन्नता नहीं हुई?"

बीरबल ने उत्तर दिया—"ऐसी बातों पर प्रसन्न कैसे हुआ जा सकता है जहाँपनाह! बादशाह का महल कोई धर्मशाला तो है नहीं कि कोई जब चाहे चला आए! बादशाह का जीवन नियमों में बँधा होता है। उसकी दिनचर्या निर्धारित रहती है। रोज उसे तय करना पड़ता है कि कल वह किससे मिले, क्यों मिले और क्या बातें करे। ऐसे में, मैं या कोई अन्य कैसे जब चाहे आपसे मिल सकता है? वैसे यह आपकी जर्रानवाजी है कि आपने मेरे लिए

महल का द्वार हमेशा खुला रहने की बात कही है। यह मेरे लिए किसी भी सम्मान से बढ़कर है।''

बीरबल की बातें सुनकर अकबर मुस्कुराए और कहा–''तो बीरबल, तुम्हें लगता है कि मैंने यह बात यूँ ही कह दी है?''

बीरबल ने संकुचित होते हुए कहा–''जहाँपनाह! यह इजाजत आपने दी है मगर द्वार पर रोकने के लिए द्वारपाल और सुरक्षा सेवकों का घेरा रहता है...''

अकबर ने हँसते हुए कहा–''बस, इतनी सी बात!'' और उन्होंने अपनी उँगली से एक अँगूठी निकाली और बीरबल की तरफ बढ़ाते हुए कहा–''बीरबल! यह अँगूठी अपने पास रखो और जब कभी भी तुम मुझसे मिलने आना चाहो इसे द्वारपाल को दिखा देना, तुम्हें प्रवेश मिल जाएगा। यह शाही अँगूठी है जो केवल महल से जुड़े लोगों के पास ही है।''

''और अगर आप गोपनीय बैठक में हों तथा सुरक्षा सेवकों को कह रखा हो कि किसी से नहीं मिलेंगे...तब?'' बीरबल ने पूछा।

''तब भी बीरबल! हाँ, ऐसे समय में तुम यह अँगूठी किसी कागज में लपेटकर मेरे पास भेज देना। मैं गोपनीय बैठक के दौरान भी समय निकालकर तुमसे अवश्य मिलूँगा, यह मेरा आश्वासन है जिस पर तुम्हें विश्वास करना चाहिए।''

बीरबल ने कृतार्थ भाव से अकबर की अँगूठी ले ली और अपनी उँगली में डाल ली।

समय वैसे ही बीत रहा था, जैसे बीता करता है। दिल्ली के तख्त पर बैठे अकबर में साम्राज्य विस्तार की ललक तो छुटपन से ही थी इसलिए बादशाह बनने के बाद ही अकबर ने सामरिक तैयारियाँ शुरू कर दी थीं। उन्होंने शाही सेना को अस्त्र-शस्त्र, घोड़े-हाथी आदि से इस तरह लैस कर लिया था कि कोई भी शाही सेना से मुकाबला करने का साहस नहीं कर पाता था। छोटे रजवाड़े तो अकबर की धमकी मात्र से घुटने टेक देते थे। उनकी सल्तनत में एक दौर ऐसा भी आया जब सेना के जवान निरन्तर युद्धाभ्यास में लगे रहते और सीमान्त क्षेत्रों में युद्ध के बादल मँडराते रहते थे।

युद्धाभ्यास और सीमान्त क्षेत्रों की सैन्य चौकसी से सम्बन्धित जानकारियों की समीक्षा स्वयं अकबर किया करते थे। अपने सहयोग के लिए उन्होंने बीरबल को सबसे विश्वसनीय मानकर सूचना केन्द्र का प्रभारी नियुक्त किया था। सीमान्त क्षेत्रों की सैन्य गतिविधियों की सूचनाएँ बीरबल तक सीधे पहुँचती थीं और बीरबल के माध्यम से बादशाह तक जाती थीं।

माघ का महीना था। कड़ाके की ठंड पड़ रही थी। आसमान में बादल भी छाए हुए थे और ठंडी हवाएँ चल रही थीं। मध्य रात्रि का सन्नाटा दूर-दूर तक पसरा हुआ था। बीरबल के घर पर अचानक सीमान्त क्षेत्र का एक मुखबिर पहुँचा और उसने बीरबल के दरवाजे पर दस्तक दी। बीरबल ने जगकर दरवाजा खोला। मुखबिर ने बीरबल को सीमान्त क्षेत्र के सैन्य गतिविधियों से सम्बन्धित कोई ऐसी सूचना दी जिसकी अहमियत आम सूचनाओं से भिन्न थी। मुखबिर ने बीरबल से विदा लेते समय माफी भी माँगी—"हुजूर! खबर ऐसी थी कि मैं इसे आनन-फानन में आप तक पहुँचाना जरूरी समझ रहा था। मैंने आपको कच्ची नींद से जगा दिया इसके लिए क्षमा करेंगे।"

बीरबल उस सूचना की अहमियत और संवेदनशीलता को समझ रहा था जिसके कारण उसने मुखबिर की पीठ थमथपाते हुए कहा—"हाँ, मैं समझ सकता हूँ।...अब तुम जाओ और इसी तरह आँख-कान खोलकर रहो।"

मुखबिर वहाँ से चला गया।

बीरबल अपने कक्ष में आया और थोड़ी देर तक विचारपूर्ण मुद्रा में रहा। सूचना इतनी महत्त्वपूर्ण थी कि अविलम्ब उस पर बादशाह की मंशा जानकर सैनिकों के लिए निर्देश जारी किया जाना था। बीरबल ने खिड़की से बाहर देखा। मौसम कहर बरपा रहा था। शीतलहरी थी। ऐसा प्रतीत हो रहा था कि कभी भी वर्षा होने लगेगी। रात गहराती जा रही थी सो अलग।

मौसम की तमाम प्रतिकूलताओं को देखने और महसूसने के बाद भी बीरबल अपने कक्ष में बैठा नहीं रह सका। वह वहाँ से उठा। अस्तबल में पहुँचा और बिना वस्त्र बदले ही अकबर के महल की ओर चल पड़ा। इधर घोड़े ने दौड़ना शुरू ही किया था कि बारिश की महीन झड़ी लगनी शुरू हो गई। महल तक पहुँचते-पहुँचते बीरबल भीग चुका था।

ठंड से काँपते हुए बीरबल ने घोड़े पर बैठे-बैठे ही द्वारपाल को आवाज लगाई। एक सामान्य वस्त्रधारी भीगे घुड़सवार को देखकर द्वारपाल ने समझा कि कोई राहगीर पनाह की चाह में आवाज लगा रहा है। मगर जब उसने अपनी उँगली में पहनी शाही अँगूठी उसे दिखाई तब द्वारपाल ने द्वार खोल दिया।

बीरबल ने घोड़े से उतरकर वहीं अपना घोड़ा छोड़ दिया और वर्षा की परवाह किए बिना ही वह अकबर के महल की ओर बढ़ गया। अकबर का महल मध्य रात्रि के बाद भी रौशन था। झाड़-फानूस से फैलती रोशनी आँखें चुँधिया देने के लिए काफी थी। जैसे-जैसे वह महल के करीब पहुँचता जा रहा था वैसे-वैसे उसे यह विश्वास होता जा रहा था कि अकबर के महल में लोग जाग रहे हैं और वहाँ कुछ गतिविधियाँ अवश्य चल रही हैं।

महल के पास पहुँचने पर उसे सुरक्षा सेवकों ने घेर लिया। बीरबल ने सुरक्षा सेवकों को लाख समझाया कि उसे बादशाह से अभी मिलना राष्ट्रहित में है तथा बादशाह से किसी भी वक्त मिलने का विशेषाधिकार उसे प्राप्त है इसलिए उसे रोका न जाए, मगर सुरक्षा सेवकों ने उसकी कोई बात नहीं सुनी और सुरक्षा अधिकारी के पास उसे लेकर आ गए। जब बीरबल ने सुरक्षा अधिकारी को शाही अँगूठी दिखाई और बादशाह से मिलने का विशेषाधिकार प्राप्त होने की बात कही तब उस सुरक्षा अधिकारी ने उसे सम्मानपूर्वक बैठा तो लिया मगर बादशाह के महल में प्रवेश की इजाजत यह कहते हुए नहीं दी कि अभी बादशाह सलामत काबुल के बादशाह के साथ कुछ गोपनीय बातों में मशगूल हैं इसलिए इस बातचीत के दरमियान किसी को भी वहाँ दखल देने की इजाजत नहीं दी जा सकती।

थक-हारकर बीरबल ने अपनी उँगली से बादशाह की दी हुई अँगूठी निकाली और उसे एक कागज में लपेटकर सुरक्षा अधिकारी को देते हुए कहा–"आप बस इतनी कृपा करें कि इसी तरह कागज में लिपटी अँगूठी बादशाह तक पहुँचा दें। वे मुझे अवश्य बुलवा लेंगे।"

सुरक्षा अधिकारी इस बात के लिए राजी हो गया और कागज में लिपटी अँगूठी लेकर उस कक्ष में गया जहाँ बादशाह काबुल से आए

मेहमान से बातें करने में मशगूल थे। सुरक्षा अधिकारी को साहस नहीं हुआ कि वह कुछ बोले। इसलिए उसने कागज में लिपटी अँगूठी बादशाह के सामने की मेज पर रख दी और वहाँ से लौट आया।

कुछ समय गुजर जाने के बाद भी जब अकबर का बुलावा नहीं आया तब बीरबल ने सुरक्षा अधिकारी से पूछा–''आपने कागज में लिपटी अँगूठी बादशाह सलामत के हाथ में दी थी?''

''नहीं! मैंने उसे उनके सामने की मेज पर रख दिया था। वे बातें करने में व्यस्त थे।'' सुरक्षा अधिकारी ने उत्तर दिया।

अब बीरबल ने समझ लिया कि जब बादशाह की नजर उस पर पड़ेगी तब ही वे उसे बुलाएँगे। हालाँकि अब बारिश रुक गई थी मगर ठंडी हवाएँ अभी भी चल रही थीं और वह भीग जाने के कारण ठंड से थर-थर काँप रहा था। उसने देखा कि सुरक्षा सेवक बाहर अलाव जलाकर आग ताप रहे हैं तब उससे रहा नहीं गया। उसने सुरक्षा अधिकारी से कहा–''मैं आग तापने अलाव के पास जा रहा हूँ। बादशाह का बुलावा आए तब मुझे अवश्य सूचित कीजिए।''

काबुल के बादशाह से बातचीत करते समय अकबर ने देख लिया था कि सुरक्षा अधिकारी उसकी मेज पर कुछ रख गया है। बातचीत करते हुए ही मेज से वह कागज उठाकर खोला तो उससे अँगूठी निकली। एक झटके में उन्हें याद हो आया कि यह अँगूठी बीरबल को दी गई थी...जरूर किसी आवश्यक काम से बीरबल आया हुआ है। अपने मेहमान से शिष्टाचारवश क्षमा माँगते हुए अकबर कक्ष से बाहर निकले और सुरक्षा अधिकारी के पास पहुँचकर पूछा–"कहाँ है बीरबल? उन्हें आने से क्यों रोका?"

बीरबल का नाम उस अधिकारी ने सुन रखा था मगर उसे पहचानता नहीं था। बादशाह के स्वयं आने पर वह बीरबल की अहमियत समझ गया। उसने अकबर को बताया–''बीरबल बाहर सुरक्षा सेवकों के साथ अलाव ताप रहे हैं।''

अकबर सुरक्षा अधिकारी के कक्ष से निकलकर तेज कदमों से अलाव के पास आए। बीरबल ने अकबर को स्वयं आया देख उनका अभिवादन किया और उनके पास पहुँचकर धीरे से मुखबिर द्वारा दी गई सूचना उन्हें दी। सूचना मिलते ही अकबर बहुत खुश हो गए और बीरबल को सीने से लगाते

हुए कहा–''बीरबल, तुम नहीं जानते कि किस शिद्दत से मैं इस सूचना का इन्तजार कर रहा था। खैर, तुम इसकी चिन्ता अब मत करो। मैं देख लूँगा कि अब क्या करना है!''

बीरबल वहाँ से जाने लगा तब अकबर ने कहा–''अब मैं तुम्हें इन गीले कपड़ों में तो जाने नहीं दूँगा–आ जाओ मेरे साथ।''

सुरक्षा अधिकारी के कक्ष से गुजरकर ही उन्हें अपने कक्ष में जाना था। जब वे सुरक्षा अधिकारी के कक्ष में प्रवेश कर रहे थे तब सुरक्षा अधिकारी बीरबल से क्षमा-याचना करने लगा कि उसने उन्हें नहीं पहचाना। इस पर अकबर उस सुरक्षा अधिकारी पर नाराज होने लगे तभी बीरबल ने हस्तक्षेप करते हुए कहा–''जहाँपनाह, सुरक्षा अधिकारी ने काबिले-तारीफ काम किया है। उसे तो इनाम मिलना चाहिए, डाँट नहीं।''

अकबर ने तत्काल अपने क्रोध पर काबू पा लिया और बीरबल से कहा–''तुम ठीक कहते हो बीरबल!'' और बीरबल के साथ अपने कक्ष में चले गए।

कन्दील का ताप

बात उन दिनों की है जब अकबर बहुत तुनक-मिजाज थे। वे कभी-कभी अजीबो-गरीब फैसले लेकर लोगों को चकित कर देते थे। उन्होंने राजधानी में मुनादी करा दी थी कि यदि कोई व्यक्ति रात भर यमुना में गर्दन तक पानी में खड़ा रहकर दिखा दे तो उसे सौ स्वर्ण-मुद्राएँ इनाम में दी जाएँगी।

उस जमाने में सौ स्वर्ण-मुद्राओं की राशि बहुत अधिक थी।

माघ का महीना था। कड़ाके की ठंड थी। शीतलहरी चल रही थी, सो अलग! अकबर द्वारा कराई गई मुनादी पर किसी ने ध्यान नहीं दिया। लोग अपने काम में लगे रहे। सबने इस मुनादी को बादशाह की सनक समझकर नजरअन्दाज कर दिया। मगर एक भिखारी ने सोचा, दिन-रात तो मैं खुले आसमान के नीचे ठंड का कहर झेलता ही रहता हूँ। शीतलहर की मार झेलने के लिए शरीर अभ्यस्त हो चला है। नदी के पानी में डूबे रहने से शरीर को शीतलहर वाली ठंड तो नहीं लगेगी। ठंडे गीले शरीर को कष्ट तो हवा लगने से ही मिलता है। क्यों न मैं रात भर यमुना में पैठकर सौ स्वर्ण-मुद्राएँ हासिल कर लूँ! यदि ऐसा हो जाता है तो मैं भिक्षाटन की मजबूरी से अपना दामन छुड़ा लूँगा।

भिखारी अकबर के पास आया और उनसे बोला–"मैं रात भर यमुना में गले तक पानी में खड़ा रहने के लिए तैयार हूँ यदि मुझे इनाम में सौ स्वर्ण-मुद्राएँ मिलें तो?"

अकबर ने मन-ही-मन सोचा–'यह मरियल-सा आदमी रात भर नदी में क्या रहेगा?' फिर उन्होंने कहा–"यदि तुम्हें लगता है कि तुम ऐसा कर सकते हो तो जाओ, कर्मचारी के पास अपना नाम-पता लिखा दो और यमुना में खड़े रहने की तिथि उसे बता दो ताकि तुम्हारी निगरानी हो सके।"

भिखारी ने वैसा ही किया। दूसरी ही रात वह यमुना में उतरकर गले तक पानी में खड़ा हो गया।

उसकी निगरानी में खड़ा आदमी आश्चर्यचकित हो गया। निगरानीकर्ता ने सोचा, कौन रात भर वहाँ खड़ा रहे। यह आदमी भी घंटे-दो घंटे में पानी से निकलकर भाग जाएगा। ऐसे में वह शीतलहर की मार क्यों झेले? ऐसा सोचकर वह अपने घर चला गया और रजाई में दुबककर सो गया। भिखारी रात भर पानी में खड़ा रहा और सवेरा होने का इन्तजार करता रहा। रात ढली। उषा की लाली फैली। सूरज का लाल दहकता गोला प्रकट हुआ। अँधियारा मिटा तब वह भिखारी यमुना से निकला और नदी तट पर किसी को न पाकर अपना इनाम लेने के लिए बादशाह के महल की ओर चला।

अकबर ने उस समय किसी काम से बीरबल को बुलाया था तथा उसके आने की प्रतीक्षा बाग में टहलते हुए कर रहे थे। उन्होंने शाही बाग से बाहर झाँककर देखना चाहा कि बीरबल आ रहा है या नहीं कि उनकी नजर भीगे हुए भिखारी पर पड़ी। उन्हें बाहर झाँकता देख भिखारी ने भी सोचा–जरूर बादशाह मुझे इनाम देने के लिए तलाश रहे हैं। ऐसा सोचकर वह दौड़ते हुए बादशाह के पास पहुँच गया और बोला–''बादशाह सलामत! मैंने मुनादी के मुताबिक रात यमुना में गले तक पानी में खड़े रहकर गुजारी है। मुझे सौ स्वर्ण-मुद्राओं का इनाम दीजिए।''

भिखारी को ऊपर से नीचे तक देखने के बाद अकबर ने कहा–''तुमने जरूर कोई गड़बड़ की है।''

''नहीं, मैंने कोई गड़बड़ नहीं की। मैं सारी रात आपके महल की कन्दील पर नजरें टिकाए भोर होने की प्रतीक्षा करता रहा हूँ। कृपया मेरा इनाम दिला दें।''

मगर बादशाह का तेवर बदल गया। इनाम देना तो दूर की बात थी, उन्होंने गरजते हुए भिखारी से कहा–''रात भर तुम महल की कन्दील से ताप लेते रहे और अभी इनाम लेने आ गए! भाग जाओ! कोई इनाम नहीं मिलेगा।''

भिखारी को बहुत दुख हुआ और वह ठंड से थरथराते और दुख से कातर होकर रोते हुए वहाँ से जाने लगा।

दूसरी तरफ से बीरबल बादशाह से मिलने बाग की तरफ जा रहा था। उसकी नजर भिखारी पर पड़ी। उसने भिखारी को रोककर पूछा–"क्यों रो रहे हो भाई!"

भिखारी ने दुखी स्वर में बीरबल को सारा वृत्तान्त कह सुनाया।

बीरबल को बादशाह और उनके कर्मचारी पर गुस्सा आया। उसी गुस्से में उसने भिखारी से कहा–"कल सुबह तक तुम्हें तुम्हारा इनाम अवश्य मिल जाएगा। अब तुम चिन्ता मत करो। हाँ, इस बाग के आस-पास ही रहना। कल सवेरा होने के बाद तुम्हें यहीं पर मिल जाएँगी सौ स्वर्ण-मुद्राएँ।"

इसके बाद बीरबल अकबर से मिलने बाग में गया। वहाँ से लौटते वक्त बीरबल ने अकबर से कहा–"जहाँपनाह! आज रात आप हमारे घर पधारें। वहीं भोजन करें। मैं एक विशेष अनुष्ठान का आयोजन कर रहा हूँ। अपने हाथ से खिचड़ी बनाऊँगा और खिचड़ी ही खिलाऊँगा। यदि आप आ जाएँगे तो मेरा अनुष्ठान सफल हो जाएगा।"

अकबर ने बीरबल को अपनी स्वीकृति दे दी।

बीरबल वहाँ से चला गया।

शाम को दरबार सम्पन्न होने के बाद अकबर अपने घोड़े पर सवार होकर बीरबल के पास पहुँचे। बीरबल ने विशेष अनुष्ठान के नाम पर उनके बैठने की व्यवस्था एक खुले स्थान पर की थी। अकबर को वहाँ बैठाकर बीरबल ने कहा–"जहाँपनाह! इजाजत हो तो मैं अब खिचड़ी पकाने जाऊँ? खिचड़ी पकते ही अनुष्ठान सम्पन्न होगा और प्रथम प्रसाद आप ही ग्रहण करेंगे।"

'हाँ-हाँ, क्यों नहीं?" अकबर ने सरलता से उत्तर दिया।

बीरबल वहाँ से चला गया। काफी देर बीतने पर बीरबल एक बार फिर अकबर के पास आया–"जहाँपनाह! बस अदहन तैयार हो जाए तो उसमें दाल-चावल डाल दूँ। दाल-चावल पड़ते ही एक उबाल में खिचड़ी तैयार हो जाएगी।"

अकबर को आश्चर्य हुआ कि इतनी देर में अदहन भी तैयार नहीं हुआ...कैसे बन रही है खिचड़ी? मगर उन्होंने कुछ कहा नहीं। बीरबल वहाँ से मुस्कुराता हुआ चला गया। कुछ देर के बाद बीरबल फिर वहाँ आया।

अकबर जो वहाँ बैठे ऊब चुके थे, बोले–"बीरबल, हो गया तुम्हारा अदहन तैयार?"

"नहीं, जहाँपनाह! यही तो बताने आया था। आँच भी बढ़ा दी है।" बीरबल ने सादगी से उत्तर दिया।

मगर अकबर अब बेचैन हो चले थे। उन्होंने कहा–"क्या खिचड़ी खिलाने के लिए तुम हमें रात भर बैठाओगे? चलो, दिखाओ कहाँ बन रही है खिचड़ी?"

बीरबल यही चाहता था। वह सहर्ष बादशाह को लेकर अपने घर के आँगन में पहुँचा जहाँ एक बाँस गाड़कर उसके शीर्ष में खिचड़ी बनाने का तसला बाँधा गया था और नीचे चार-पाँच लकड़ियाँ सुलग रही थीं। तसला और आग के बीच दस-पन्द्रह हाथ की दूरी थी।

यह सब देखकर अकबर ने कहा–"इस तरह तो कभी खिचड़ी पक ही नहीं सकती। जब तसला तक आँच नहीं जाएगी तो अदहन कैसे तैयार होगा? तसला वहाँ, आँच यहाँ, कैसे बनेगी खिचड़ी?"

बीरबल ने तुरन्त कहा–"जैसे कन्दील वहाँ, आदमी यमुना में और वह आँच सेंक लेता है ताप का...वैसे ही पकेगी खिचड़ी।"

बीरबल की बात सुनकर अकबर को सुबह की घटना याद हो आई। उन्होंने तुरन्त बीरबल के सामने स्वीकार किया कि सुबह उनसे ज्यादती हो गई है...।

बीरबल ने कहा–"कोई बात नहीं जहाँपनाह! कल सुबह वह भिखारी बाग के पास मिल जाएगा, उसे उसका पुरस्कार अवश्य दिलवा दें।" इसके बाद बीरबल ने बादशाह को भोजन कराकर विदा किया।

जाते-जाते बादशाह बोले–"बीरबल, मैं चाहता हूँ कि तुम ही उस आदमी को इनाम दो।"

"ठीक है जहाँपनाह! कल सुबह मैं भी बाग में आ जाऊँगा।" बीरबल ने कहा।

दूसरे दिन सुबह जब बीरबल उस भिखारी को सौ स्वर्ण-मुद्राओं की थैली प्रदान कर रहा था तब भिखारी की आँखों में एक विचित्र सी चमक थी...उसका चेहरा दमक रहा था।

खिजाब को लानत

बीरबल गहरी नींद में सोया था। पूर्वी क्षितिज पर उषा की लाली फैलने लगी थी। आम तौर पर बीरबल उषःकाल से पूर्व जाग जाया करता था किन्तु बीती रात उसके घर में एक उत्सव था जिसके कारण वह देर तक जगा रह गया था। अचानक उसकी पत्नी ने आकर उसे झकझोरकर जगाया—"ऐ जी! बादशाह सलामत का पैगाम लेकर अर्दली आया हुआ है। उठिए!"

नींद में खलल पड़ी। बीरबल जगा। उसे खीज हो रही थी कि कच्ची नींद से उसे जगना पड़ा। मगर बादशाह का पैगाम आया था। अर्दली से मिलना उसकी मजबूरी हो गई।

बाहर निकलकर दरवाजे पर खड़े अर्दली से उसने बुरा-सा मुँह बनाते हुए पूछा—"क्या है?"

"जहाँपनाह ने अपने महल में आपको तुरन्त याद फरमाया है।" अर्दली ने अदब से कहा।

"तुम चलो, मैं आता हूँ।" ऐसा कहकर बीरबल अपने घर में वापस लौट आया।

अर्दली भी वहाँ से महल की ओर चला गया।

थोड़ी देर के बाद कपड़े बदलकर बीरबल शाहीमहल में पहुँचा। अकबर उस समय अपने सफेद बालों को काला करने के लिए हज्जाम से खिजाब लगवा रहे थे।

बीरबल के आने पर उन्होंने खिजाब लगवाते हुए ही कुछ जरूरी निर्देश देकर भेजा।

अकबर द्वारा निर्देशित कार्यों को निपटाकर जब बीरबल वापस अकबर के पास आया तब भी अकबर के बालों में करीने से खिजाब लगाने का काम जारी था।

बीरबल ने अकबर को बताया कि निर्देशित कार्य सम्पन्न हो चुका है तथा अब वह अपने घर जाकर स्नान आदि से निवृत्त होना चाहता है।

अकबर उस समय बीरबल से बातें करना चाह रहे थे इसलिए उन्होंने उससे कहा–"स्नान ही तो करना है, बाद में कर लेना। अभी बैठो।"

अकबर के इस निर्देश से बीरबल खीज गया। मगर उसके पास और कोई चारा नहीं था इसलिए अकबर के पास रखे एक तख्त पर वह बैठ गया। बातचीत का दौर जारी रखने के लिए अकबर ने बीरबल से पूछा– "बीरबल, बताओ तो, खिजाब लगाने से दिमाग पर कोई बुरा असर तो नहीं पड़ता?"

"खिजाब लगानेवाले को दिमाग होता ही कहाँ है?" खीज से भरा उत्तर दिया बीरबल ने।

"कैसे?" अकबर ने मुस्कुराते हुए पूछा।

"दिमाग होता तो झूठी सुन्दरता के लिए सफेद को काला करते?"

बीरबल की बात अकबर के दिल में बैठ गई और उस दिन के बाद से उन्होंने खिजाब नहीं लगाया।

गधे तम्बाकू नहीं खाते

एक बार बीरबल को साथ लेकर अकबर गाँव की ओर निकल गए। गाँव का वातावरण अकबर को बहुत अच्छा लगता था। उन्होंने घूमते-टहलते बीरबल से पूछा–"बीरबल, तुम्हें क्या लगता है, इस गाँव के किसान किस फसल पर निर्भर हैं?"

बीरबल ने कहा–"जहाँपनाह! ऐसे तो इस गाँव के लोग अपनी जरूरत के मुताबिक हर तरह के अनाज उगाते हैं लेकिन उनकी निर्भरता तम्बाकू की फसल पर होनी चाहिए।"

"तम्बाकू?" अकबर ने चौंककर पूछा। फिर कहा–"तम्बाकू तो बहुत बुरी चीज है। यह तो नशा है, व्यसन है। मुँह में छाले पैदा करता है, अँतड़ियों को नुकसान पहुँचाता है...तम्बाकू के कारण असाध्य और लाइलाज बीमारियाँ होते भी मैंने सुना है...न जाने लोग इसे क्यों खाते हैं! इसके सेवन करनेवालों के मुँह से बास भी आती है।"

बीरबल मुस्कुराते हुए अकबर की बातें सुनता रहा। बीरबल तम्बाकू का सेवन खैनी के रूप में किया करता था। उसे मालूम था कि उसका खैनी खाना अकबर को पसन्द नहीं है। अकबर जब तम्बाकू के दुर्गुणों पर बोलने लगे तब बीरबल यह भी समझ गया कि अकबर अप्रत्यक्ष ढंग से उसे तम्बाकू (खैनी) के व्यसन से मुक्त होने की सलाह दे रहे हैं।

अकबर की बातें सुनने के बाद बीरबल ने कहा–"जहाँपनाह! व्यसन तो कोई भी हो, बुरा है–चाहे वह कीमती शराब ही क्यों न हो! शराब भी तो अँतड़ियों और जिगर को नुकसान पहुँचाती है मगर पीनेवाले पीते ही हैं। खैनी खानेवालों के मुँह से तो थोड़ी बदबू आती है पर शराब का सेवन करनेवालों के मुँह से भभका-सा उठता है। हाँ, खैनी बदनाम इसलिए है कि यह गरीबों का व्यसन है।"

बीरबल की बातें सुनकर अकबर चुप हो गए क्योंकि वे उन दिनों नियमित शराब सेवन करने लगे थे।

थोड़ी देर तक टहलते हुए चुपचाप आगे बढ़ते रहे।

वे लोग टहलते हुए अब गाँव के उस भाग में पहुँच चुके थे जहाँ दूर तक केवल तम्बाकू के खेत थे। गहरे हरे रंग के तम्बाकू के पत्तों से दूर तक खेत आच्छादित थे। बड़ा ही आकर्षक दृश्य था। बीरबल ने अकबर को छेड़ने के अन्दाज में कहा–"तम्बाकू के इस संसार में कदम रखते ही मुझे खैनी खाने की इच्छा हो आई है अगर आप इजाजत दें तो मैं खैनी मलता चलूँ?"

"जो जी चाहे, करो। मैंने कब रोका है तुम्हें खैनी खाने या बनाने से?" अकबर ने उलाहना-सा देते हुए कहा।

बीरबल ने अंटी से खैनी निकाली। उसे बाएँ हाथ की तलहत्थी पर रखा फिर चूना की डिबिया से थोड़ा चूना निकालकर खैनी में मिलाया। चूने की डिब्बी बन्द कर पुनः अपनी अंटी में डाल ली और फिर दाएँ हाथ के अँगूठे से खैनी मलते हुए अकबर के साथ चलते हुए कहने लगा–"जहाँपनाह! न जाने क्यों बड़े लोग खैनी को छोटा व्यसन समझते हैं जबकि खैनी व्यसन तो है पर नुकसानदेह नहीं। अल्प मात्रा में तम्बाकू का रस, रक्त के संचार को तेज कर देता है जिससे इसका सेवन करनेवाला व्यक्ति स्वयं को तरोताजा महसूस करने लगता है। यही कारण है कि शारीरिक श्रम करनेवाले मजदूरों और किसानों में यह लोकप्रिय है। दिमाग को तरोताजा करने की इसकी क्षमता ने पुस्तक अध्ययन करनेवाले विद्यार्थियों और विद्वानों को भी लुभाया है...बस, पैसेवाले लोग, सेठ-साहूकार और बड़े ओहदों पर बैठे लोगों को तम्बाकू का यह रूप पसन्द नहीं है। वे इसे बुरा व्यसन मानते हैं।"

अकबर चुपचाप चल रहे थे। बीरबल का वाक्-विलास जारी था जिससे अकबर ऊब से रहे थे। उन्हें न तो तम्बाकू में कोई रुचि थी, न उसके फायदे जानने में। उन्होंने बीरबल को टोका–"तुम्हारी खैनी बनी नहीं अब तक?"

बीरबल ने हँसते हुए कहा–"अभी कहाँ जहाँपनाह! तम्बाकू...प्रकृति का अद्‌भुत रसावतार है। खैनी बनानेवाला खैनी को तब तक मसलता-चुटकियाता रहता है जब तक कि सूखे पत्ते में छुपा रस निःसृत न हो जाए। जब खैनी के सूखे पत्ते का रस निःसृत हो जाता है तब यही खैनी–रसो वै सः की शैली में अपने खानेवालों को 'परमानन्द' के भाव तक पहुँचा देती है। अनिर्वचनीय

आनन्द की सृष्टि करती है। कहते भी हैं–'चौरासी चुटकी, तिरासी ताल, तब करता खैनी कमाल!''

बीरबल का वाक्-विलास जारी था। उसने फिर कहा–''जहाँपनाह! इस चौरासी चुटकी में भी शास्त्रीय गोपनीयता है जिसे बहुत कम लोग जानते हैं। हमारे ऋषियों ने केलि-क्रीड़ा के लिए चौरासी आसनों का प्रावधान किया है और खैनी की प्रत्येक चुटकी एक आसन के आनन्द की सृष्टि करती है।''

अकबर को बीरबल का यह वाक्-विलास अब असह्य हो गया और उन्होंने लगभग डपटते हुए कहा–''बकवास बन्द करो बीरबल! चुपचाप खैनी बनाकर खा लो और परमानन्द की अनुभूति में रम जाओ...किन्तु मेरा दिमाग मत खाओ।''

बीरबल खामोश हो गया लेकिन उसने खैनी बनाना जारी रखा। आखिर उसकी खैनी तैयार हुई। उसने खैनी अपने होंठ के नीचे दबा ली। जिस समय बीरबल खैनी खा रहा था उस समय अकबर ने देखा–एक गधा, तम्बाकू के खेत में चर रहा था। उसे आश्चर्य हुआ कि गधा तम्बाकू के हरे-मोटे दमदार पत्तों को मुँह भी नहीं लगा रहा था और तम्बाकू की क्यारियों के बीच उग आई घास को ही खा रहा था। जब अकबर को विश्वास हो गया कि गधा तम्बाकू के पत्ते नहीं खाता है तब उसने बीरबल को छेड़ने के उद्देश्य से कहा–''देखो बीरबल! गधा भी तम्बाकू नहीं खाता।''

बीरबल ने छूटते ही कहा–''जी हाँ, जहाँपनाह, गधे तम्बाकू नहीं खाते।''

बीरबल का उत्तर इतना सटीक था कि अकबर झेंप गए।

गरीब काल-कोठरी से बाहर

अकबर अपनी छोटी बेगम के साथ तफरीह के लिए निकले थे। दोनों एक पालकी में सवार थे। पालकी राजमहल से जैसे ही बाहर निकली, बेगम की नजर एक गरीब आदमी पर पड़ी जो शाही बाग की दीवार के सहारे खड़ा होकर धूप सेंक रहा था। उसे देखते ही छोटी बेगम ने कहा–"उफ! फिर वही मनहूस! अब दिन भर अकारण परेशान रहना होगा..."

अकबर ने छोटी बेगम को ऐसा कहते सुना तो पूछ बैठे–"क्या हुआ बेगम, यह क्या बोल रही हो...?"

"जहाँपनाह! शाही बाग की दीवार के सहारे जो आदमी खड़ा है, वह मनहूस है। कई बार सुबह-सुबह इसका चेहरा देखने को मिला और जितनी बार ऐसा हुआ, मुझे खाना नसीब नहीं हुआ और दिन भर अकारण परेशान रहना पड़ा।"

"अरे बेगम! तुम यह क्या बोल रही हो?...तुम शहंशाहे-हिन्दोस्तान की सबसे प्यारी बेगम हो...तुम्हें खाना नसीब न हो ऐसा कैसे हो सकता है?" अकबर ने बेगम का खौफ मिटाना चाहा।

"आलीजाह! मेरी बात मानें। आज हम लोग तफरीह करने नहीं जाएँगे।" छोटी बेगम ने अकबर से गुजारिश की।

बेगम के इस हठ से अकबर को बड़ी कोफ्त हुई और उन्होंने तफरीह का कार्यक्रम रद्द कर दिया। पालकी फिर राजमहल की ओर वापस लौट पड़ी।

अपने तफरीह के कार्यक्रम में पड़े इस खलल से खिन्न अकबर ने उस गरीब आदमी को पकड़कर बुलवा लिया और उसे अपने कक्ष के सामनेवाले कमरे में ठहरा दिया।

यह देखने के लिए कि वाकई वह मनहूस है या नहीं।

दूसरे दिन सुबह जगकर वे उस गरीब आदमी का चेहरा खुद देख आए और अपनी सामान्य दिनचर्चा में लग गए। जब बादशाह भोजन करने गए तो छत पर चिपकी छिपकली न जाने कैसे शोरबे में टपक गई और गरम शोरबे में गिरते ही मर गई। अकबर के जीवन में ऐसी घटना कभी नहीं घटी थी। उन्हें गरीब आदमी के मनहूस होने की बात अचानक याद आ गई। शाम तक कई ऐसी सूचनाएँ उन्हें मिलीं जिससे निराशा हुई। अब उन्हें विश्वास हो गया कि यह आदमी वाकई मनहूस है। उन्होंने उस आदमी को काल-कोठरी में डाल देने की आज्ञा दे दी। ऐसी आज्ञा देते समय उन्होंने उस आदमी से कहा–''सुबह-सुबह तुम्हारा चेहरा किसी को नहीं दिखे, इसके लिए तुम्हारे लिए सबसे अच्छी जगह वही है।''

जब वह व्यक्ति काल-कोठरी की ओर भेजा जा रहा था तब बीरबल महल की ओर आ रहा था। उस व्यक्ति को रोते देखकर उसने उससे रोककर पूछा कि वह क्यों रो रहा है तब उस व्यक्ति ने बीरबल को अपनी व्यथा-कथा सुना दी।

बीरबल को लगा कि अकबर जैसा बादशाह ऐसा कदम उठाए, यह उचित नहीं है। उसने उस आदमी को ढाढ़स बँधाया कि घबराओ मत, जल्दी ही तुम आजाद हो जाओगे। इसके बाद बीरबल अकबर के पास गया और अपना सिर पकड़कर बैठ गया।

अकबर ने बीरबल से पूछा–''क्या बात है बीरबल, तुम किस चिन्ता में पड़े हो?''

''जहाँपनाह, जब मैं आपके पास आ रहा था तब मैंने एक आदमी को जाते देखा–सिपाही उसे काल-कोठरी की ओर लेकर जा रहे थे और वह व्यक्ति विलाप करते हुए कह रहा था–बादशाह का चेहरा आज सुबह-सुबह नहीं देखा होता तो यह नौबत नहीं आती। बादशाह का चेहरा इतना मनहूस होगा, मैंने सोचा न था।''

अकबर ने जैसे ही बीरबल के मुँह से ये बातें सुनीं तो उन्हें ध्यान आया कि वाकई आज सुबह उनके चेहरे को देखकर ही वह गरीब जगा था। फिर क्या था, अकबर ने तुरन्त उस गरीब को छोड़ देने की आज्ञा भिजवा दी।

चैन की नींद का रहस्य

"कठिन काम करनेवाले व्यक्ति अपने शरीर को मौसम के अनुरूप ढाल लेता है। परिश्रमी व्यक्ति धूप, छाँह, बादल, वर्षा, शीत, ग्रीष्म आदि की परवाह नहीं करता। वह तो अपने लक्ष्य की प्राप्ति के लिए इतना समर्पित और संलग्न रहता है कि उसे ठंडी या गर्मी का अहसास तक नहीं होता। परिश्रमी की जीवन-शैली उसे नमक और रोटी में भी पकवानों का मजा देती है और कड़ी धूप में भी थककर चूर हुआ व्यक्ति तपती रेत पर भी चैन की नींद सो सकता है। परिश्रम ही सभी सुखों की कुंजी है।"

बादशाह अकबर के साथ राजभवन के बाग में टहलते हुए बीरबल अकबर से ये बातें कह रहा था।

दरअसल अकबर उन दिनों अपनी प्रजा को हर तरह की सुख-सुविधा प्रदान करने का प्रयास कर रहे थे। अकबर का सपना था कि उनके साम्राज्य में हर व्यक्ति चैन की नींद सोए। किसी को भी भोजन का अभाव नहीं महसूस हो। रोटी, कपड़ा और मकान के अधिकार से कोई भी वंचित नहीं रहे। अपनी इस अभिलाषा को पूरी करने की तरकीबों पर अकबर ने बीरबल से चर्चा छेड़ी थी। बीरबल ने अकबर को अतिशय गम्भीर देखकर उनकी जिज्ञासाओं को शान्त करना उचित समझा और सुख-दुख, चैन-आराम, चिन्ता-निश्चिन्तता आदि प्रवृत्तियों को व्याख्यायित करने लगा था।

बीरबल ने अकबर से कहा–"जहाँपनाह! भोजन में स्वाद और आँखों की नींद दोनों का सम्बन्ध मनोदैहिक है। इसे इस तरह समझें कि जब भोजन की आवश्यकता शरीर का पोर-पोर महसूस करने लगे उस समय मिली सूखी रोटी से भी जो स्वाद निःसृत होता है उसकी तुलना लजीज पकवानों से नहीं की जा सकती। इसी तरह परिश्रम से श्लथ हो जाने पर जब शरीर के रग-रग में विश्राम की चाह उभरती है तब बिस्तर मिले या न

मिले, खाट मिले न मिले, व्यक्ति जिस निश्चिन्तता से सोता है, उसकी तुलना मदिरापान से उत्पन्न कृत्रिम नींद से नहीं की जा सकती।"

अकबर को बीरबल की युक्तियाँ पसन्द तो आ रही थीं किन्तु उनसे उनकी शंकाओं का समाधान नहीं हो पा रहा था। वैसे भी अकबर किसी भी युक्ति को बिना प्रमाण स्वीकार करनेवाले बादशाह नहीं थे। उन्होंने कहा– "बीरबल, तुम्हारी बातें सुनने में भली लग रही हैं। इन पर विश्वास करने को भी जी चाहता है मगर जब तक तुम अपनी बातों को सत्यापित कर नहीं देते, मैं उन्हें सच मानकर कोई निष्कर्ष नहीं निकालूँगा। मुझे तो अपनी सल्तनत में अपनी रियाया की भलाई के लिए योजनाएँ बनानी हैं। इसके लिए तुमसे सलाह माँगी है...और तुम हो कि हमें समझा रहे हो कि बादशाह किसी को चैन की नींद प्रदान नहीं कर सकता!"

बीरबल समझ गया कि अकबर को अपनी बात समझाने के लिए उसे सप्रमाण अपनी बातें कहनी होंगी। इसलिए उस दिन उसने अकबर से कोई नई बात नहीं कही और मन-ही-मन फैसला किया कि उचित अवसर आने पर वह बादशाह की शंकाओं का समाधान करेगा।

बाग से वापसी के समय बीरबल के मन में यही प्रश्न तैर रहा था कि वह अकबर को कैसे समझाएगा कि बादशाह का काम प्रजा की सुख-सुविधाओं के लिए सार्वजनिक व्यवस्था करना है। प्रजा की जान-माल की सुरक्षा, स्वायत्तता की रक्षा, शिक्षा, स्वास्थ्य और रोजगार के इन्तजाम, सिंचाई...और ऐसे ही बहुत सारे कार्यों के लिए योजनाएँ, परियोजनाएँ बनाना आदि। प्रजा सुख की नींद सोए, इसके लिए राजा के अलावा प्रजा को भी प्रयास करना होगा क्योंकि नींद किसी को स्वर्ण-मुद्रा की तरह नहीं दी जा सकती और न ही चैन रेवड़ियों की तरह बाँटा जा सकता है। नींद और चैन का सम्बन्ध तो व्यक्ति के जीवन जीने के ढंग पर निर्भर करता है। गलत कार्यों में लिप्त व्यक्ति कभी भी चैन का अहसास नहीं कर सकता क्योंकि उसका मन हमेशा आशंकित रहता है कि कहीं कोई उसके गलत कार्यों को जान न जाए। अपने कृत्यों को छुपाने की कोशिश में ऐसा व्यक्ति अपना चैन गँवा बैठता है। ऐसे व्यक्ति को चैन की नींद कहाँ से मिल पाएगी!

बीरबल अपने घर तो लौट आया मगर उसका मन समाधान की तलाश में ही लगा रहा। जब बीरबल भोजन करने बैठा तब भी यही सवाल उसके

मस्तिष्क में उमड़-घुमड़ रहा था कि वह अकबर को कैसे बताए कि प्रजा की नींद की चिन्ता के स्थान पर उन्हें उन गाँवों में पानी की व्यवस्था करने पर ध्यान देना चाहिए जिन गाँवों में प्रायः सूखे का प्रकोप होता है और फसलें सिंचाई के अभाव में सूखकर बरबाद हो जाती हैं। अकबर को वह ऐसी नीतियाँ बनाने के लिए प्रेरित करना चाहता था जिससे समाज में पुरुष और स्त्री अधिकारों की दृष्टि से समान समझे जा सकें। पुरुष और स्त्री में भेद करनेवाले दंडित हों। मगर अभी अकबर जिस मनोदशा में थे उसमें नीति-निर्धारण की बातें करना बीरबल को बहुत अनुकूल नहीं लग रहा था। वह तो चाहता था कि उसे कोई ऐसा अवसर मिले जब वह अकबर को भोजन के स्वाद और चैन की नींद की वास्तविकता समझा सके। उन्हें यह विश्वास दिला सके कि राजा भोजन तो दे सकता है किन्तु स्वाद नहीं। चैन और नींद के लिए भी व्यक्ति की मनोवृत्ति ही उत्तरदायी है।

बीरबल के मन में इस बात की गुन-धुन लगी रही। अकबर अपनी योजनाओं की फेहरिस्त तैयार करने में मशरूफ रहे। इसी तरह कुछ महीने बीत गए।

एक दिन अकबर ने बीरबल से कहा–"बीरबल! कल सुबह तुम तैयार होकर आना। हम लोग आगरा चलेंगे। रास्ते में प्रजा की जरूरतों का अध्ययन भी करते रहेंगे। तुम्हारे साथ रहने से मुझे सुकून मिलता है। तुम स्थितियों का अध्ययन भी खूब अच्छी तरह से करते हो।"

बादशाह की इच्छा भी हुक्म से कम नहीं होती इसलिए बीरबल के लिए न कहने की गुंजाइश ही कहाँ थी। दूसरे दिन सुबह ही अकबर के महल में बीरबल पहुँच गया। अकबर तैयार बैठे थे।

बीरबल को देखते ही अकबर ने कहा–"मैंने अपनी इस यात्रा की भनक किसी को नहीं लगने दी है। मैं चाहता हूँ कि हम लोग सामान्य नागरिक के वेश में ही यात्रा करें। रास्ते के गाँवों में यदि कहीं रुकना पड़ा तो हम लोग अपनी प्रजा के दुख-सुख से वाकिफ भी होते जाएँगे। वैसे आगरा में एक किला का निर्माण कार्य चल रहा है। हमारी यात्रा का प्रयोजन उस किले के निर्माण की प्रगति का जायजा लेना है।"

आम नागरिक के वेश में अकबर और बीरबल दोनों ही राजमहल से निकले। किसी ने उन पर ध्यान नहीं दिया। राजधानी की सीमा से निकलने

के बाद दोनों ने अपने-अपने घोड़ों को आगरा जानेवाली राह पर मोड़ लिया और एड़ लगाकर घोड़ों की गति बढ़ाई। दिन जैसे-जैसे चढ़ रहा था, वैसे-वैसे यात्रा कठिन होती जा रही थी। दोपहर होने तक सूर्य की सीधी किरणें मानो आग बरसाने लगीं। अकबर और बीरबल दोनों ही पसीने से लथ-पथ हो गए। घोड़े भी हाँफने लगे थे मगर रास्ते में दूर तक सन्नाटा था। ऐसी कोई जगह दिखाई नहीं दे रही थी जहाँ पड़ाव डाला जा सके। अन्ततः रास्ते के किनारे एक वट वृक्ष के नीचे अकबर ने अपने घोड़े की लगाम खींच ली और बीरबल को भी वहीं थोड़ी देर विश्राम करने की सलाह दी। पेड़ से लटकती जटाओं से घोड़े बाँध दिए गए। पेड़ की छाया में बैठकर अकबर और बीरबल विश्राम करने लगे। श्रम-श्लथ अकबर पेड़ के तने से टिक गए। फिर उन्होंने अपने पैर फैला लिये। थोड़ी ही देर में अकबर को झपकी सी आई और नींद की गोद में उनकी चेतना विलुप्त हो गई।

अकबर को उस अवस्था में देखकर बीरबल को अचानक बादशाह के एक प्रश्न 'चैन की नींद' का समाधान मिल गया। इससे पहले भी अकबर के साथ बीरबल ने ऐसी यात्राएँ की थीं और अकबर को इस तरह थककर पेड़ की छाया में झपकी लेते हुए देखा था मगर आज अकबर की नींद से वही अर्थ ध्वनित हो रहा था जिसे बताने की कोशिश बीरबल ने कुछ दिन पहले की थी।

अकबर देर तक नींद में डूबे रहे। शाम ढलने को आई। घोड़े अपनी थकान मिटा चुके थे। बीरबल ने जान-बूझकर अकबर को नहीं जगाया। तरोताजा होकर जब घोड़े हिनहिनाए तब उनकी हिनहिनाहट सुनकर अकबर की नींद खुली। सूरज को अस्ताचल की ओर जाता देख अकबर ने विस्मित भाव से बीरबल को देखा और पूछा—''बीरबल! तुम्हें भी समय का ज्ञान नहीं रहा? यदि मुझे झपकी आ गई थी तो तुम्हें समय रहते मुझे जगा देना चाहिए था। अब शाम होने को है। थोड़ी देर में अँधेरा छाने लगेगा। रात को यात्रा जारी रखना ठीक नहीं है। ऐसे में हमें किसी गाँव में ठहरना ही पड़ेगा।''

''जहाँपनाह! आप इतनी गहरी नींद में थे कि जगाने की इच्छा ही नहीं हुई। घोड़े भी थके थे। आपके कार्यक्रम में प्रजा का हाल जानना भी शामिल था इसलिए मैंने सोचा कि जब तक आलमपनाह खुद नहीं जग जाते तब

तक उन्हें सोने दिया जाए। जगेंगे तब हम लोग किसी आस-पास के गाँव में रात बिताने के लिए चले जाएँगे।''

अकबर को बीरबल का उत्तर ठीक लगा। उन्होंने बीरबल से कहा–''हाँ, बीरबल! वाकई मैं अच्छी नींद सोया। इधर दिन-रात मैं प्रजाहित की योजनाओं पर विचार करता रहा और उनके प्रारूप तैयार करता रहा जिसके कारण माकूल नींद नहीं ले पाया। ऐसी नींद तो शायद बरसों नहीं सोया। तुमने जो सोचा, ठीक ही सोचा। अब चलो, किसी गाँव की तलाश रोशनी रहते हुए हम कर लें।''

दोनों उठे। अपने-अपने घोड़ों को सहलाया और उन पर सवार होकर मुख्य मार्ग पर आ गए। सूरज छिपने से मात्र पन्द्रह मिनट पहले उनकी यह यात्रा फिर शुरू हुई, और ये पन्द्रह मिनट किस तरह गुजर गए, उन्हें मालूम नहीं हुआ। शाम के आसमान की लाल दमक धीरे-धीरे फसलों और पेड़ों के तनों पर रेंगती-सी ऊपर की ओर सरकती जा रही थी। हवा साफ-शफ्फाफ और पारदर्शी थी। गुलाबी आभा से भरा आकाश धीरे-धीरे सुरमई होने लगा था। पक्षियों का झुंड अपने घोंसलों की ओर लौटने लगा था।

अकबर इन दृश्यों में डूब से गए थे। रोशनी कम होती देख उन्होंने बीरबल से कहा–''बीरबल! अब हमें रात्रि विश्राम के लिए किसी गाँव की खोज कर लेनी चाहिए। देखो, राह अँधेरे की परतों से ढँकने-सी लगी है। शाम ढल जाने के बाद पेड़ एकाकार होकर भीमाकार स्याह-समूहों में परिवर्तित होते से प्रतीत हो रहे हैं। खेत अँधेरे की जद में आ चुके हैं। काले हो चुके आसमान में पहला तारा टिमटिमाने लगा है।''

''जहाँपनाह! जहाँ कहीं भी कोई आदमी दिखेगा उससे हम किसी गाँव के बारे में पता कर लेंगे। आप चिन्ता नहीं करें। रात ही तो बितानी है। कहीं-न-कहीं मुफीद जगह मिल ही जाएगी।'' बीरबल ने कहा।

इसके बाद अकबर पुनः प्राकृतिक दृश्यावलियों में खो गए। राज-पाट की व्यस्तता में यह सौन्दर्य-प्रेमी बादशाह प्राकृतिक सुषमा से प्रायः साक्षात्कार नहीं कर पाता था। आज उसे अरसे बाद राजधानी से बाहर निकलने का अवसर प्राप्त हुआ तो वह रंग बदलती प्राकृतिक दृश्यावलियों में खो सा गया।

कुछ पलों के बाद ही एक पगडंडी से एक अधेड़ आदमी उनकी दिशा में आता दिखा। बीरबल की नजर उस आदमी पर पड़ी। दुबला-पतला सा

आदमी। लम्बा कद, चौड़ा माथा, पतले होंठ, तीखी नाक और चमकीली कालो पुतलियोंवाली आँखें। बीरबल टकटकी लगाए उस व्यक्ति को आता हुआ देखता रहा। जब वह व्यक्ति करीब आ गया तब बीरबल ने उसे आवाज दी–"ऐ भाई!"

उस व्यक्ति ने उनकी ओर देखा और ठहर गया।

बीरबल उसके करीब पहुँचकर अपने घोड़े से उतर गया और उस व्यक्ति से कहा–"भाई! हम लोग मुसाफिर हैं। दिल्ली से आए हैं और आगरा जा रहे हैं। रात हो चली है इसलिए हमें विश्राम करने के लिए जगह की तलाश है। आस-पास कोई गाँव हो तो उसकी राह हमें बता दो।"

बीरबल की भद्रतापूर्ण ढंग से कही गई बातों को सुनकर वह व्यक्ति इतना तो समझ ही गया कि उससे गाँव की राह पूछनेवाला व्यक्ति कुलीन है। अकबर उस समय उनसे थोड़ी दूरी पर घोड़ा रोके खड़े थे। वे भी अपने घोड़े से उतरकर पैदल ही उन दोनों के करीब आ गए। अकबर द्वारा घोड़े से उतरना, इस अजनबी के प्रति सम्मान प्रदर्शित करना–अकबर के इस व्यवहार से वह व्यक्ति बहुत प्रभावित हुआ। उसने उन दोनों को साथ चलने के लिए कहा। महज एक फर्लांग की दूरी पर उसका गाँव था और वह पगडंडी उसके गाँव की ओर ही जाती थी।

बीरबल ने उस व्यक्ति को अपने घोड़े पर बैठा लिया और थोड़ी ही देर में अकबर और बीरबल उस व्यक्ति के साथ उसके गाँव में आ गए।

उस व्यक्ति ने बीरबल से कहा–"आप लोगों को रात ही तो बितानी है। आप लोग चलें मेरे साथ, मेरे घर पर रात्रि विश्राम करें। मुझे अच्छा लगेगा।" थोड़ी-सी चुप्पी के बाद उसने कहा–"मेरा नाम सीपा है। सीपा सिंह! यहीं पास में मेरा घर है।"

बीरबल ने अकबर की ओर देखा। विहँसती चाँदनी में अकबर ने बीरबल की प्रश्नवाचक दृष्टि भाँप ली और मुखर होकर कहा–"सीपा! हमें तुम्हारा आतिथ्य स्वीकार करने में प्रसन्नता होगी।"

सीपा ने उन दोनों को उस पगडंडी से जुड़ी एक अन्य अपेक्षाकृत सँकरी पगडंडी पर घोड़ा मोड़ लेने को कहा। थोड़ी ही देर में वे साग-भाजी की एक बगिया से गुजर रहे थे। बगिया के बाद एक बथान था जिसमें एक चिकबरी गाय और एक बछिया बँधी थी। बथान के बाहर ही एक कुत्ता बैठा था जो

उन्हें देखकर चौकन्ना होकर भौंकने लगा था। कुत्ते के भौंकने पर सीपी ने उसे आवाज लगाई–"राँगा! नहीं! मैं हूँ...अपने दोस्तों के साथ!"

सीपी की आवाज सुनकर कुत्ते ने भौंकना बन्द कर दिया और दुम हिलाता हुआ पास पहुँचकर उस पर उछलकर प्यार जताने लगा। सीपी की आवाज सुनकर बथान में बँधी गाय भी रँभाने लगी।

गाय का रँभाना सुनकर सीपी ने अकबर और बीरबल से कहा–"बस, दो पल में मैं हाजिर होता हूँ।"

ऐसा कहक़र वह गाय के पास चला गया। बथान में प्रवेश करने से पहले उसने बथान के बाहर रखी हरे पत्तों की गाँठों में से दो गाँठें उठा लीं और गाय को सहलाते हुए उसने उसके मुँह के आगे हरे पत्तों की गाँठ कर दी। गाय ने पत्तों को मुँह में ले लिया और चबाने लगी।

सीपी ने गाय को सहलाते हुए कहा–"बस गंगा! आज तुम्हारे पास अधिक देर तक नहीं रुक सकूँगा। मेरे दो मित्र आए हैं। उनके भोजन और शयन की व्यवस्था करनी है।"

अकबर यह सब कौतुक-भरी दृष्टि से देख रहे थे। अपने पालतू जीवों के प्रति सीपी के इस अपनत्व-भरे व्यवहार को देखकर उन्हें अनकहा आनन्द प्राप्त हुआ। वे मुग्ध मन से सोच रहे थे–'उनके राज्य में जीवों से प्रेम करनेवाले लोग भी रहते हैं।'

बथान से दस कदम की दूरी पर ही सीपी के घर का दरवाजा था जहाँ बरामदे पर रखी चौकी पर एक बूढ़ा बैठा था। हड्डियों के ढाँचे की सी अपनी आकृति को वह एक सूती फतुही से ढँके हुए था। जब सीपी वहाँ अकबर और बीरबल के साथ पहुँचा तब उसके सम्मान में वह वृद्ध चौकी से उठने का प्रयत्न करने लगा। मगर सीपी ने दूर से ही कहा–"अरे! बैठे रहो ताऊ! इन दोनों को मेरा दोस्त समझो, आज रात यहीं रुकेंगे। सुबह आगरा चले जाएँगे।"

अकबर और बीरबल चूँकि सामान्य नागरिक के वेश में थे इसलिए औपचारिकता का निर्वाह करते हुए उन्होंने हाथ जोड़कर उस वृद्ध का अभिवादन किया। सीपी ने उन्हें अपने घर के दीवानखाने में ले जाकर बैठाया। बूढ़े ने, जिसे सीपी ने ताऊ कहा था, घर के अन्दर जाकर सम्भवतः दोनों अतिथियों के आवभगत और सोने की व्यवस्था कराने के निर्देश दे

दिया था क्योंकि सीपी लगातार दीवानखाने में अकबर और बीरबल के साथ ही रहा। तभी सात-आठ साल की एक बच्ची थाल में शर्बत के तीन गिलास ले आई। अकबर, बीरबल और सीपी ने बारी-बारी से गिलास उठाए और धीरे-धीरे शर्बत पीते हुए बातें करते रहे।

अकबर ने सीपी से पूछा–''इस गाँव में ऐसी क्या व्यवस्था की जा सकती है जिससे सब चैन की नींद सो सकें?"

अकबर के इस प्रश्न पर सीपी चौंक-सा गया। फिर शान्त स्वर में कहा–''भाई मेरे! यह गाँव है। यहाँ किसान रहते हैं। भगवान ने तरह-तरह की ऋतुएँ बनाईं कि धरती की जरूरतें पूरी हो सकें। किसान इन्हीं ऋतुओं के अनुरूप बीजों को पहचान कर जिस दिन खेती करने की कला सीख गया उस दिन ही अपनी चैन की नींद गँवा बैठा। कभी अतिवृष्टि इसे बेचैन कर देती है तो कभी अनावृष्टि से इसकी नींद गायब हो जाती है। मौसम यदि अनुकूल रहे तो भी खेत में खड़ी फसलों की सुरक्षा की चिन्ता किसान की नींद ग्रस लेती है। सच कहें तो भगवान भी किसान को चैन की नींद नहीं दे सकते। जिस दिन किसान चैन की नींद सोने लगेगा उस दिन से आदमी को अनाज का अभाव भी झेलना पड़ेगा...।''

बीरबल ने बात सँभाली–''अरे भाई सीपी, इनके पूछने का मतलब था कि इस गाँव के किसानों को ऐसी किसी चीज की कमी खलती हो जिसकी पूर्ति हो जाने से उनकी किसी बड़ी चिन्ता का निवारण हो सकता हो।''

"गाँव में कमियाँ ही कमियाँ हैं। मगर किसान करें भी तो क्या करें? सभी लाचार हैं। निदान समझते हुए भी कुछ कर नहीं पाते।'' सीपी ने बीरबल से कहा।

''जैसे...'' अकबर ने बातों का सिलसिला थामते हुए सीपी से पूछा–''क्या कमियाँ हैं?''

''सबसे बड़ी कमी तो इस गाँव में सिंचाई सुविधाओं की है। इतने बड़े गाँव में बस तीन कुएँ हैं जिनका पानी पीने के लिए ही काफी नहीं है तो खेतों की सिंचाई कहाँ से हो? यदि गाँव में दो-तीन तालाब भी होते तो शायद शाक-भाजी उगाना आसान होता।'' सीपी ने कहा।

''तो, दो-तीन तालाब इस गाँव में बन जाएँ तो यहाँ के किसान खुश हो जाएँगे?'' अकबर ने पूछा।

"क्यों नहीं! कम-से-कम इतना तो होगा ही कि किसानों को बादलों की बाट नहीं जोहनी पड़ेगी।"

"और कोई समस्या?" अकबर ने पूछा।

"हाँ, एक समस्या यह भी है कि यहाँ आस-पास के बावन गाँवों तक मवेशियों का कोई चिकित्सक नहीं है। मेरी छह गायें थीं। आज एक ही बची है। आप समझ सकते हैं कि मवेशियों का चिकित्सक नहीं होने के कारण बेजुबान जानवरों की तकलीफ उन्हें पालनेवाले नहीं समझ पाते हैं और मवेशी उनके खूँटे से बँधे-बँधे ही बेमौत मर जाते हैं..." सीपी ने कहा।

इस तरह अकबर देर तक सीपी से गाँव की समस्याओं के बारे में सुनते-समझते रहे। कुछ देर के बाद भोजन का बुलावा आ गया। तीनों इस बुलावे पर अपने स्थान से उठे। सीपी अपने मेहमानों को लेकर रसोई में चला आया जहाँ पीढ़ा लगाकर उनका भोजन परोसा गया था। तीनों ने भोजन किया फिर सीपी अपने मेहमानों को उस कमरे में ले गया जहाँ उनके सोने की व्यवस्था की गई थी।

दूसरे दिन अकबर और बीरबल ने सीपी से विदा ली और आगरा के लिए प्रस्थान कर गए।

जिस समय वे किले के निर्माण स्थल के पास पहुँचे उस समय दोपहर हो चुकी थी। सूरज की तीखी तिरछी किरणें मानो शरीर को बेध रही थीं। किला निर्माण में लगे मजदूर निर्माण-कार्य रोककर भोजन करने में मशगूल थे। अकबर और बीरबल ने देखा—भोजन के समय भी एक संगतराश पत्थर तराशने के काम में मशगूल था। खुले आसमान के नीचे, तीखी धूप में वह पत्थर तराशने के काम में पूरे मनोयोग से जुटा हुआ था। उसे न तो आस-पास की गतिविधियों का अहसास था और न इस बात की परवाह कि धूप कितनी तीखी है। उसके पास अनगढ़ पत्थरों के दर्जन भर टुकड़े और शेष थे। अकबर और बीरबल उस संगतराश के पास काफी देर तक खड़े रहे मगर वह मनोयोग से अपने काम में जुटा रहा। उसे इस बात का अहसास तक नहीं हुआ कि कोई उसके पास खड़ा है। अद्‌भुत तन्मयता

और अकथ मनोयोग से वह अपना काम करता रहा। अकबर और बीरबल कुछ देर वहाँ खड़े रहे और इसके बाद वे वहाँ से दूसरे कार्य स्थल की ओर चल पड़े। किले का निर्माण-कार्य नदी के तट पर हो रहा था वहाँ की मिट्टी बलुई थी। सतह पर चलने के कारण अकबर और बीरबल, पैरों में जूती होने के बावजूद तपती धरती की तपिश महसूस कर रहे थे। संगतराश को उन दोनों ने दूर जाकर भी पलटकर देखा। उसके कार्य करने के अन्दाज में कोई परिवर्तन नहीं हुआ था।

घंटे-दो घंटे के बाद अकबर और बीरबल उस संगतराश की दिशा में लौटे। उस समय संगतराश जो किले के मेहराब के लिए पत्थर तराशने में लगा हुआ था, अपने काम से निवृत्त होकर भोजन कर रहा था। अकबर और बीरबल संगतराश की दिशा में बढ़ रहे थे। अभी वे संगतराश से कुछ दूर ही थे कि संगतराश अपना भोजन समाप्त कर वहीं तपती धरती पर पसर गया। अकबर और बीरबल जब तक उसके पास पहुँचे, वह गहरी नींद में डूब चुका था।

संगतराश को इस तरह तपती रेतीली जमीन पर नंगे बदन, बिना बिस्तर के सोया देखकर अकबर चकित रह गए। उनकी आँखों में विस्मय का भाव तैर रहा था। बीरबल सहज था।

संगतराश को गहरी नींद में डूबा देखकर अकबर ने बीरबल से कहा— "यह संगतराश प्रकृति की प्रतिकूलताओं से प्रभावित नहीं होता। इतनी कड़ी धूप में, तपती धरती पर, देखो, किस कदर सोया हुआ है मानो यह किसी आरामदायक बिस्तर पर सोया हो!"

"जहाँपनाह! कार्य की अनुकूलता से इस संगतराश ने अपनी प्रकृति को जोड़ लिया है इसलिए यह बाह्य प्रकृति के प्रभावों से प्रभावित नहीं होता। मैंने इसे काम करते देखा है। इसे अपना काम पूरा करने की लगन में इस बात की परवाह नहीं थी कि यह भोजन के समय भी कार्य में संलग्न है। अब यह अपने काम को पूरा कर चुका है इसलिए सन्तुष्टि की नींद ले रहा है। इसे इस बात की परवाह नहीं है कि दूसरे मजदूर काम में लगे हैं या अभी काम का समय है।" बीरबल ने कहा।

अकबर ने मन-ही-मन सोचा कि इस संगतराश को वह राजमहल में रहने का अवसर देंगे और यह जानने का प्रयास करेंगे कि आखिर इसकी

इस प्यारी नींद का रहस्य क्या है। अकबर ने अपनी मंशा बीरबल को बताई। बीरबल के होंठों पर हँसी की एक हल्की रेखा तैर गई।

बीरबल ने कहा–"जहाँपनाह! नींद का रहस्य तो आपकी आँखों के सामने से गुजरा है फिर भी आप चाहते हैं कि इस रहस्य को भली प्रकार समझें तो इस संगतराश को महल में ले जाने में कोई बुराई नहीं है।"

इसके बाद अकबर और बीरबल ने आगरा में ही रात्रि विश्राम किया और दूसरे दिन दिल्ली लौट आए। दिल्ली लौटकर अकबर ने पहला काम यह किया कि महल के कंगूरों और छतों के मेहराबों पर लाल पत्थर लगाने के काम के लिए उस संगतराश को बुलवाने का हुक्म जारी किया।

अकबर के आदेश से जब वह संगतराश दिल्ली भेजा गया तब वह बादशाह के बुलावे की बात सुनकर डरा हुआ था। राजदरबार में उसने इसी अज्ञात भय और बेचैनी के आलम में अपने आने का सन्देश दर्ज कराया। अकबर ने उसे शाही मेहमानखाने में ठहराने का निर्देश दिया। शाही मेहमानखाने में ठहराए गए व्यक्ति की शाही ढंग से मेहमाननवाजी होती थी। उस संगतराश की भी खूब खातिरदारी होने लगी। लेकिन बेचारा संगतराश शाही जीवन का आदी नहीं था इसलिए उसे यह सब कुछ सपने जैसा लग रहा था। कहाँ तो, हाड़तोड़ मेहनत के बाद वह बाजरे की सूखी रोटी और लहसुन की चटनी जायका ले- लेकर खाता था और कहाँ बिना मेहनत के उसके लिए बिरयानी, रोगनजोश और कबाब परोसा जा रहा था। इस मेहमाननवाजी ने संगतराश को अचम्भित-सा कर दिया था। वह तरह-तरह की आशंकाओं से घिरा हुआ था। भोजन के बाद विश्राम के लिए उसे मुलायम गद्‍देदार बिस्तर पर सुलाया गया। संगतराश का हृदय चूँकि तरह-तरह की आशंकाओं से घिरा हुआ था इसलिए वह इस मुलायम-नरम बिस्तर पर भी बेचैनी से करवटें बदलता रहा।

दूसरे दिन उसे शाही आदेश प्राप्त हुआ कि चूँकि वह अभी आगरा के किले के निर्माण कार्य से लौटा है इसलिए कुछ दिन विश्राम करके तरोताजा हो ले। इसके बाद बादशाह स्वयं उसे महल के मेहराबों के निर्माण के सम्बन्ध में जानकारी देंगे।

उस दिन भी संगतराश को बढ़िया नाश्ता और उम्दा भोजन मिला लेकिन करने को कोई काम नहीं था जिसके कारण संगतराश का दिन बेचैनी

में ही गुजरा। दिन में भोजन के बाद उसे हल्की-सी झपकी अवश्य आई मगर जल्दी ही उसकी नींद खुल गई। रात को फिर वह बेचैनी से करवटें बदलता रहा।

अकबर प्रतिदिन उसके खाने-सोने आदि का पूरा ब्यौरा ले रहे थे। जब मेहमानखाने के खादिमों से उन्हें जानकारी मिली कि संगतराश रात भर करवटें बदलता रहता है, तब उन्होंने बीरबल से पूछा–''यह संगतराश जो कभी तपती रेतीली जमीन पर कड़ी धूप में भी बेसुध होकर सोता था, वह महल के ऐशो-आराम में भी बेचैनी से करवटें बदलते हुए रातें बिताता है–ऐसा क्यों?''

बीरबल ने कहा–''जहाँपनाह! उसे महल के मेहराब निर्माण के काम में लगा दीजिए। वह पहले जैसा ही हो जाएगा।''

अकबर ने दूसरे दिन ही संगतराश को काम पर लगा दिया।

संगतराश पूरे मनोयोग से उस काम में जुट गया। इसके बाद वाले दिन अकबर को जानकारी दी गई कि वह संगतराश कल रात को गहरी नींद सोया।

अकबर ने इस सूचना के बाद बीरबल से कहा–''बीरबल! नींद के बारे में तुम्हारी अवधारणा बिलकुल ठीक निकली। अब मेरी समझ में आ गया है कि चैन की नींद का सम्बन्ध निष्ठापूर्ण कर्म से है जिसे श्रम के बदले तो पाया जा सकता है मगर धन-दौलत और सुविधाओं से नहीं।''

चोर पर बीरबल मेहरबान

अकबर अपने साम्राज्य में विधि-व्यवस्था की स्थिति बेहतर बनाए रखने के लिए अनवरत प्रयत्नशील रहा करते थे। अकबर ने अपने अधीन रजवाड़ों को भी निर्देश दे रखा था कि प्रजा के अमन-चैन का वे खयाल रखें। अमन-चैन उनके साम्राज्य में बना रहे, इस महत्त्वाकांक्षा की पूर्ति के लिए अकबर स्वयं भी अपने व्यापक सम्पर्क क्षेत्र का उपयोग करते थे, वहीं उन्होंने बीरबल को राजधानी में प्रजा की सुख-शान्ति का खयाल रखने का दायित्व सौंप रखा था। वे नहीं चाहते थे कि उनके साम्राज्य में कहीं भी चोरी, लूट-मार, बटमारी या डकैती जैसी घटनाएँ घटें। इसके लिए उनकी शासन-प्रणाली में विशेष खुफिया व्यवस्थाएँ भी की गई थीं।

एक बार एक साहूकार ने दरबार में अपना दुखड़ा रोया कि उसके घर से कीमती जेवरातों की चोरी हो गई है। चोरों ने कल रात ही उसकी तिजोरी पर भी हाथ साफ किया है। मामला चूँकि राजधानी का था इसलिए बादशाह ने इस मामले को बीरबल के पास भेज दिया।

बीरबल ने साहूकार से सारी बातें जानने के बाद केवल एक प्रश्न किया–"आपको किसी पर सन्देह है?"

साहूकार ने कहा–"मुझे लगता है कि चोरी की इस वारदात में मेरे किसी नौकर का हाथ है।"

इसके बाद बीरबल शाही अपराध जाँच दल के चुनिन्दा अधिकारियों को लेकर घटनास्थल पर गया। उसने साहूकार की तिजोरी देखी। तिजोरी तोड़ी नहीं गई थी। उसका ताला खोलकर उससे सामान निकाला गया था। उसने जेवरातों की चोरी के बारे में भी छानबीन की तथा उस सन्दूक को भी बाहर और भीतर से देखा जिसमें से जेवरात चुराए गए थे। घर के प्रत्येक पुरुष सदस्य से बीरबल ने जाँच दल के अधिकारियों

के साथ बातचीत की तथा घर की प्रत्येक महिला से स्वयं बात कर जेवरातों के बारे में जानकारी एकत्र की। इसके बाद पूछताछ का दौर घर के नौकरों के साथ चला। नौकरों ने भी जाँच दल और बीरबल के सामने लगभग एक जैसी बात कही कि वे मध्य रात्रि से थोड़ा पहले तक घर का सारा काम-काज निपटा चुके थे। इसके बाद उन लोगों ने खाना खाया और सोने चले गए। मुँह-अँधेरे ही वे जगे और घर के काम-काज में लग गए।

इस पूछताछ में केवल यह तथ्य उभरकर सामने आया कि चोरी मध्य रात्रि और सूर्योदय से पूर्व हुई है। लेकिन यह गुत्थी सुलझ नहीं पाई कि चोरी किसने की और चोरी गया सामान कहाँ है।

बीरबल ने नौकरों से बातचीत के दौरान महसूस किया कि नौकरों के समूह में एक अधेड़ खानसामा बयान देने के समय घबराया हुआ-सा प्रतीत हो रहा था। उसने जाँच दल के अधिकारियों से उस रसोइए से गहन पूछताछ करने को कहा। जाँच दल के अधिकारी उस रसोइए को अलग कमरे में ले गए और उससे बारी-बारी से पूछताछ की।

जब वे अपनी पूछताछ से सन्तुष्ट हो गए तब बीरबल को आकर सारी बातें बताते हुए कहा–''आपका सन्देह सही लगता है। यह रसोइया बार-बार बयान बदल रहा है। आप कहें तो हम लोग इससे अपने तरीके से अपराध कबूलवा लें।''

"नहीं, मैं इससे अपने तरीके से अपराध कबूल करवा लूँगा। आप लोगों की फिर आवश्यकता पड़ सकती है इसलिए आप लोग अपनी जरूरत के मुताबिक घटनास्थल का मुआयना अवश्य कर लें। चोर का पता अब लग जाएगा। जेवरात अभी सुरक्षित होने चाहिए और तिजोरी से गायब हुए रुपए भी अभी खर्च नहीं किए जा सके होंगे।''

जाँच दल के अधिकारी अपने कार्य में लग गए और जब उनकी तफतीश पूरी हो गई तब वे अगले आदेश के लिए बीरबल के पास आए।

बीरबल ने साहूकार से कहा–''हम लोग आज आपके सभी नौकरों को अपने साथ रखेंगे। आपके नौकर आज आपके किसी काम के लिए उपलब्ध नहीं रहेंगे। आज रात्रि में उनसे विशेष पूछताछ होगी। कल इन्हें आपके पास भेज दिया जाएगा।''

इस तरह उन तमाम नौकरों को अपने साथ ले जाने का हुक्म बीरबल ने जाँच अधिकारियों को दे दिया और स्वयं दरबार के लिए निकल पड़ा।

शाम को दरबार से लौटने के बाद बेंत की कुछ छड़ियाँ लेकर बीरबल 'जाँच-घर' पहुँचा। वहाँ सभी नौकरों को अलग-अलग कमरों में रखा गया था।

बीरबल ने सभी नौकरों से अलग-अलग भेंट की और उनसे बारी-बारी से एक ही बात कही–"यह सच पता लगानेवाली बेंत की छड़ी है। इसे अपने पास रखो। यदि तुमने साहूकार का धन चुराया होगा तो तुम्हारे संसर्ग में यह छड़ी आधा इंच लम्बी हो जाएगी।" ऐसा कहकर बीरबल ने एक-एक छड़ी सभी नौकरों को थमा दी। उसके बाद वहाँ से निकलकर वह जाँच-घर के प्रभारी के पास पहुँचा और उसे निर्देश दिया–"सभी बन्दियों को आज रात के भोजन के साथ एक-एक सेब और सेब काटकर खाने के लिए छोटे चाकू भेज देना। ध्यान रहे कि सभी बन्दियों को एक-एक छोटा चाकू अवश्य मिल जाए। भोजन का बर्तन रात को उनके कमरे में ही पड़ा रहने देना।"

दूसरे दिन बीरबल सुबह ही 'जाँच-घर' पहुँचा जहाँ साहूकार के नौकरों को तफ्तीश के लिए रोककर रखा गया था। बीरबल बारी-बारी से सभी बन्दी नौकरों के पास गया और उनसे बेंत की छड़ी वापस ले ली। इसमें से एक नौकर की छड़ी आधा इंच छोटी पाई गई। बीरबल ने उस नौकर को बन्दीगृह में रोक लिया। यह वही रसोइया था जिस पर पहले भी बीरबल को सन्देह हुआ था। शेष नौकरों को बीरबल ने वापस साहूकार के घर भेज दिया।

रसोइए को बीरबल ने अपने पास बुलवाया और उससे कहा–"मैं जानता हूँ, तुम साहूकार के पुराने वफादार हो...फिर तुमने ऐसा काम क्यों किया?"

रसोइया किसी तरह अपनी घबराहट पर काबू पाते हुए बोला–"दीवान जी, मैंने चोरी नहीं की है।"

वह आगे कुछ बोलता उससे पहले ही बीरबल ने कहा–"मेरी चमत्कारी बेंत की छड़ी झूठ नहीं बोलती है। छड़ी ने मुझे सच बता दिया है। अब यह तुम पर है कि सीधी तरह अपना अपराध कबूल करो या जाँच विभाग के सिपाहियों की कुटाई से। वे कोड़े बरसाकर सच कबूलवाने में माहिर हैं।"

रसोइया बीरबल की इस धमकी से टूट गया और उसने अपना अपराध कबूल लिया। उसने बीरबल को बताया–''वह जब पन्द्रह वर्ष का था तब ही साहूकार के घर नौकरी करने आया। साल-दो साल पर जब वह दो-चार दिनों के लिए अपने घर जाता तब साहूकार उसे पाँच-दस रुपए दे देता था और कहता था कि फिर कभी एक साथ हिसाब करके वह उसे मोटी रकम दे देगा जिससे वह जमीन-जायदाद खरीद सकेगा। अगले महीने उसकी बेटी की शादी है। उसने साहूकार से अपने वेतन का हिसाब कर देने को कहा तब साहूकार ने उससे कहा–हर साल-दो साल पर जब भी वह घर गया उसे उसके पैसे तो दिए ही जाते रहे हैं। बेटी का विवाह है तो पच्चीस-पचास लेकर छुट्टी करो। इससे ज्यादा कुछ नहीं मिलेगा।...इतने में नहीं पोसाता है तो अपना बोरिया-बिस्तर समेट लो और कहीं और जाकर काम करो जहाँ इससे ज्यादा पैसे मिलते हों।...अब मैं क्या करता दीवान साहब!" ऐसा कहते हुए रसोइए ने बीरबल के पाँव पकड़ लिये और फफक पड़ा।

बीरबल को मानव-मन की अच्छी परख थी। उसने समझ लिया कि रसोइया ठीक बोल रहा है।

साहूकार के फरेब के बारे में सुनकर उसे कोई अचरज नहीं हुआ। वह जानता था कि साहूकार का काम ही ऐसा है जो बिना मेहनत प्राप्ति पर टिका हुआ है। बीरबल ने रसोइए का कन्धा थपथपाया और उसे ठीक से बैठने को कहा। उसने रसोइए को भरोसा दिलाया कि वह उसका बाल भी बाँका नहीं होने देगा और साहूकार से उसके वेतन का भुगतान भी कराएगा। तीस-पैंतीस साल की चाकरी का उसे अच्छा इनाम भी दिलवाएगा।

इसके बाद उसने रसोइए द्वारा बताए गए स्थान से नकदी और जेवर की बरामदगी के लिए जाँच अधिकारियों को भेजा। जाँच अधिकारियों ने साहूकार का चोरी गया सारा धन बरामद कर लिया। इसके बाद बीरबल रसोइए के साथ साहूकार के घर गया और रसोइए को साहूकार के पास छोड़कर वहाँ से लौट आया।

साहूकार के घर से लौटने के पूर्व बीरबल ने साहूकार से कहा–''साहूकार महोदय! आप कल दरबार में तशरीफ ले आएँ। बादशाह सलामत स्वयं आपसे पूछताछ करेंगे और आपके चोरी गए धन की वापसी

भी होगी। हाँ, आप उन सभी नौकरों को साथ लेकर दरबार में आएँ जिनसे पूछताछ की गई है।”

दूसरे दिन अकबर के दरबार में साहूकार अपने नौकरों के साथ पहुँचा। बीरबल ने उसे दरबार के एक कोने में खड़े रहकर बादशाह का इन्तजार करने का निर्देश दिया। बीरबल का यह व्यवहार एक सम्मानित साहूकार के लिए अपमानजनक था। लेकिन उसके पास चारा भी क्या था। अपने नौकरों के साथ पाँत बनाकर वह दरबार में खड़ा हो गया।

साहूकार को निर्देश देने के बाद बीरबल ने स्वयं अकबर के कक्ष में जाकर उन्हें साहूकार के चोरी गए जेवरातों और नगदी की बरामदगी हो जाने की सूचना दी।

इस बरामदगी की सूचना से अकबर उत्साहित हो गए। उन्होंने पूछा– ‘‘मगर बीरबल, यह बरामदगी हुई कैसे? इतनी जल्दी तुमने इस चोरी की घटना का उद्‌भेदन कर लिया, यह काबिलेतारीफ है।’’

बीरबल ने बादशाह को चोर पकड़ने के लिए आजमाए गए नुस्खे की कहानी सुनाई तब उत्सुकता से अकबर ने पूछा–‘‘यह बात समझ में नहीं आई कि बेंत की जो छड़ी आधी इंच छोटी मिली, वह छोटी हुई कैसे?’’

बीरबल ने सहजता से उत्तर दिया–‘‘जहाँपनाह! मैंने नौकरों को जाँच घर में रात के भोजन के साथ एक-एक सेब और सेब काटने के लिए एक-एक छोटा चाकू जान-बूझकर बँटवाया था। मुझे विश्वास था कि चोर यह सोचकर अपनी छड़ी आधा इंच काट लेगा ताकि छड़ी आधा इंच बड़ी होने पर भी उसकी लम्बाई पहले जैसी ही हो जाए। जो नौकर चोर नहीं थे उन्हें छड़ी बढ़ने का डर नहीं था मगर रसोइए को यह भय सता रहा था जिससे उसने अपनी छड़ी काटकर छोटी कर ली, और उसकी चोरी पकड़ी गई।”

फिर बीरबल ने अकबर के समक्ष रसोइए के साथ साहूकार द्वारा की गई नाइनसाफी का मार्मिक विवरण प्रस्तुत किया जिससे अकबर के हृदय में रसोइए के प्रति दया उमड़ आई।

फिर अकबर ने बीरबल से पूछा–“बीरबल, तुम क्या चाहते हो?’’

‘‘जहाँपनाह! आप साहूकार से पूछें कि वह अपने किस नौकर को कितनी पगार देता है और नौकरों से पूछें कि उन्हें कब तक का पगार मिल

चुका है। सही स्थिति सामने आते ही साहूकार से कहें कि वह अपने नौकरों की बकाया राशि का अविलम्ब भुगतान करने का वादा करे और उन्हें दरबार से विदा होने से पूर्व पगार दे दे तब ही उसे बरामद किया गया धन वापस मिलेगा अन्यथा उसे राजकोष में जमा करा दिया जाएगा।''

दरबार में आने के बाद अकबर ने साहूकार के साथ वैसा ही सलूक किया जैसा बीरबल ने बताया था। साहूकार के पास नौकरों के वेतन का भुगतान करने के अलावा कोई चारा नहीं था और बादशाह के सामने वह राज्य द्वारा निर्धारित पगार से कम का भुगतान कर ही नहीं सकता था। इस प्रकार रसोइए को बकाया पगार के रूप में एक बड़ी रकम हाथ लगी। बादशाह ने साहूकार को निर्देश दिया कि रसोइए को अपनी पुत्री के विवाह की तैयारी के लिए पर्याप्त समय की आवश्यकता होगी इसलिए इसकी पैंतीस वर्षों की सेवा को देखते हुए वह उसे एक माह की सवैतनिक छुट्टी भी दे।

नौकरों के वेतन भुगतान के बाद साहूकार को उसका धन वापस किया गया।

इस प्रकार अकबर के दरबार से निकलते समय नौकर बहुत खुश थे। सबसे ज्यादा खुश था वह रसोइया जिसने चोरी की थी।

जिरह-बख्तर का निर्माण

अकबर की शाही सेना हर तरह से समर्थ सेना थी। अकबर पर जब अपने साम्राज्य-विस्तार का नशा छाया हुआ था तब वे स्वयं सेना का निरीक्षण किया करते थे। जवानों की मुस्तैदी, उनकी चुस्ती-फुर्ती बनाए रखने के लिए उनसे तरह-तरह के व्यायाम करवाते। स्वयं भी उनकी कसरत में शामिल होते। अपने सैनिकों को उनके व्यक्तिगत नामों से पुकारते। उन्हें मौज-मस्ती के लिए भी समय देते।

एक दिन अकबर को विचार आया कि यदि सभी सैनिकों के लिए लोहे के धागों से निर्मित जिरह-बख्तर पहनने को दिए जाएँ तो युद्ध के समय हमारे सैनिक अधिक सुरक्षित रहेंगे और अपने इस विचार को साकार करने के लिए अकबर ने पूरे राज्य में मुनादी करा दी–"बख्तर बनाने की कला में माहिर जितने भी कारीगर हैं, वे बादशाह से शीघ्र सम्पर्क करें।"

इस मुनादी को सुनकर एक लोहार बादशाह के पास आया और बादशाह से कहा–"वह जिरह-बख्तर बनाना जानता है मगर गरीब है इसलिए यदि उसे जिरह-बख्तर बनाने का सामान मिल जाए, तब ही वह बना सकेगा।"

अकबर ने उससे कहा–"कारीगर! तुम्हें जिरह-बख्तर बनाने के लिए जिन चीजों की जरूरत हो, तुम अपनी पसन्द से खरीद लाओ। पैसे तुम्हें जब भी चाहिए और जितने भी चाहिए राजकोष से मिल जाएँगे...ऐसी व्यवस्था मैं करा देता हूँ।"

कारीगर ने राजकोष से पैसे लेकर जिरह-बख्तर निर्माण के काम आनेवाली चीजें खरीद लीं और मनोयोग से जुट गया जिरह-बख्तर बनाने में। बादशाह के लिए जिरह-बख्तर बनाते समय उसने अपनी कला का भरपूर प्रयोग किया। दो-तीन दिनों की मेहनत के बाद जिरह-बख्तर बनकर

तैयार हो गया। अपने इस निर्माण को हर तरह से उलट-पुलटकर कारीगर ने देखा और वह पूरी तरह से सन्तुष्ट हुआ कि ऐसा जिरह-बख्तर पहले कभी नहीं बना। यह पहननेवाले को खूबसूरती भी प्रदान करेगा और शत्रुओं के वार से बचाएगा भी। पूरी तरह सन्तुष्ट हो जाने के बाद वह कारीगर जिरह-बख्तर दिखाने के लिए बादशाह के पास पहुँचा।

अकबर ने जिरह-बख्तर अपने कक्ष में सज्जा के रूप में खड़ी काँसे की एक प्रतिमा को पहनाई और उसे देखा। जिरह-बख्तर वाकई बहुत सुन्दर बना था। अकबर ने इस निर्माण की मन-ही-मन तारीफ की। अचानक अकबर के मन में विचार आया कि जिरह-बख्तर सुन्दर तो है मगर यह मजबूत है या नहीं, यह भी तो देखना चाहिए? जिरह-बख्तर का इस्तेमाल तो युद्धभूमि में होना है जहाँ सुन्दरता गौण होती है और मजबूती आवश्यक!

जिरह-बख्तर की मजबूती देखने के लिए अकबर ने म्यान से अपनी तलवार निकाली और एक भरपूर वार काँसे की प्रतिमा की गर्दन पर कर दिया। 'झन!' की आवाज के साथ जिरह बख्तर प्रहार के स्थान पर कट गया। अकबर ने कारीगर को कटा जिरह-बख्तर दिखाते हुए कहा—"कारीगर! तुमने जो जिरह-बख्तर बनाया है वह खूबसूरत तो है मगर मजबूत नहीं देखा न तुमने कि यह तलवार का एक प्रहार भी नहीं झेल पाया! हमें तो ऐसा जिरह-बख्तर चाहिए जो तलवार के प्रहार से सैनिकों की रक्षा करे। उन्हें घाव न लगने दे।...जाओ, जिरह-बख्तर में क्या सुधार करना है, सोचो और यथाशीघ्र ऐसा ही जिरह-बख्तर बनाकर दिखाओ!"

बेचारा कारीगर! कभी काँसे की मूर्ति को पहनाए गए जिरह-बख्तर को देखता तो कभी बादशाह की तलवार को! वह कहना चाह रहा था कि बादशाह सलामत! आपने यह जिरह-बख्तर काँसे की प्रतिमा को पहनाई है जबकि इसका निर्माण हाड़-मास के इनसान के लिए हुआ है। आपने काँसे की प्रतिमा को बख्तर पहनाकर तलवार का प्रहार किया है जिससे इस प्रहार का प्रतिरोध काँसे की प्रतिमा ने किया है, हाड़-मांस के पुतले ने नहीं। मगर बादशाह के सामने वह अपना मुँह नहीं खोल पाया।...और वह निराश कदमों से अपना जिरह-बख्तर लिये अकबर के पास से लौटने लगा।

जिस समय लोहार अकबर के पास से निराश लौट रहा था, उस समय बीरबल भी किसी काम से अकबर से मिलने जा रहा था। उसने निराश

लोहार को अकबर के पास से लौटता देखा तो उसके मन में जिज्ञासा हुई कि आखिर इस लोहार से अकबर को क्या काम था...और यह वहाँ से निराश क्यों लौट रहा है? उसने लोहार को रोककर पूछा–''क्या बात है भाई! तुम कौन हो? और इतने निराश क्यों दिख रहे हो?''

''हुजूर! मैं एक लोहार हूँ। बादशाह ने मुझे जिरह-बख्तर बनाने का काम सौंपा है। मैंने अपनी कला और हुनर का यथासम्भव उपयोग कर यह जिरह-बख्तर बनाया जो सुन्दर भी है और मजबूत भी। बादशाह ने यह जिरह-बख्तर एक काँसे की प्रतिमा को पहनाकर तलवार का वार कर इसकी मजबूती परखी। काँसे को आधार बनाकर जब लोहे की चादर पर वैसा प्रहार किया जाएगा तब लोहे की चादर भी कट जाएगी, यह तो लोहे के धागों से पिरोया गया बख्तर है। इसका निर्माण तो मनुष्य के पहनने के लिए किया गया है। अब बादशाह ने मुझे दूसरा बख्तर बनाकर लाने को कहा है। यदि उस बख्तर को भी बादशाह इसी तरह आजमाएँगे तब उसका भी यही हश्र होगा। इसीलिए मैं चिन्तित हूँ।...कैसे झंझट में पड़ गया!''

बीरबल को लोहार की समस्या समझ में आ गई। उसने लोहार से कहा–''अब चिन्ता मत करो भाई! तुम जाकर दूसरा बख्तर तैयार कर लो और जब बादशाह उसे काँसे की प्रतिमा पर आजमाने लगें तब उनसे कहना कि तुम स्वयं इस जिरह-बख्तर को पहनकर खड़े हो जाओगे, क्योंकि रणभूमि में इसे कोई हाड़-मांस का सैनिक ही पहनेगा और जब बादशाह प्रहार करने लगें तो तुम चीखकर उस प्रतिकार का प्रतिरोध करना। तुम्हारी समस्या हल हो जाएगी।''

लोहार को बीरबल की बातों से थोड़ी तसल्ली हुई कि समस्या का समाधान हो सकता है और वह बादशाह को तसल्लीबशस काम देकर सन्तुष्ट भी कर सकता है। इस तरह बढ़े आत्मविश्वास के साथ लोहार अपने घर लौटा और एक दूसरा जिरह-बख्तर तैयार करने में वह पूरी तन्मयता से जुट गया। दो-तीन दिनों में ही उसने दूसरी जिरह-बख्तर तैयार कर लिया और उसे लेकर अकबर के पास आया।

जिरह-बख्तर देखकर अकबर बहुत प्रसन्न हुए। इस बार जिरह बख्तर पहले से भी अच्छा बना था। जब अकबर जिरह-बख्तर के निर्माण की जाँच कर चुके तब उसकी मजबूती की परख के लिए वह उसे काँसे की प्रतिमा

को पहनाने लगे। लोहार इसी पल के इन्तजार में था। उसने उसी क्षण अकबर को टोका—''जहाँपनाह! आप इस जिरह-बख्तर को मुझे पहनने दें। जब मैं इसे पहनकर आपके सामने खड़ा हो जाऊँ तब आप इस पर प्रहार करें क्योंकि युद्धभूमि में यह जिरह-बख्तर कोई सैनिक ही पहनेगा जो कि हाड़-मांस का पुतला होता है, काँसे का नहीं!''

अकबर को लोहार की बात तर्कसंगत लगी। उन्होंने लोहार की तरफ जिरह-बख्तर बढ़ा दिया। लोहार ने जिरह-बख्तर पहन ली और अकबर के सामने खड़ा हो गया।

अकबर ने जिरह-बख्तर की जाँच के लिए जैसे ही तलवार उठाई कि लोहार ने चीखकर कहा—''खबरदार!''

उसकी आवाज की उम्मीद अकबर को नहीं थी इसलिए उनका ध्यान बँट गया और चौंक गए। उसके प्रहार में वैसी ताकत भी नहीं रही जैसी कि कांस्य-प्रतिमा पर प्रहार करते समय थी। अकबर की तलवार जिरह-बख्तर से टकरा गई और 'झन्न' की एक आवाज हुई।

अकबर ने लोहार पर क्रोध कर पूछा—''तुमने मुझे 'खबरदार' कहकर क्यों धमकाया?''

''इसलिए जहाँपनाह, कि आप मुझ पर प्रहार करने जा रहे थे। यह जिरह-बख्तर तो हाड़-मांस का सैनिक ही पहनेगा और जब उस पर प्रहार होगा तो वह उसका विरोध भी करेगा ही। ऐसा सोचकर ही मैंने आपको चेतावनी दी थी। मेरी दूसरी कोई मंशा नहीं थी।'' लोहार ने कहा।

मगर लोहार की बातों से अकबर का क्रोध शान्त नहीं हुआ और उन्होंने सिपाहियों को बुलाकर कहा—''इस लोहार को कारागार में डाल दो और कल दरबार में पेश करो।''

बेचारा लोहार गिड़गिड़ाता रहा मगर सिपाही उसे घसीटकर ले गए। अकबर ने उसकी तरफ देखा तक नहीं।

दूसरे दिन दरबार में लोहार की पेशी हुई। बादशाह ने यह मामला बीरबल के पास सुनवाई के लिए भेज दिया। लोहार पर आरोप था कि लोहार ने गरीबपरवर, शहंशाह-ए-हिन्दोस्तान की शान में गुस्ताखी की है।

बीरबल ने जब लोहार की तरफ देखा तो उसे याद हो आया कि वह पहले भी उससे मिल चुका है...जिरह-बख्तर बनानेवाला लोहार!

बीरबल ने लोहार से सारी बातें पूछीं। वह बेचारा इतना डरा हुआ था कि उसके मुँह से आवाज नहीं निकल रही थी फिर भी बीरबल ने जब उसे तसल्ली दी कि यदि उसने कोई गलती नहीं की है तो उसे सजा नहीं मिलेगी।

तब उसने सहमे अन्दाज में सारी घटना बता दी।

घटना सुन लेने के बाद बीरबल इस निष्कर्ष पर पहुँचा कि लोहार ने जो कुछ भी किया या कहा, उसमें कुछ भी गलत नहीं था। वह इस नतीजे पर पहुँचा कि 'खबरदार' कहकर चेतावनी दिए जाने से ही अकबर नाराज हुए, वह भी यह सोचकर कि ऐसा लोहार ने इसलिए किया कि जिरह-बख्तर पर भरपूर प्रहार नहीं हो सके...जरूर जिरह-बख्तर में कोई खोट होगा। और लोहार को साथ लेकर वह अकबर के कक्ष में चला आया।

अकबर उस लोहार को देखकर बीरबल पर बिगड़ गए–"तुम इस नामुराद को साथ लेकर मेरे पास क्यों आ गए?"

"जहाँपनाह! इसने 'खबरदार' कह के युद्धभूमि की प्रकृति के अनुरूप आचरण किया था, वह भी इसलिए कि जिरह-बख्तर की जाँच अधिक स्वाभाविक तरीके से हो जाए। जिरह-बख्तर की मजबूती पर इसे कोई सन्देह नहीं था। यदि इसे जिरह-बख्तर के कट जाने का सन्देह होता तो इसने कभी भी उसे पहनकर तलवार का प्रहार झेलने के लिए खुद को आगे नहीं किया होता।" बीरबल ने कहा।

अकबर ने महसूस किया कि बीरबल की बातों में सच्चाई है। उसने लोहार की तरफ देखा। भय से सहमा हुआ लोहे का यह कारीगर अपनी कला का नायाब नमूना पेश करने के बाद भी उनके सामने अपराधी की तरह खड़ा था। अकबर ने सोचा–मुनादी कराए जाने के बाद भी राज्य भर से केवल एक आदमी मिला है जिरह-बख्तर बनाने के काम के लिए और वह भी अब उनके आक्रोश के कारण हाथ से निकल जाएगा...जरूरत तो इस बात की है कि इस कारीगर की कला और लोग भी सीखें। यदि यह कारीगर भी उनके कोप का शिकार हो गया तो कोई क्यों प्रोत्साहित होगा कला सीखने के लिए? ऐसी कला जो पुरस्कृत नहीं, दंडित करवाती हो...कौन सीखना चाहेगा? यह विचार आते ही अकबर तख्त से उठ गए और लोहार को गले से लगा लिया। उन्होंने लोहार से कहा–"तुम्हारी चेतावनी को

समझने में मुझसे भूल हो गई लेकिन शुक्रिया बीरबल! तुमने अनर्थ होने से बचा लिया।'' ऐसा कहकर अकबर ने लोहार को इनाम दिया और उसे शाही सेना के लिए जिरह-बख्तर बनाने का काम भी सौंप दिया।

अकबर ने लोहार को विदा करते समय कहा–''जिरह-बख्तर का निर्माण बड़े पैमाने पर होना है इसलिए तुम कुछ लोगों को अपने फन में माहिर भी करो कि यह काम गति के साथ हो सके।''

लोहार मुदित मन से अपने घर लौट आया।

...ठीक कहा, मेहरबान!

एक दिन संयोगवश अकबर के दरबार में मारपीट के तीन मामले आए। पहला मामला था गणेशी पहलवान और सुभान दूधवाले का। मामले की पेशी हुई। अकबर के सामने गणेशी पहलवान और सुभान के बीच झगड़े की दास्तान आई। गणेशी पहलवान रोज सुबह अपने अखाड़े में कसरत करता था और कसरत कर लेने के बाद जब वह अखाड़े से अपने घर की ओर जाता था तब रास्ते में ही सुभान का खटाल पड़ता था। वहाँ रुककर वह भैंस का कच्चा दूध पीता था और फिर मूँछों पर ताव देते हुए वहाँ से निकल जाता था। सुभान भी सोचता था कि गणेशी महीना लगने पर दूध के पैसे दे देगा मगर महीना बीतने के बाद भी गणेशी ने उसे पैसे नहीं दिए। हारकर एक दिन सुभान ने ही पहल की और गणेशी से दूध के पैसे माँगे। मगर दूध के पैसे माँगे जाने पर गणेशी पहलवान ताव में आ गया और सुभान को धमकाया–''आज तुमने जो गुस्ताखी मुझसे दूध के पैसे माँगकर की है, वह गुस्ताखी आगे कभी नहीं दुहराना। यदि फिर कभी दूध के पैसे माँगने की जुर्रत की तो तुम्हारा हाथ तोड़कर दूसरे हाथ पर रख दूँगा।''

गणेशी यदि पहलवान था तो सुभान भी शारीरिक बल में किसी से कम नहीं था। सौ भैंसों का दूध अकेला दुहता था। सुबह-शाम खुद अपने हाथ से उनके लिए चारा काटता था। कभी उसे किसी ने बीमार पड़ते नहीं देखा था। लोग कहते थे–उसके शरीर में साँड़ की ताकत और चीते जैसी फुर्ती है। गणेशी पहलवान द्वारा धमकाए जाने पर सुभान तैश में आ गया और उसने गणेशी पहलवान को, आव-देखा न ताव, उठाकर पटक दिया। देखते ही देखते उन दोनों के बीच मल्लयुद्ध होने लगा। ठीक उसी समय उधर से शाही सेना का एक दस्ता गुजर रहा था। सेना के सिपाहियों ने गणेशी और सुभान को पकड़ लिया और अकबर के दरबार में पेश किया।

मामला सुनने के बाद अकबर ने गणेशी पहलवान को फटकार लगाई और सुभान को दूध के पैसे देने का आदेश दिया। इसके साथ ही उसकी उद्दंडता पर अंकुश लगाने के लिए उसे सात दिनों के कारावास की सजा भी सुना दी।

दूसरा मामला आया शाही दरबान और सकीना नाम की एक बुढ़िया के झगड़े का, जो अंडे बेचने का काम करती थी। बुढ़िया का आरोप था कि शाही बाजार में वह अंडे की टोकरी लेकर जा रही थी तब इस दरबान ने उसे रोककर कहा कि वह उसे दर्जन भर अंडे प्रतिदिन दे दिया करे, तब ही वह उसे शाही बाजार में अंडे बेचने के लिए जाने देगा, नहीं तो नहीं! दरबान का यह प्रस्ताव बुढ़िया को मंजूर नहीं हुआ और वह अपनी फरियाद लेकर बादशाह अकबर के दरबार में चली आई जो हर खास-ओ-आम के लिए खुला रहता था।

अकबर ने जिरह करके जान लिया कि दरबान दोषी था इसलिए उसे शाही बाजार से स्थानान्तरित करने के साथ ही पाँच कोड़ों की सजा सुना दी। बुढ़िया को शाही बाजार में प्रवेश करने और वहाँ अंडे बेचने की अनुमति भी मिल गई।

तीसरे मामले में एक गाड़ीवान ने अपनी गाड़ी एक निर्माणाधीन दीवार की बगल से ऐसे गुजार दी कि गाड़ी की रगड़ से दीवार ध्वस्त हो गई। भवन निर्माण करवा रहे व्यक्ति ने जब गाड़ीवान से हर्जाना माँगा तब गाड़ीवान उससे उलझ गया। दोनों के बीच जमकर मारपीट हुई। स्थानीय लोगों ने किसी तरह बीच-बचाव किया और दोनों को पकड़कर अकबर के दरबार में ले आए।

बादशाह ने दोनों की बातें सुनीं तो दोनों को दोषी करार दिया। गाड़ीवान का दोष था कि उसने दीवार ढह जाने पर हर्जाना देने से इनकार किया जबकि भवन निर्माण करवानेवाले का अपराध था कि उसने निर्माण के लिए बादशाह से स्वीकृति नहीं ली थी। दोनों को दंड की निर्धारित राशि राजकोष में जमा कराने का आदेश अकबर ने दिया।

तीनों मामले के निपटारे के बाद अकबर ने चुहल करते हुए बीरबल से कहा—"बीरबल! ऐसा लगता है कि जिस पद के अन्त में वान/बान होता है, वैसे पद वाले बड़े लड़ाकू होते हैं, जैसे—पहलवान, दरबान, गाड़ीवान!"

बीरबल ने बड़ी सहजता से कहा—''आपने ठीक कहा मेहरबान!''

बीरबल का उत्तर सुनकर अकबर झेंप गए।

डर सकता है बहादुर भी

एक शाम अकबर अपने महल की छत पर बीरबल के साथ टहल रहे थे। जब कभी भी अकबर अपने महल की छत पर बीरबल के साथ होते तब यमुना की लहरों को देखते हुए बीरबल के साथ हल्की-फुल्की बातें भी किया करते थे।

उस शाम वे बीरबल से कहने लगे–''बीरबल! तुमने कभी सोचा है कि एक जैसी क्षमतावाले दो शख्स में कितना अन्तर होता है? जिन्हें हम बहादुर कहते हैं उनके भी एक सिर, दो आँखें, दो कान, एक नाक, एक मुँह, एक गर्दन, दो हाथ और दो पैर होते हैं...और जिन्हें हम डरपोक कहते हैं उनके भी अंग ऐसे ही और इतने ही होते हैं।''

''जहाँपनाह! मुझे तो लगता है कि हर आदमी में बहादुरी के गुण होते हैं और भीरुता के भी। यह तो परिस्थितियों पर निर्भर करता है कि कब कौन-सा व्यक्ति डरपोक बन जाएगा और कौन-सा व्यक्ति बहादुर।''

"अरे नहीं! बहादुर तो बहादुर है! वह डरपोक कैसे हो सकता है? अपनी इतनी बड़ी जिन्दगी में मैंने किसी बहादुर को डरपोक बनते नहीं देखा।" अकबर ने कहा।

"मैं तो रोज ही देखता हूँ, जहाँपनाह!'' बीरबल ने कहा।

अकबर को बीरबल द्वारा अपनी बात काटे जाने पर क्षोभ हुआ और क्षुब्ध होकर उन्होंने बीरबल से कहा–''तुम ऐसे शख्स को रोज देखते हो? ऐसा शख्स जो बहादुर भी हो और डरपोक भी, मेरे पास भी ले आओ। मैं भी उसे देखना चाहता हूँ। यदि तुमने ऐसे व्यक्ति से मेरी भेंट करा दी, जो बहादुर भी हो और डरपोक भी, तो तुम इनाम के भागी होगे और यदि तुम ऐसा करने में विफल रहे तो तुम्हें दंड दिया जाएगा। अब जाओ और जाकर ऐसे व्यक्ति की तलाश करो जो बहादुर भी हो और डरपोक भी।''

बीरबल दूसरे दिन ही एक युवती को अपने साथ लेकर अकबर के पास आया और कहा–''जहाँपनाह! यह युवती बहादुर भी है और डरपोक भी।"

"कैसे?'' अकबर ने पूछा।

"जहाँपनाह, यह युवती अमूमन प्रतिदिन मध्य रात्रि में अपने प्रेमी से मिलने 'सुन्दर वन' जाती है जहाँ साँप-बिच्छू के डर से लोग दिन में भी पाँव रखने से घबराते हैं। मैं इसका पड़ोसी हूँ, इसलिए इस हकीकत से वाकिफ हूँ। युवती का इस तरह प्रेमी से मिलने जाना इसकी बहादुरी का प्रतीक है जबकि दिन के उजाले में, अपनी रसोई में चूहे को देखकर यह इस तरह से डरकर चीखती है कि पड़ोस के लोग भी समझ जाते हैं कि जरूर यह चूहा देखकर डर गई होगी।''

बीरबल के तर्क से अकबर सहमत हुए और उन्होंने मान लिया कि बहादुर समझा जानेवाला व्यक्ति भी कहीं डरपोक साबित हो सकता है।

तलाश बीरबल की

अकबर और बीरबल के बीच बहुत घनिष्ठ सम्बन्ध था। यह सम्बन्ध निश्चित रूप से बादशाह और दीवान के सम्बन्ध से कुछ इतर था। अकबर और बीरबल के बीच मित्र जैसा व्यवहार भी होता था और कभी-कभी तो हँसी-मजाक भी हो जाता था। ऐसा हँसी-मजाक जिसमें मर्यादाओं की सीमा कई बार काफी पीछे छूट जाती थी। कई बार दोनों के बीच नोक-झोंक भी हो जाती। कभी बादशाह रूठते तो कभी बीरबल ही रूठ जाता। उन दोनों के बीच रूठने-मनाने का सिलसिला भी काफी पुराना था।

एक बार किसी बात पर अकबर और बीरबल के बीच तकरार हो गई। बीरबल तुनककर बादशाह के पास से उठकर अपने घर चला आया और अपनी पत्नी से यह कहकर अपने घर से भी कहीं चला गया कि वह एक जरूरी काम से बाहर जा रहा है। घर से निकलने से पहले उसने अपनी पत्नी को पर्याप्त धन दे दिया ताकि उसके पीछे भी उसके घर की आवश्यकताओं की पूर्ति होती रहे।

अकबर के दरबार में जब लगातार तीन-चार दिनों तक बीरबल नहीं आया तब अकबर ने उसके घर आदमी भेजा मगर वह आदमी वहाँ से इस सूचना के साथ वापस लौटा कि बीरबल किसी काम से राजधानी से बाहर गए हुए हैं और कब लौटेंगे, इसकी जानकारी उनके घर के लोगों को नहीं है। यह सूचना मिलने पर अकबर प्रकट रूप में तो शान्त रहे मगर भीतर से बेचैन हो उठे। उन्हें अफसोस होने लगा कि बीरबल पर नाराजगी जाहिर कर अच्छा नहीं किया। बीरबल के बिना दरबार के काम-काज में अकबर का मन नहीं लगता था। बीरबल के रहने पर दरबार हमेशा जीवन्त बना रहता था। समय-समय पर कहकहे लगते रहते थे मगर अब दरबार में काम तो

होता है पर वह रौनक नहीं रहती जो बीरबल के दरबार में मौजूद रहने से रहा करती थी।

अक़बर ने अपने गुप्तचरों को हर दिशा में फैला रखा था और उन्हें विश्वास था कि उनके गुप्तचर बीरबल का पता लगा लेंगे मगर तीन-चार माह बीत जाने के बाद भी बीरबल का कोई सुराग हाथ नहीं आया। एक दिन अकबर ने गुप्तचर प्रमुख को बुलाकर धमकाया–"तुम्हारे लोग नकारा हैं। वे जब एक व्यक्ति का पता नहीं लगा सके तब उन्हें इस विभाग में रहने का कोई अधिकार नहीं है। यदि एक माह के अन्दर बीरबल के बारे में जानकारी हासिल नहीं हो पाई तब समझो कि मैं एक-एक की खबर लूँगा।"

अक़बर की इस धमकी के बाद गुप्तचर विभाग ने बीरबल की खोज में अपनी सारी ताकत झोंक दी। मगर इसका भी कोई फायदा नहीं हुआ। कोई बीरबल का पता नहीं लगा पाया। गुप्तचर विभाग के लोग आतंकित थे कि अकबर अब इस विभाग में भारी फेर-बदल कर सकते हैं। मगर अकबर यह समझ रहे थे कि खोज जब बीरबल की हो रही है तब थोड़ी मशक्कत अभी और करनी पड़ेगी। बीरबल को तो तब तक प्रकट रूप में देखा ही नहीं जा सकता जब तक स्वयं बीरबल नहीं चाहे।

अब अकबर स्वयं विचार करने लगे कि बीरबल का पता लगाने के लिए उन्हें कौन-सी चाल चलनी चाहिए। उन्होंने स्थितियों का आकलन किया कि राजधानी के चप्पे-चप्पे पर गुप्तचरों ने जाल बिछा रखा है, इसका अर्थ हुआ कि यदि बीरबल राजधानी में होता तो कहीं देखा अवश्य जाता। मगर वह कहीं देखा नहीं गया है। इसका एक स्पष्ट अर्थ यह है कि बीरबल कहीं न कहीं किसी गाँव में जाकर छुप गया है। तभी उन्हें यह खयाल भी आया कि बीरबल की गैर-मौजूदगी में उसका परिवार आर्थिक संकट से गुजर रहा होगा। उन्होंने दूसरे दिन ही चार माह का वेतन बीरबल के घर भिजवाया मगर बीरबल की पत्नी ने यह कहते हुए पैसे लेने से इनकार कर दिया कि वे जाते समय घर की जरूरतों की पूर्ति की व्यवस्था करके गए हैं...अभी साल-दो साल तो किसी तरह की कोई दिक्कत नहीं होगी। वे आएँगे तब खुद वेतन आदि लेने का काम कर लेंगे...मैं तो यह सब समझती नहीं, इसलिए इसमें पड़ूँगी भी नहीं।

बीरबल की पत्नी के इस खुद्दारी-भरे उत्तर से अकबर ने यह भी समझ लिया कि बीरबल पूरी तैयारी से गया है और जल्दी लौटनेवाला नहीं है। अब उन्हें यह चिन्ता सताने लगी कि यदि बीरबल नहीं लौटा तो क्या होगा? बीरबल तो तेज दिमाग इनसान है। ऐसी मेधावाले लोग विरल हैं। वह जहाँ जाएगा उसे चाहने और सम्मान देनेवाले लोग मिल जाएँगे और उसकी जरूरतों की पूर्ति होती रहेगी। लेकिन दिल्ली दरबार में उसकी कमी की भरपाई हो जाए, यह मुश्किल है। यह विचार आते ही अकबर कुछ बेचैन हो गए। तभी उन्हें याद आया कि बीरबल बेतुकी और ऊटपटाँग बातों का बेतुका और ऊटपटाँग जवाब देने में रुचि रखनेवाला इनसान है और वह इस मामले में बादशाह को भी नहीं बख्शता है। बस, अकबर को बीरबल की तलाश के लिए एक नया सूत्र मिल गया और वह एक ऊटपटाँग बात सोचने में व्यस्त हो गए।

दिल्ली-दरबार, राजधानी, कस्बों और गाँवों में बस एक ही चर्चा हो रही थी कि बादशाह अकबर का दिमाग फिर गया है वरना वे ऐसी बेतुकी और ऊटपटाँग मुनादी नहीं करवा रहे होते...भला कुएँ का भी विवाह होता है! भला कुओं को भी आमन्त्रण भेजा जाता है और भला यह भी उम्मीद की जा सकती है कि कस्बे और गाँवों के कुएँ अपने मालिकों के साथ कुएँ के विवाह में शामिल हों!...ऐसा तो कभी किसी ने सुना नहीं था...आखिर बादशाह को यह क्या हो गया है? कैसी सनक उन पर सवार हो गई है!

दरअसल बादशाह अकबर के आदेश पर राजधानी के आस-पास और दूरदराज के कस्बों एवं गाँवों में मुनादी कराई जा रही थी—'सावन पूर्णिमा के दिन, शुभ मुहूर्त में शाही कुएँ का विवाह होना तय हुआ है। इस विवाह में शिरकत करने का आमंत्रण बादशाह अकबर की सल्तनत में बसनेवाले सभी गाँव, कस्बों और शहरों के कुओं को दिया जाता है कि वे अपने मालिकों के साथ शाही कुएँ के विवाह में शामिल हों। विवाह में शामिल होनेवाले कुएँ के मालिक को एक-एक हजार स्वर्ण-मुद्राएँ भेंट में दी जाएँगी। कुआँ रखते हुए भी जो भू-स्वामी इस विवाह में कुओं के साथ शिरकत नहीं करेगा, उन्हें

अपने कुओं के लिए अलग से, शाही खजाने में शुल्क जमा करके रसीद लेनी होगी, नहीं तो वे दंड के भागी बनेंगे।'

मुनादी में आमंत्रण भी था और ठंडी धमकी भी। जिसने भी मुनादी सुनी, वही सकते में आ गया। जिनके खेतों या दरवाजे पर कुएँ थे, उनके तो डर के मारे हाथ-पैर फूलने लगे। किसी ने इससे पहले नहीं सुना था कि कुएँ के लिए भी शाही खजाने में रकम भरना पड़ेगा...लेकिन अब स्थिति विचित्र थी—या तो कुएँ को शाही कुएँ के विवाह में लेकर जाओ या शुल्क भरो! कुएँ रखनेवाले लोग भागे-भागे शाही खजाने के खजांची के पास पहुँचे और कुएँ का शुल्क जमा करने की पेशकश करने लगे मगर खजांची ने उन्हें यह समझाकर भेज दिया कि शुल्क की राशि सावन पूर्णिमा के बाद ही जमा होगी और इसके लिए बादशाह की ओर से फिर मुनादी करा दी जाएगी। अभी वे घर जाएँ।

बीरबल उस समय राजधानी के निकट के एक गाँव के मुखिया का अतिथि बनकर रह रहा था। उसने भी मुनादी सुनी। उसने मुखिया से कहा—"गाँव में जितने भी किसान के घर या खेत में कुएँ हैं उन सबको सज-धजकर अपने साथ सावन पूर्णिमा के दिन शाही कुएँ के विवाह में शामिल होने के लिए कहिए और इसकी तैयारी में जुट जाइए!"

बीरबल की इस सलाह पर मुखिया चौंका; किन्तु अपने अतिथि के अनेक कारनामे वह तीन-चार महीने में देख चुका था इसलिए उसकी सलाह को मसखरी समझने की भूल उसने नहीं की। बीरबल ने जब मुखिया से पुनः यह बात पूरी संजीदगी के साथ कही तो मुखिया ने सभी कुएँवाले किसानों को सावन पूर्णिमा के दिन शाही कुएँ की शादी में शरीक होने की तैयारी में जुट जाने के लिए कहा। किसान मुखिया का मुँह ताकने लगे। एक ने तो पलटकर कह भी दिया कि जिस तरह बादशाह का दिमाग खराब है उसी तरह हमारे मुखिया का दिमाग भी चल गया है। मगर मुखिया ने उसकी बात का बुरा नहीं माना और कहा—"तुम लोग तैयारी करो, आगे क्या करना है, वह भी मैं बताऊँगा।"

गाँव के किसानों को मुखिया की बात माननी पड़ी। सावन पूर्णिमा के एक दिन पहले मुखिया ने चौपाल में कुओं के स्वामियों को बुलाया। उसने लोगों से बताया कि कुएँ वाली समस्या के समाधान के लिए उन्होंने अपने

अतिथि बीरबल को नियुक्त किया है। वही बताएँगे कि कल शाही कुएँ के विवाह में हमारे कुएँ कैसे जाएँगे।

बीरबल ने उन लोगों को समझाया कि कुएँ जहाँ हैं वहीं रहेंगे। हम लोग राजधानी पहुँचकर बादशाह को खबर भेजेंगे कि हमारे कुएँ आपकी राजधानी की सीमा पर हैं। अपने कुओं को अगवानी के लिए भेजें। इससे होगा यह कि बादशाह भी उसी समस्या के शिकार हो जाएँगे जिस समस्या का शिकार आप सब हैं। एक बार आप लोग भली प्रकार समझ लें कि बादशाह इस बात से भली प्रकार अवगत हैं कि कुएँ चल नहीं सकते, न उखाड़कर कहीं ले जाए जा सकते हैं। इसी तरह आप लोग भी इस बात से परिचित हैं कि कभी शाही कुएँ के विवाह की प्रथा ही नहीं रही है। बादशाह ने यह फरमान जारी कर किसी अप्रकट मकसद की ओर कदम बढ़ाया है। हो सकता है कि वे अपने ग्रामीणों की बुद्धि की परीक्षा ले रहे हों और योग्य व्यक्ति की तलाश के लिए ही यह बेतुकी मुनादी कराई हो!

कुछ ना-नुकर के बाद लोग तैयार हो गए कि वे लोग राजधानी जाएँगे।

सावन पूर्णिमा के दिन सभी राजधानी की सरहद पर पहुँच गए। बीरबल ने मुखिया को उनका नेता बनाकर भेजा था और सबको विश्वास दिलाया था कि कोई मुसीबत उत्पन्न होने पर वह उसका निदान अवश्य करेगा।

जब अकबर को शाही कुएँ के विवाह में शरीक होने के लिए पड़ोस के गाँव से कुओं के आने की खबर यह कहते हुए मिली कि आप अपने कुएँ भेजें कि वे हमारे कुओं को लिवा ले जाएँ, तब अकबर ने अपने दो खास लोगों को उन ग्रामीणों को बुला लाने के लिए भेजा। अकबर को विश्वास हो गया कि अब बीरबल उसे अवश्य मिल जाएगा क्योंकि अकबर समझते थे कि उनकी बेतुकी मुनादी का ऐसा मुँहतोड़ जवाब बीरबल के सिवा कोई और नहीं दे सकता।

जब अकबर के दोनों खास लोग ग्रामीणों को लेकर अकबर के पास पहुँचे तब उन्हें देखकर अकबर को बड़ी निराशा हुई, क्योंकि उनमें बीरबल नहीं था। अकबर ने उन लोगों से पूछा कि कुओं को अगवानी के लिए बुलवाने की सलाह उन्हें किसने दी? तब मुखिया ने बताया कि उसके गाँव में पिछले चार-पाँच माह से एक विद्वान व्यक्ति रह रहा है जो ग्रामीणों की

समस्याओं के निवारण के अच्छे उपाय जानता है और गरीबों, जरूरतमन्दों की सहायता के लिए हमेशा तत्पर रहता है...उसी व्यक्ति ने यह सलाह दी थी।

अकबर ने ग्रामीणों का अच्छा सत्कार किया और फिर अपने चुनिन्दा विश्वसनीय व्यक्तियों का एक दस्ता उनके साथ भेजकर आदरपूर्वक उस विद्वान व्यक्ति को बुला लाने का निर्देश दिया। राजधानी के सीमान्त पर अकबर स्वयं उस विद्वान की अगवानी के लिए गए और जैसे ही लोगों की भीड़ के बीच चल रहे बीरबल पर उनकी नजर पड़ी तो वे खुद को रोक नहीं पाए और दौड़कर बीरबल के पास पहुँचे और अपने गले से लगा लिया

ग्रामीण आश्चर्य से उन दोनों का यह भाव-विह्वल मिलन देख रहे थे।

तलवार सोने में बदल गई

दीपावली की तैयारियाँ जोरों पर थीं। बीरबल भी अन्य लोगों की तरह अपने घर की सफाई में व्यस्त था। घर के कचरों-कबाड़ों की सफाई करते हुए उसे एक बहुत पुरानी तलवार मिली। तलवार की मूठ पर बेहद आकर्षक मीनाकारी की गई थी मगर तलवार में जगह-जगह जंग लगा हुआ था। यह तलवार सम्भवतः बीरबल के पुरखों की थी और एक पीढ़ी से दूसरी पीढ़ी के हाथों होते हुए बीरबल तक पहुँची थी। तलवार की बदहाली देखकर बीरबल ने सोचा कि यदि यह तलवार बादशाह को भेंट कर दी जाए तब हो सकता है कि प्राचीन तलवार देखकर वे इसे अपने अजायबघर में स्थान दें। अपने घर में बीरबल उस तलवार की कोई उपयोगिता नहीं देख रहा था। उसे आशंका भी थी कि यदि इसी तरह यह तलवार घर में पड़ी रही तो किसी दिन इसे कबाड़ के साथ फेंका भी जा सकता है।

जंग लगी तलवार को बीरबल ने अच्छी तरह देखा, उसकी यथासम्भव सफाई की और दीपावली से दो दिन पूर्व उसे लेकर बादशाह अकबर के दरबार में आया। बीरबल को एक प्राचीन तलवार के साथ आया देख अकबर ने बीरबल से पूछा–"बीरबल! तुम्हारे हाथ में एक प्राचीन तलवार देख रहा हूँ। क्या कोई खास बात है इस तलवार में?"

"अवश्य जहाँपनाह! इस तलवार में अवश्य ही कोई खास बात है, नहीं तो इसकी ओर आपका ध्यान आकर्षित नहीं हुआ होता। अभी तो यह तलवार इसलिए खास है कि इसमें आप रुचि दिखा रहे हैं और इसके प्रति जिज्ञासाएँ कर रहे हैं।" बीरबल ने कहा।

अकबर का ध्यान सचमुच तलवार पर अटका हुआ था। उन्होंने बीरबल से कहा–"बीरबल! तुम बातें अच्छी कर लेते हो। लाओ, जरा मैं देखूँ–तुम्हारी तलवार।"

बीरबल ने अकबर के हाथों में तलवार दे दी। अकबर ने तलवार को भलीभाँति उलट-पुलट कर देखा फिर तलवार की मूठ की बनावट और उस पर की गई मीनाकारी को ध्यानपूर्वक देखते हुए कहा—"बीरबल! कम-से-कम डेढ़ सौ वर्ष पुरानी है यह तलवार। ऐसी मीनाकारी करनेवाले अब नहीं मिलते। निश्चित रूप से ऐतिहासिक महत्त्व की है यह तलवार। इसे सँभालकर रखना।" ऐसा कहकर अकबर ने तलवार फिर से बीरबल के हाथ में थमा दी।

बीरबल अब उस तलवार को आश्चर्य से देख रहा था। कभी वह अकबर के हाथ की ओर देख रहा था और कभी उस प्राचीन तलवार को। उसके चेहरे पर अविश्वास के भाव थे।

बीरबल को इस तरह आश्चर्य में डूबा देखकर अकबर ने बीरबल से कहा—''क्या बात है बीरबल! तुम इतने अचरज से मेरे हाथ और उस तलवार को क्यों देख रहे हो?''

"जहाँपनाह! आज धनतेरस का दिन है। हमारे ग्रन्थों में लिखा है कि सदा अपनी प्रजा के हित के लिए चिन्ता करनेवाले राजा का हाथ धनतेरस के दिन पारसमणि सदृश हो जाता है। पारसमणि के बारे में कहा जाता है कि इसके सम्पर्क में आने से लोहा भी सोने में तब्दील हो जाता हैं। आलीजाह! मैं भी धनतेरस के दिन बहुत हसरतों के साथ इस पुरानी तलवार के साथ आपके पास आया था। मुझे उम्मीद थी कि आप अवश्य इस तलवार को अपने हाथ में लेंगे...और मेरी उम्मीद के अनुरूप आपने इस तलवार को अपने हाथ में लिया भी। मगर मेरे लिए हैरत की बात है कि आपके जैसे प्रजापालक के हाथ में जाकर भी यह तलवार लोहे की तलवार ही रही। मैं समझ नहीं पा रहा हूँ कि इस तलवार के लोहे में कोई ऐब है या आपके प्रजाहित चिन्तक होने में?"

अकबर ने हँसते हुए बीरबल से कहा—''लाओ, अपनी तलवार एक बार फिर मुझे दो।''

बीरबल ने अकबर को फिर से तलवार थमा दी। अकबर ने उसी समय एक सिपाही को भेजकर अपने खजांची को बुलवाया। खजांची को उन्होंने आदेश दिया कि तलवार की तौल का सोना निकाल लाए और तलवार को शाही अजायबघर में जमा करा दिया जाए।

खजांची बीरबल की तलवार लेकर चला गया और थोड़ी देर बाद वह एक थैली स्वर्ण-मुद्राएँ लेकर आया। अकबर ने वह थैली खजांची से लेकर बीरबल को सौंप दी।

थैली लेकर बीरबल ने बादशाह से कहा–"मुझे बहुत खुशी है कि हमारे ग्रन्थों में लिखी गई बात आज सच प्रमाणित हुई है। मेरी तलवार सोने में बदल गई।"

तेली की रिहाई

दिल्ली की एक सराय में एक दिन दो मुसाफिर अलग-अलग आए और सराय के मालिक से रहने के लिए एक-एक कमरा माँगने लगे। उस समय सराय में केवल एक कमरा ही खाली था। सराय के मालिक ने उन मुसाफिरों से कहा–"भैया! कमरा तो एक ही है। इसलिए तुममें से किसी एक को ही कमरा मिल सकता है। तुम दोनों एक साथ ही सराय में आए हो इसलिए मैं यह तय नहीं कर सकता कि तुम दोनों में से किसको कमरा मुहैया करूँ! अगर तुममें से कोई पहले आया होता तो, 'पहले आया, पहले पाया' का निर्णय हो सकता था...अब तुम दोनों ही आपस में तय कर लो कि कमरे में कौन रहेगा।"

सराय मालिक की यह बात सुनकर दोनों मुसाफिर थोड़ा निराश हुए। उन मुसाफिरों में एक तेली था जो अपने तेल के कारोबार के लिए सरसों और तिल के दाने खरीदने दिल्ली आया हुआ था तथा दूसरा मुसाफिर कसाई था जो दिल्ली में लगनेवाले जानवरों के हाट से भेड़ और बकरे खरीदने के लिए आया हुआ था। तेली को हर हाल में सराय में जगह चाहिए थी क्योंकि उस समय दिल्ली में तिलहन का बड़ा बाजार लगा हुआ था जिसमें दूर-दराज के किसान सरसों, तीसी, तिल, अरंडी, मूँगफली और ऐसे ही तेल निकाले जा सकनेवाले अनाजों के साथ आए हुए थे। दूसरी तरफ कसाई भी सराय में जगह पाने के लिए कमर कस चुका था क्योंकि जानवरों का यह बाजार दिल्ली में साल में एक बार ही लगा करता था। इस बाजार में बादशाह अकबर भी आते थे। अरबी नस्ल के कई घोड़े बादशाह अकबर ने इसी बाजार से खरीदे थे। जानवरों के इस बाजार में घोड़े, हाथी, ऊँट, गदहे, हिरण आदि भी मिलते थे तो वहीं गाय, बैल, भैंस, बकरियाँ, बाछे, भेड़ आदि भी। अरब, अफगानिस्तान जैसे देशों से भी जानवरों के व्यापारी अपने साथ

चुनिन्दा जानवर लेकर बाजार में बेचने के लिए आते थे। देश के कोने-कोने से भी जानवरों के व्यापारियों की इस बाजार में आमद होती थी।

कमरे में रहने की जरूरत दोनों मुसाफिरों की एक जैसी थी। सराय का मालिक किसी को भी कमरा देने का फैसला करने से इनकार कर चुका था। दोनों मुसाफिर एक-दूसरे को अपनी जरूरत बताकर यह संकेत दे चुके थे कि उन्हें कमरे में रहना ही है।

तेली और कसाई दोनों की कशमकश देखकर सराय के मालिक ने उनसे कहा–"तुम दोनों इस दिशा में भी सोचो कि क्या तुम दोनों एक ही कमरे में रहकर अपना काम निपटा सकते हो? यदि एक साथ, एक कमरे में रहने का फैसला तुम दोनों कर सको तो तुम लोगों की समस्या का समाधान हो जाएगा। सोच-विचार कर लो और जो निर्णय करो, वह मुझे बता दो।"

तेली और कसाई दोनों को सराय मालिक की यह बात पसन्द आई। तेली ने कसाई से कहा–"क्यों भाई! मुझे तो तिल की बोरियाँ खरीदनी हैं और हो सका तो सरसों की भी बोरियाँ खरीदूँगा। तुम्हें तो तिल और सरसों से कुछ लेना-देना नहीं है, ऐसे में मुझसे तुम्हें दुराव की भी आवश्यकता नहीं है।"

"हाँ भाई! कहते तो तुम ठीक ही हो! मुझे क्या करना है तिल और सरसों का? मैं तो यहाँ से सीधे भेड़-बकरों की मंडी का रुख करूँगा और भाव पट जाए तो सौ-दो सौ भेड़-बकरे खरीदकर ले जाऊँगा। हमारे धन्धे अलग हैं। हमारी जरूरतें अलग हैं। हमारे बीच व्यावसायिक प्रतिद्वन्द्विता भी नहीं है...क्यों न हम लोग एक ही कमरे में ठहर जाएँ? रात ही तो गुजारनी है। दिन भर मैं जानवरों के बाजार में ही घूमता रहूँगा और तुम भी तो तिलहन बेचनेवालों के चक्कर में पड़े रहोगे।...अच्छा तो यही होगा कि हम दोनों एक ही कमरे में ठहरने के लिए राजी हो जाएँ। थकान के कारण मेरी भी हालत खराब है और तुम भी बहुत थके से लग रहे हो। आपस में हुज्जत करने से तो बेहतर यही है कि हम मिलकर कमरा ले लें और चलकर आराम करें। फिर मैं अपने काम में लगूँ और तुम अपने काम में लगो।"

इस तरह तेली और कसाई के बीच सहमति बन गई।

सराय के मालिक ने दोनों से शुल्क लेकर उन्हें वह कमरा दिखा दिया जिसमें उन्हें रहना था।

तेली और कसाई दूर-दराज के गाँवों से पैदल चलकर कई दिनों में दिल्ली पहुँचे थे इसलिए थककर चूर थे। उन दोनों ने बारी-बारी से स्नान किया और फिर अपनी-अपनी पोटली से रोटी निकालकर खाई। तृप्त हुए फिर बिना एक-दूसरे से कोई बात किए कमरे की फर्श पर ही लेट गए और थोड़ी ही देर में दोनों गहरी नींद में डूब गए।

दिल्ली में हर साल की तरह पशु मेला लगा हुआ था। इस मेले की प्रतीक्षा राजा, महाराजा, जमींदार आदि भी करते थे तो किसान और कसाई भी। बादशाह अकबर स्वयं इस मेले की प्रतीक्षा करते थे।

मेले में विशेष आकर्षण अरबी घोड़ा और काबुली दुम्बा हुआ करता था। अकबर इन दोनों जानवरों के शौकीन थे। उनके अस्तबल में जितने भी घोड़े थे, उनमें से आधे घोड़े इसी मेले से खरीदे गए थे।

सराय में विश्राम करने के बाद जब कसाई जानवरों के बाजार की ओर निकला, उस समय, तेली गहरी नींद में डूबा हुआ था। कसाई की नींद पहले खुल गई थी और उसने मन-ही-मन फैसला किया था कि परदेस में समय गुजारने से कहीं अच्छा है कि जल्द से जल्द अपना काम निपटाकर घर की राह पकड़ ली जाए। ऐसा सोचकर कसाई ने सराय के मालिक से जानवरों के बाजार के बारे में जानकारियाँ हासिल कीं और उससे ही जानवरों के बाजार का रास्ता पूछकर वहाँ चला आया।

जिस समय वह पशु मेले में पहुँचा, वहाँ अजीब-सी अफरा-तफरी मची हुई थी। शाही सेना के वर्दीधारी जवान हाथ में भाले-तलवार लिए इधर-उधर चौकसी बरत रहे थे। दुकानों में विशेष सज्जा की गई थी, जैसे किसी जश्न की तैयारी हो! कसाई किसी तरह पशु मेले में प्रवेश तो पा गया मगर वह अरबी घोड़ों वाले क्षेत्र में था और उसे कोई यह नहीं बता रहा था कि भेड़-बकरों के लिए वह किधर जाए। अपनी राह मालूम करने के लिए कसाई एक दुकान से दूसरी दुकान की तरफ मुड़ा ही था कि शाही सैनिकों का एक दस्ता—'हटो-हटो, रास्ता खाली करो' कहता हुआ उधर से गुजर

गया। मेले की भीड़ में चर्चा होने लगी–'बादशाह सलामत पधार रहे हैं...।' कसाई इस अफरा-तफरी में समझ चुका था कि उसने बहुत गलत समय में पशु मेले में प्रवेश किया है। इतना ही नहीं, उसे इस बात का भी अहसास हो गया था कि पशु मेले में वह गलत दिशा से पहुँचा है क्योंकि मेले के इस भाग में उसके स्तर के लोग कहीं भी नहीं दिखते। जो भी खरीदार वहाँ दिखाई देता है वह या तो कहीं का राजा है या जमींदार। कीमती रेशमी वस्त्रों और बेशकीमती पगड़ियों से लैस इन लोगों के स्वागत में दुकानदार पलक-पाँवड़े बिछाए हुए हैं। कसाई का मन संकोच में डूब रहा था–'क्या करे? अब तो आ ही गया है?'

अभी कसाई अपने मन में मचे ऊहापोह पर काबू भी नहीं पा सका था कि शाही सैनिकों के दस्ते ने आवाज लगाई–"बामुलाहिजा, होशियार..."

भीड़ में सन्नाटा सा छा गया। जो जहाँ थे, वहीं किनारे हो गए और शाही सवारी के लिए जगह छोड़ दी। भीड़ में फुसफुसाहटें उभरीं–"बादशाह अकबर खुद आए हैं...शायद घोड़ों की खरीद के लिए!"

कसाई के लिए यह सारा दृश्य ऐसा था मानो वह स्वप्न-लोक में विचरण कर रहा हो। बादशाह अकबर की सवारी घोड़ों के एक बड़े सौदागर के खेमे के पास रुकी। सौदागर ने बहुत अदब के साथ अकबर की अगवानी की। थोड़ी देर की औपचारिकता-निर्वाह के बाद अकबर ने सौदागर से घोड़े दिखाने को कहा। सौदागर के अस्तबल में एक से बढ़कर एक बेमिसाल घोड़े थे। अकबर ने एक काला अरबी घोड़ा पसन्द किया और सौदागर से उसे खोल देने के लिए कहा। अकबर स्वयं एक अच्छे घुड़सवार थे। उन्होंने घोड़े के खोले जाने पर उसकी लगाम थामी और उस पर सवारी करने का यत्न करने लगे लेकिन घोड़ा भड़क गया और बार तोड़कर खुले में आ गया। घोड़े की उछाल के कारण अकबर एक तरफ गिर पड़े और शाही सेना के जवान उन्हें उठाकर सौदागर की बैठक में ले आए।

दूसरी तरफ बेकाबू हो चले घोड़े को काबू करने में शाही सेना के सिपाही लगे हुए थे मगर घोड़ा किसी भी तरह काबू में नहीं आ रहा था। कसाई अपनी जगह से छुपकर यह सारा माजरा देख रहा था। अचानक घोड़ा सैनिकों की घेराबन्दी लाँघकर मेले के मुख्य मार्ग की तरफ दौड़ने

लगा। कसाई ने आव देखा न ताव और मुख्य मार्ग के एक बार पर चढ़ गया। पलक झपकते ही घोड़ा उधर से गुजरा और कसाई ने बार से घोड़े की पीठ पर छलाँग लगा दी। घोड़ा उसे अपनी पीठ से उछालने की कोशिश करता रहा लेकिन कसाई घोड़े की गर्दन से चिपका उसे थपथपाता रहा। अन्ततः घोड़ा कसाई की काबू में आ गया।

अकबर, सौदागर, शाही सेना के जवान सब कसाई की यह करामात देख रहे थे।

कसाई सौदागर के पास पहुँचकर घोड़े से उतर गया और उसकी लगाम सौदागर को थमाते हुए कहा–"माफ कीजिएगा! बिना इजाज़त मैंने आपके घोड़े की सवारी की है, मगर हालात ऐसे बन गए थे कि मुझे यह गुस्ताखी करनी पड़ी।"

सौदागर ने कसाई की बातें सुनीं और उससे कहा–"भाई! तुमने तो जो कमाल कर दिखाया है उसके लिए तुम्हें इनाम मिलना चाहिए। तुम्हें पता नहीं, इस घोड़े पर सवारी करना आसान बात नहीं है।"

शाही सेना के जवानों ने भी कसाई की दिलेरी की तारीफ की।

अकबर ने कसाई को अपने पास बुलाया और उसे शाबाशी देते हुए पूछा–"तुम क्या करते हो?"

कसाई के लिए शहंशाह से रू-ब-रू होने का यह पहला मौका था इसलिए उसके चेहरे पर खुशी और उत्तेजना के मिले-जुले भाव थे। उसकी आवाज थरथरा रही थी। उसने अपनी काँपती आवाज में उत्तर दिया–"जहाँपनाह! मैं दिल्ली से बीस मील दूर बसे नरसिंहपुर गाँव का निवासी हूँ और कसाई का काम करता हूँ। भेड़-बकरे की खरीद के लिए मैं दिल्ली आया हूँ। मेले में भूल से गलत मार्ग से प्रवेश करने के कारण मैं इधर आ गया और घोड़े को भड़ककर दौड़ लगाते देखकर उसे रोकना अपना फर्ज समझा...अब मैं जहाँपनाह के सामने हूँ। यदि मुझसे कोई गुस्ताखी हो गई है तो मुझे माफ कर दें!"

कसाई की बात सुनकर अकबर को महसूस हुआ कि कसाई जितना बहादुर इनसान है उतना ही निर्दोष और निष्कपट है। उन्होंने कसाई से कहा–"तुम एक अच्छे घुड़सवार हो, तुम चाहो तो तुम्हारी बहाली शाही सेना के घुड़सवार दस्ते में हो सकती है...।"

मगर कसाई को बादशाह का यह प्रस्ताव स्वीकार नहीं हुआ। उसने अकबर से कहा–"जहाँपनाह! नरसिंहपुर एक छोटा-सा गाँव है। गाँव का हर शख्स मेरा अपना है। मेरे गाँव की हवा, पेड़, पौधे, नदी सब मेरा इन्तजार करते हैं। मैं करने को तो कसाई का काम करता हूँ क्योंकि यह मेरा पुस्तैनी धन्धा है मगर मेरा रोम-रोम मेरे गाँव और वहाँ के लोगों का ऋणी है। उनसे दूर जाकर जीने की बात तो मैं तसव्वुर में भी नहीं सोच सकता। शाही सेना में चाकरी की बात...कैसे सोचूँ? मुझ गँवार को शाही रुतबे की कोई तलब नहीं है...मुझे माफ कर दें।"

अकबर को यह कसाई बहुत प्यारा आदमी लगा। उन्होंने उसे अपने गले से मोतियों की माला निकालकर अपने हाथों से पहनाते हुए कहा–"मुझे तुम अच्छे इनसान लगे। कभी भी किसी तरह की मदद की जरूरत हो तो तुम मुझसे सीधे मिल सकते हो!"

उस दिन कसाई इसी अफरा-तफरी में भेड़-बकरों की खरीदारी नहीं कर पाया और शाम ढलती देख पशु मेले से लौटकर सराय आ गया। सराय पहुँचकर उसने पाया कि तेली अब तक नहीं लौटा था। उसने कमरे में थोड़ी देर प्रतीक्षा की फिर सराय मालिक के पास जाकर बैठ गया। दिन में घटित घटनाएँ उसे याद आ रही थीं। बादशाह से अपनी मुलाकात से वह रोमांचित हो रहा था। बेकाबू घोड़े को काबू करने में मिली सफलता की कहानी भी उसके मन में मचल रही थी। वह चाहता था कि कोई उसे मिले जिससे वह दिन भर की दास्तान सुनाए।

कसाई ने सराय के मालिक से वहीं दो रोटी और गोश्त मँगा देने के लिए कहा। दिन भर की भाग-दौड़ में उसे भोजन की याद भी नहीं रही जिसके कारण उसे भूख महसूस होने लगी थी। भोजन आ जाने के बाद, भोजन करते हुए कसाई ने सराय के मालिक से आज पशु-बाजार में घोड़ा भड़कने, उसे काबू करने और बादशाह से अपनी मुलाकात की दास्तान कह सुनाई।

सराय-मालिक उसकी बातें औपचारिकतावश सुनता रहा मगर उसकी बातों पर भरोसा नहीं किया...भला शाही सेना के जवान जिस घोड़े को काबू न कर सके हों, उस घोड़े को इस कसाई ने काबू कर लिया...कौन विश्वास करेगा?

जब कसाई भोजन कर चुका तब सराय-मालिक ने उससे कहा—''अब जाओ, अपने कमरे में जाकर आराम करो। मुझे और भी काम करने हैं।''

कसाई थोड़ा उदास तो हुआ...मगर क्या करता, वहाँ से उठकर वह अपने कमरे में आ गया, मन-ही-मन सोचता हुआ—'विचित्र हैं यहाँ के लोग, किसी के प्रोत्साहन के लिए दो शब्द बोलना नहीं चाहते...।'

कसाई को कमरे में आए अधिक देर नहीं हुई थी कि तेली भी आ गया। तेली को देखकर कसाई ने महसूस किया कि वह उसमें कोई रुचि नहीं ले रहा है। कसाई ने स्वयं उसका ध्यान अपनी ओर आकृष्ट किया—''कैसे हो तेली भाई? लगता है, तिल और सरसों की खरीदारी तुमने कर ली है...''

''हाँ, भाई! बाहर बैलगाड़ी पर तिल और सरसों की बोरियाँ लदी हुई हैं। ईश्वर की कृपा रही तो कल सुबह एक बैलगाड़ी सामान और पहुँच जाएगा! सामान पहुँचते ही मैं अपने गाँव के लिए रवाना हो जाऊँगा।" तेली ने उत्तर दिया।

थोड़ी देर के बाद तेली सोने चला गया। मजबूर होकर कसाई भी चटाई बिछाकर लेट गया।

सुबह कमरे में खट-पट की आवाज से कसाई की नींद खुल गई। उसने बिस्तर पर पड़े-पड़े ही अपने आस-पास की हलचल से समझ लिया कि तेली अपने सामान बैलगाड़ी पर लदवा रहा है। लेटे-लेटे ही कसाई ने चटाई के सिरहाने हाथ रखा तो चौंक पड़ा। वह झटके से उठा और हड़बड़ाकर चटाई हटाई मगर चटाई के नीचे कुछ भी नहीं था। उसे अच्छी तरह याद था कि सिक्कों से भरी चमड़े की थैली उसने सोने से पहले चटाई के नीचे दबा दी थी। उसी चमड़े की थैली में उसके वे पैसे थे जिनसे आज वह भेड़-बकरे खरीद सकता था। थैली के गायब होने से उसके होश फाख्ता हो गए। घबराया और सदमाग्रस्त-सा कसाई अपने कमरे से बाहर आया। उस समय तेली गाड़ीवान के साथ मिलकर तिल से भरी एक बोरी बैलगाड़ी पर चढ़ा रहा था। बोरी चढ़ाते समय उसका कुर्ता थोड़ा ऊपर सरक गया था जिसके कारण कमर से बँधी चमड़े की थैली उघड़कर सामने आ गई थी। चमड़े की उस थैली पर नजर पड़ते ही कसाई चिहुँक उठा—"अरे चोर!" कहता हुआ कसाई तेजी से दौड़ा और तेली कुछ समझ पाता,

उससे पहले ही वह तेली के पास पहुँच गया और चमड़े की थैली पकड़कर एक झटके में ही उसे तेली की कमर से निकाल लिया।

अचानक सराय का माहौल बदल गया। तेली और कसाई के बीच उस चमड़े की थैली के लिए कहासुनी होने लगी। देखते-देखते ही मंजर बदल गया। कसाई और तेली के बीच मार-मीट की नौबत आ गई। सराय का मालिक तब तक वहाँ आ चुका था। उसे इन दोनों की लड़ाई से चिन्ता होने लगी कि यदि इस तरह माहौल बिगड़ा तो उसके सराय की बदनामी होगी। उसकी सराय में इज्जतदार लोग आते हैं। देश-विदेश के सौदागरों के बीच उसकी सराय की विश्वसनीयता है।...उसने सराय के खादिमों और खिदमतगारों को निर्देश दिया कि वे जाकर तेली और कसाई दोनों को पकड़कर ले आएँ।

खादिमों और खिदमतगारों ने ऐसा ही किया।

जब तेली और क़साई दोनों ही सराय के मालिक के पास लाए गए तब सराय के मालिक ने उनसे झगड़े का कारण पूछा। तेली, जो उस समय क्रोध से काँप रहा था, सराय के मालिक द्वारा पूछे जाने पर चीख-चीखकर बोलने लगा—''यह कसाई बड़ा जालसाज है। निरीह जानवरों की हत्या कर उनके मांस और चमड़े से जीविकोपार्जन करनेवाले इस वहशी दरिन्दे ने मुझसे मेरे धन की थैली सरेआम लूट ली। उस थैली में मेरे जीवन भर की कमाई है।''

तेली की बात सुनकर कसाई से भी चुप नहीं रहा गया, उसने भी सराय के मालिक से कहा—''यह तेली झूठ बोल रहा है। कल रात मैंने यह थैली अपने सिरहाने रखी थी। सुबह नींद खुली तो पाया कि मेरी थैली नदारद है। मैं थैली तलाशने लगा लेकिन थैली मुझे कमरे में नहीं मिली, तब मैं थैली की तलाश में बाहर आया। उस समय तेली बैलगाड़ी पर बोरी चढ़ाने में लगा था जिसके कारण कुर्ते के नीचे कमर से बँधी थैली मुझे दिख गई। यह थैली मेरी है, खरगोश के चमड़े से मैंने खुद ही यह थैली बनाई है। इसमें मेरे साल भर की बचत है—सोने, चाँदी और ताँबे के सिक्कों की शक्ल में! यही थैली भर धन लेकर मैं यहाँ भेड़-बकरे खरीदने आया हूँ।''

सराय के मालिक ने दोनों की फरियाद सुनी। उसकी समझ में नहीं आया कि किसकी बात को वह सच माने। तेली का क्रोध उसे इतना स्वाभाविक लग रहा था कि यह मानना कठिन था कि वह झूठ बोल रहा है

और कसाई की दलीलें भी इतनी सटीक थीं कि उसे झूठा कहना मुश्किल था।...और उसके सामने अपनी सराय की साख का सवाल था। वह चाहता था कि जिसकी थैली है, उसे उसकी थैली मिल जाए और जिसने थैली हथियाने के लिए मक्कारी की है, उसे उसके किए की सजा मिल जाए ताकि भविष्य में कोई उसकी सराय में रहते हुए इस तरह का जुर्म करने का साहस न कर पाए।

अपने सहयोगियों से सलाह-मशवरा करने के बाद सराय के मालिक ने कसाई और तेली दोनों को ही अकबर के दरबार में पेश करने का इरादा कर लिया। उसने अपने सहयोगियों की मदद से उन दोनों की मुश्कें बँधवा दीं और अपने साथ उन्हें लेकर बादशाह के दरबार में पहुँचा।

अकबर ने सराय मालिक की दरख्वास्त मंजूर की और कसाई और तेली को दरबार में पेश करने का हुक्म दिया।

जब कसाई और तेली बादशाह के सामने लाए गए तब कसाई को देखकर अकबर चौंक पड़े। उन्हें विश्वास नहीं हुआ कि ऐसा दिलेर-साफगो व्यक्ति भी लूट के इल्जाम का शिकार हो सकता है। उन्होंने कसाई को पहले मौका दिया। कसाई ने उन्हें सारी बातें उसी तरह बताईं जिस तरह सराय के मालिक को सुनाई थीं और अन्त में कहा–"जहाँपनाह! मैंने अपनी आमदनी से थोड़ा-थोड़ा जोड़कर यह धन इकट्ठा किया है। आप चाहें तो थैली खोलकर देख लें, उसमें ताँबे और चाँदी के सिक्के भी मिलेंगे। सोने के सिक्के तो कम ही होंगे।"

इसके बाद अकबर के सामने तेली की पेशी हुई। उसने भी कसाई की तर्ज पर ही पाई-पाई जोड़कर पैसे बचाने की कहानी बादशाह को सुना दी।

अकबर के सामने यह समस्या थी कि दोनों के बयान एक जैसे थे, उनमें से कौन झूठ बोल रहा है, यह समझ पाना मुश्किल था। अन्ततः अकबर ने बीरबल को बुलवाया और उसे इस समस्या के समाधान का आदेश दिया।

बीरबल ने सराय के मालिक से कहा–"आप सिक्कों सहित चमड़े की थैली राजकोष में जमा कराकर रसीद ले आएँ। इस मामले का निपटारा अब आज नहीं, कल होगा। अभी मैं तेली और कसाई से अपने कक्ष में बातें करूँगा।"

बीरबल ने उसी समय सिपाहियों को आदेश दिया कि तेली और कसाई की मुश्कें खोल दी जाएँ क्योंकि जब-तक किसी का अपराध साबित नहीं हो जाता तब तक किसी के साथ अपराधियों जैसा व्यवहार किया जाना उचित नहीं है।

बीरबल का यही अन्दाज अकबर को पसन्द था। काम करने की उसकी यही शैली उसे अन्य दरबारियों से भिन्न बताती थी। बीरबल ने अपने कक्ष में पहले तेली को बुलवाया। उसने तेली को अपने पास बहुत प्यार से बिठाया और उससे कहा–''तुम तो बहुत सुलझे हुए व्यवसायी लगते हो, तुम कैसे इस चोरी के इल्जाम में फँस गए?''

तेली ने समझा कि बीरबल उसके व्यक्तित्व से प्रभावित होकर ऐसी बातें कर रहा है। उसने कहा–''दीवान जी, अब सब आपके हाथ में है, आप चाहेंगे तो मेरा बाल भी बाँका नहीं होगा।''

तेली की बातें सुनकर बीरबल के होंठों पर मुस्कान आ गई। उसने तेली से पूछा–''थैली में तुम जो सिक्के डालते थे वह तो तेल बेचते समय जो सिक्के ग्राहकों से मिलते थे, उनमें से ही एक-दो सिक्के रहते होंगे, है न?''

''जी हाँ, दीवान जी! आपने बिलकुल ठीक समझा।'' तेली ने कहा।

"तब तो, ऐसा भी जरूर होता रहा होगा कि तुमने माप से ग्राहक के बर्तन में तेल डाला, उससे पैसे लिये और उनमें से कुछ पैसे गल्ले में डाले और कुछ बचत की दृष्टि से थैली में डाल दिए। ग्राहक और दुकान दोनों पर ध्यान रहने के कारण तुम्हें हाथ का तेल पोंछने की भी याद नहीं रहती होगी! है न!''

''जी हाँ! दीवान जी! बिलकुल ठीक कहा आपने!'' तेली ने फिर हामी भरी।

''ठीक है–अब जाओ, आराम करो! बाहर जो सिपाही हैं, वे तुम्हारे आराम की व्यवस्था कर देंगे।''

बीरबल ने तेली को बाहर भेज दिया और कसाई को बुलवाया। उसने कसाई से भी उसी शैली में सिक्के बचाने की बाबत सवाल किए मगर कसाई ने बीरबल को उस तरह जवाब नहीं दिए जिस तरह तेली ने दिये थे। उसने बीरबल से बताया–''वह मांस और चमड़े बेचने के बाद हिसाब लगाता था कि बचत कितनी हुई फिर उस बचत में से अपने खर्च की रकम

निकाल लेता था और जो बच जाता था उसे इस थैली में डाल देता था। ऐसे भी वह बहुत कम मुनाफा लेकर अपना व्यवसाय करता था इसलिए बचत भी बहुत कम हुआ करती थी—कभी ताँबे का सिक्का तो कभी चाँदी का सिक्का। हाँ, ईद-बकरीद के दिन सोने का सिक्का भी बच जाता था।"

कसाई की बात सुनने के बाद बीरबल ने कसाई को भी कक्ष से बाहर भेज दिया और राजकोष से सिक्कों सहित चमड़े की थैली मँगा ली। बीरबल ने चमड़े की थैली को उलट-पुलटकर गौर से देखा। थैली के मुहाने पर चिक्कट मैल जमा था मगर तेल चुपड़े होने का कोई संकेत वहाँ नहीं था। फिर उसने एक बर्तन में गरम पानी मँगाया और उसमें थैली के सिक्के उलट दिए। थोड़ी देर में सिक्कों से मैल हटकर पानी पर तैरने लगा। पानी में तेल कहीं नहीं दिखा। बीरबल ने पुनः सिक्कों को थैली में डालकर राजकोष में उन्हें जमा करवा दिया और स्वयं अपने घर की राह ली।

दूसरे दिन अकबर का दरबार लगा हुआ था। सारे दरबारी आ चुके थे। बीरबल के आने का इन्तजार था। दरबार के रोजमर्रे का काम चल रहा था। कसाई और तेली सिपाहियों के घेरे में एक किनारे खड़े थे। दरबार में थोड़ी हरकत हुई। बीरबल के आने पर प्रायः सभी दरबारी उसकी तरफ देखते जरूर थे। बीरबल ने आसन ग्रहण किया। अकबर का ध्यान कसाई के मसले की ओर कल से ही लगा था किन्तु न्याय की बात थी इसलिए वह स्वयं उसमें हस्तक्षेप नहीं कर रहे थे।

अकबर ने बीरबल से पूछा—"बीरबल! कल सिक्कों से भरी चमड़े की थैली का एक मामला तुम्हें सौंपा गया था, उसका क्या परिणाम निकला?"

"जहाँपनाह! सच्चाई अब दो पल में आपके सामने आ जाएगी।" बीरबल ने कहा और पास में खड़े एक सिपाही को संकेत से अपने पास बुलाया। धीरे से उसने सिपाही से कुछ कहा।

थोड़ी ही देर में शीशे के एक मर्तबान में पानी लेकर वह सिपाही आया और मर्तबान बीरबल की मेज पर रखकर चला गया।

बीरबल ने राजकोष से सिक्कों से भरी चमड़े की थैली मँगाई और थैली को पानी में छोड़ दिया।

इसके बाद बीरबल ने कहा–"जहाँपनाह! मैंने तेली से बातें की हैं। उसने बताया है कि किस तरह थोड़ा-थोड़ा करके उसने ये सिक्के इस थैली में जमा किए हैं। आपसे गुजारिश है कि तेली को यहाँ बुलवा लें ताकि उससे होने वाली पूछताछ आपके सामने हो सके।"

अकबर ने इशारा किया और सिपाही तेली को लेकर अकबर के करीब पहुँच गए।

बीरबल ने फिर कहा–"जहाँपनाह! तेली ने तेल सने हाथों से भी इस थैली में सिक्के डाले। पैसे बचाने की धुन में उसे कभी हाथ साफ करने या हथेली में लगे तेल को पोंछने की भी जरूरत महसूस नहीं हुई।" ऐसा कहते हुए बीरबल ने तेली की तरफ देखा और पूछा–"क्यों? मैं ठीक कह रहा हूँ न?"

"जी हाँ, दीवान साहब! बिलकुल ठीक कह रहे हैं आप!" तेली ने हामी भरी।

"जहाँपनाह! मैंने इस थैली को पानी में रख दिया है और सभी जानते हैं कि तेल पानी में तैरता है। बार-बार तेल सनी हथेली से खोले और बन्द किए जाने से इस थैली में बार-बार कहीं-न-कहीं तेल अवश्य लगा होगा। वह तेल बाहर आकर पानी पर तैरेगा और तेली के सच बोलने की गवाही दे देगा।"

बीरबल के ऐसा कहने पर तेली के चेहरे की रंगत उड़ गई। बीरबल ने थैली के चिक्कट को अँगुलियों से रगड़ना शुरू किया। मैल पानी में फूलकर थैली से अलग होने लगा जिससे पानी गन्दला हो गया मगर उसमें तेल का अंश बिलकुल नहीं दिखा।

बीरबल ने सिपाहियों को इशारा किया और देखते-ही-देखते सिपाहियों ने तेली की मुश्कें चढ़ाकर बाँध दीं। अकबर अवाक् देख रहे थे।

बीरबल ने कहा–"जहाँपनाह! यह तेली मक्कार है। झूठ बोलता है। यह थैली इसकी नहीं हो सकती। यह जो धन लेकर आया था, उससे एक दिन पहले ही इसने सरसों और तिल की खरीदारी कर ली। रात को यह जब कसाई के साथ कमरे में सोया हुआ था तब ही किसी समय इसकी नजर कसाई की थैली पर पड़ी। कसाई को सोया जानकर इसने उसकी थैली चुरा ली और उसके जगने से पहले ही सराय से निकल जाने की तैयारी करने लगा। लेकिन

इस बीच ही कसाई की नींद खुल गई और उसके बाद जो कुछ हुआ, वह आपके सामने है। हाँ, इसमें सन्देह नहीं कि थैली कसाई की ही है। उसने अभी खरीदारी नहीं की है। जबकि तेली अपनी पूरी खरीदारी कर चुका है, ऐसे में उसके पास इतना धन बचे रहने का कोई कारण ही नहीं है।''

बीरबल की व्याख्या सुनकर तेली घबरा गया और जब बीरबल ने सिपाहियों को निर्देश दिया कि सच उगलवाने के लिए तेली को कोड़े लगाए जाएँ तो तेली टूट गया और अपना अपराध कबूल कर लिया।

अकबर ने कसाई को उसकी सिक्कों-भरी थैली लौटा दी और तेली को कारागार में डाल देने का निर्देश दिया।

कसाई ने जब अकबर का आदेश सुना तब बोला—''जहाँपनाह! मैंने इस शख्स के साथ जीवन के कुछ अच्छे पल बिताए हैं। उन पलों का वास्ता देकर मैं आपसे गुजारिश करता हूँ कि इसे कारागार में न डालें। इसके घर पर इसके बीवी-बच्चे मुन्तजिर होंगे कि तेली अब लौटता ही होगा...इसके नहीं लौटने पर उन पर क्या बीतेगी, जरा सोचें। मेरी गुजारिश है कि इसे सुधरने का मौका दें।''

कसाई की बातें सुनकर अकबर पिघल गए और उन्होंने तेली को फटकार लगाकर रिहा कर दिया।

दाढ़ी की कुर्बानी

अधिक दिन नहीं बीते थे, जब बीरबल ने अकबर को बताया कि उनकी सल्तनत में सबसे चालाक बनियों की ही जाति है। अकबर को व्यवहार और तर्क दोनों के सहारे बीरबल ने समझा भी दिया था कि बनिए वाकई चालाक होते हैं।

समय बीत रहा था। एक दिन अकबर के मन में खयाल आया कि अगर किसी विद्वान काजी से किसी बनिए की भिड़न्त हो जाए तब क्या होगा? क्या बनिया काजी को पराजित कर देगा? मन में यह ख्याल आते ही अकबर ने बीरबल को बुलवाया और उससे यह सवाल पूछा।

बीरबल ने सहजता से उत्तर दिया–''जहाँपनाह! काजी तो किताबी कीड़ा होता है। बनिया व्यावहारिक जगत में लाभ कमाना सीखते रहनेवाली कौम है। काजी को दुनियादारी से क्या लेना-देना! वह तो इसी बात में मशरूफ रहता है कि किस किताब में क्या लिखा है।''

''देखो बीरबल! तुम उलझी हुई बातें कर रहे हो। मुझे बताओ कि काजी और बनिए में यदि ठन जाए तो जीत किसकी होगी?" अकबर ने बीरबल को टोका।

''जहाँपनाह! जीतेगा बनिया ही।'' बीरबल ने कहा।

उस दिन बात वहीं खत्म हो गई। मगर अकबर का मन यह मानने को राजी न हुआ कि पढ़ा-लिखा काजी किसी अपढ़ बनिए से पछाड़ खा जाएगा। एक-दो दिन के बाद अकबर ने बीरबल से कहा–''बीरबल! क्या तुम सचमुच मानते हो कि यदि काजी और बनिए में मुकाबला हो जाए तो बनिए की जीत होगी?''

''जी हाँ, जहाँपनाह!'' बीरबल ने मुस्कुराते हुए उत्तर दिया।

उस समय बीरबल के मुस्कुराने का सीधा अर्थ था कि वह समझ गया है कि बादशाह अब उसे यह प्रमाणित करने के लिए कहेंगे कि बनिया काजी से भी चालाक होता है। और हुआ भी वही।

अकबर ने बीरबल से कहा–"बीरबल! अब तुम मुझे किसी दिन यह प्रत्यक्ष दिखला दो कि काजी से बनिया चालाक होता है।...यदि तुम ऐसा न कर पाओ तब भविष्य में ध्यान रखना कि मेरे सामने इस तरह के अटपटे दावे मत करना।"

बीरबल ने महसूस किया कि अकबर बेहद संजीदा हैं। इसलिए उसने अपनी भलाई इसी में समझी कि किसी तरह अकबर के सामने काजी और बनिए की बुद्धिमत्ता की परीक्षा करा दी जाए। ऐसा सोचने के बाद बीरबल का विचार-मन्थन आरम्भ हो गया कि किस तरह काजी और बनिए की बुद्धि की परख अकबर के सामने कराई जाए।

आखिर बीरबल एक नतीजे पर पहुँचा और एक दिन उसने अकबर से कहा कि राज्य में सबसे बुद्धिमान काजी की तलाश कराई जाए। इस काम को अंजाम देने के लिए उसने अकबर को सलाह दी कि काजियों की तकरीर का आयोजन करके सबसे तेज-तर्रार काजी की पहचान की जा सकती है।

बीरबल की सलाह पर एक दिन काजियों की तकरीर का आयोजन हुआ। उस आयोजन में बादशाह अकबर स्वयं शामिल हुए। सबसे तेज-तर्रार काजी की पहचान के लिए विद्वानों का एक समूह मुकर्रर था जिसने बादशाह की सम्मति से सबसे बुद्धिमान काजी की पहचान की और समारोह में उस काजी को सम्मानित किया गया।

बीरबल की सलाह पर अकबर ने उस काजी को अपने महल में दावत पर बुलाया।

इस बीच बीरबल अपनी विशेष योजना के क्रियान्वयन में लग गया। अकबर से उसने सिर्फ यह गुजारिश की कि काजी की बुद्धि की परीक्षा के लिए वह जो कुछ कहे या करे, उसे कहने और करने दिया जाए।

जिस दिन काजी अकबर के महल में दावत खाने के लिए आया उस दिन एक नाई के साथ बीरबल भी वहाँ पहुँचा। काजी ने भोजन कर लिया तब बीरबल उसके पास गया। उसने काजी से बहुत विनम्रतापूर्वक कहा–

"जनाब! आप जैसा जानकार और बुद्धिमान व्यक्ति हमारी सल्तनत में कोई दूसरा नहीं है। बादशाह सलामत आपसे मिलकर बहुत खुश हैं।"

अपनी तारीफ सुनकर काजी फूला न समाया। आम तौर पर विद्वानों में अपनी विद्वत्ता का गुरूर रहता ही है और इस तरह की सराहना से उसके गर्व का पोषण होता है। ऐसा ही उस काजी के साथ हुआ। बीरबल की तरफ उसने गर्व से देखा और फिर उसी गर्व से अकबर की तरफ देखकर सलाम की मुद्रा में हाथ उठाया। गर्वीले काजी ने ऐसा करके अपनी विनम्रता दर्शाई। प्रायः विद्वान इस तरह की विनम्रता लोक-व्यवहार के कारण दर्शाते हैं जबकि सच्चाई यह होती है कि उनमें अपनी जानकारी का अभिमान होता है, विनम्रता नहीं। बीरबल विद्वानों की इस विशेषता से परिचित था। उसने पुनः काजी से कहा–"जनाब! हमारे बादशाह सलामत आपके प्रशंसक हैं। उन्हें कल रात एक ख्वाब आया है कि उनसे फरिश्ते फरमा रहे हैं कि तुम यदि काजी की दाढ़ी अपने तख्त के गद्दे में रखो तो तुम्हारी सलत्नत कायम रहेगी और तुम्हारी रियाया को किसी चीज की कमी नहीं रहेगी। आप तो जानते हैं कि पूरी सल्तनत में आपके जैसा विद्वान काजी कोई दूसरा नहीं है, इसलिए बादशाह सलामत के लिए अपनी दाढ़ी कुर्बान कर दें। इसके लिए आपको मुँहमाँगी कीमत अदा की जाएगी।"

बीरबल की बातें सुनकर काजी अजीब-सी दुविधा में पड़ गया। वह समझ नहीं पा रहा था कि कहे भी तो क्या कहे!

उसे दुविधा में पड़ा देख बीरबल ने उसे उकसाया–"सोचते क्या हैं जनाब! अकबर के राज में काजियों की कमी नहीं है मगर जो रुतबा आपका है वह दूसरों का नहीं। आप सितारों के झुंड में चाँद के समान हैं, इसलिए बादशाह ने बहुत सोच-समझकर इस काम के लिए आपका चुनाव किया है। यह वक्त बादशाह के काम आने का है, सोचने-विचारने का नहीं! यदि आपने बादशाह के नाम पर अपनी दाढ़ी कुर्बान कर दी तब बादशाह की नजर में आपकी इज्जत और भी बढ़ जाएगी।"

दुविधाग्रस्त काजी, संशययुक्त मन से, बीरबल से बोला–"काजियों के लिए दाढ़ी का बड़ा महत्त्व है। आज तक मैंने बिना दाढ़ीवाला काजी नहीं देखा है! आप ही सोचें, मैं दाढ़ी कैसे कटवा दूँ? दाढ़ी ही तो मेरी पहचान है!"

बीरबल ने काजी की बातें सुनकर हँसते हुए कहा—"अरे जनाब! आप जैसे विद्वान के मुँह से बच्चों जैसी बातें सुनकर मुझे तो बड़ी हैरत हो रही है। यह आपसे किसने कह दिया कि आपकी पहचान इस दाढ़ी से है? मेरी मानिए जनाब! आपकी पहचान आपकी विद्वत्ता से है जिसके कायल बादशाह सलामत भी हैं।...रही बात दाढ़ी की तो वह तो अपनी सदाबहार खेती है! आज कटेगी और कल बढ़ जाएगी! काजियों जैसी दाढ़ी तो देखते-देखते बढ़ जाएगी!"

बेचारा काजी लाजवाब हो गया।

बीरबल ने उससे फिर कहा—"कोई मुफ्त में दाढ़ी कटाने की बात होती तो आप इस तरह सोच-विचार करते। बादशाह सलामत तो आपको दाढ़ी की मुँहमाँगी कीमत देने के लिए तैयार बैठे हैं।"

बीरबल की बात सुनकर काजी मन-ही-मन दाढ़ी कटाने के लिए राजी हो गया। उसने सोचा—'बादशाह की बात है! अभी तो यह बात मुझे गुजारिश करते हुए कही जा रही है...यदि बादशाह ने हुक्म देकर दाढ़ी कटवा दी तो फिर क्या कर लूँगा मैं?'

...और उसने बीरबल से कहा—"ठीक है दीवान जी! मुझे आप दस स्वर्ण-मुद्राएँ दिलवा दें ताकि दाढ़ी उगने तक मेरे घर के लोगों की परवरिश होती रहे।" और वह दाढ़ी कटवाने के लिए नाई के पास बैठ गया।

नाई ने उसकी दाढ़ी उतारी और बीरबल ने उसे दस स्वर्ण-मुद्राएँ आदरपूर्वक प्रदान कर वहाँ से विदा किया।

काजी को विदा करने के बाद बीरबल ने अकबर से कहा—"जहाँपनाह! आपने देखा कि एक काजी अपनी दाढ़ी की कीमत दस स्वर्ण-मुद्रा ही लगा पाया। वह भी तब, जब उसे दाढ़ी की मुँहमाँगी कीमत दिये जाने की पेशकश की गई थी। अब आप कृपा कर बनियों को खबर भिजवा दें कि उनका कोई भी एक प्रतिनिधि यथाशीघ्र आपके दरबार में हाजिर हो।"

दूसरे दिन ही अकबर ने बनियों के पास यह सूचना भेज दी।

जैसा कि पहले भी हो चुका था—शाही फरमान मिलते ही बनियों में खलबलो मच गई। आनन-फानन में बनिया जाति के तमाम लोगों को खबर मिल गई कि अकबर ने एक बनिया को यथाशीघ्र उपस्थित होने का फरमान जारी किया है।

बनियों में बादशाह के बुलावे को लेकर विचार-मन्थन होने लगा। अन्ततः सभी ने तय किया कि बादशाह के पास सबसे बुजुर्ग बनिए को भेजा जाए। ऐसे बुजुर्ग बनिए को जिसकी बुद्धि का लोहा सभी बनिए मानते हों।

ऐसे एक बनिए की पहचान करके दूसरे दिन ही उसे बादशाह के दरबार में भेज दिया गया। संयोग की बात थी कि इस बनिए की सफेद-शफ्फाफ लम्बी दाढ़ी थी।

दरबार में प्रवेश करने के बाद जब बनियों के बुजुर्ग प्रतिनिधि ने बादशाह को अपना परिचय देते हुए आने का कारण बताया तब अकबर ने बीरबल की ओर देखा, मानो वह पूछ रहे हों–'लो, बनिया तो आ गया। अब बताओ क्या करना है?'

बीरबल इस स्थिति के लिए तैयार था। उसने आगे बढ़कर बड़े अदब से वृद्ध बनिए से कहा–"श्रीमान! अभी तो आप आसन ग्रहण करें। थोड़ी ही देर में दरबार का समापन हो जाएगा। इसके बाद आप महल में चलकर बादशाह के साथ भोजन ग्रहण करेंगे और भोजन के बाद बादशाह की ओर से एक विशेष बात आपको कही जाएगी।"

बीरबल की विनम्रता देखकर बनिया के हृदय में शक पैदा हुआ। वह सोचने लगा–'सत्ता के शीर्ष पर बैठा यह शख्स जरूरत से ज्यादा मीठा बोल रहा है। जरूर इसमें इसकी कोई चाल है! भला सत्ता चलानेवाला हंटर की भाषा भूलकर कभी किसी से गुजारिश करता है...?' उसने मन-ही-मन निश्चय किया कि चाहे जो हो जाए, वह सत्ता की चिकनी-चुपड़ी बातों के झाँसे में नहीं आएगा।

अकबर थोड़ी देर के बाद दरबार मुल्तवी कर अपने महल की ओर चल दिए। बीरबल उस बनिए को साथ लेकर अकबर के पीछे-पीछे चलने लगा। महल में प्रवेश करने से पूर्व उसने एक सिपाही को निर्देश दिया कि वह जाकर यथाशीघ्र शाही हज्जाम को बुला लाए।

अकबर ने बनिया और बीरबल के साथ भोजन किया। भोजन करते समय अकबर ने बीरबल से सांकेतिक भाषा में कहा–"लगता है, आज काम हो जाएगा। देखना, अपनी बात साबित करने के लिए तुम कोई गुस्ताखी न कर बैठो!"

बीरबल ने कुछ कहा नहीं, बस मुस्कुराकर चुप्पी साध ली।

उधर बनिया अकबर की बात सुनकर और सहम गया। 'पता नहीं क्या चाहते हैं बादशाह! बड़े लोग बिना किसी बड़े प्रलोभन के किसी छोटे आदमी के साथ भोजन करना तो दूर, पास फटकना भी गवारा नहीं करते।' बनिए ने मन-ही-मन अपना निश्चय दुहराया–'चाहे जो हो जाए, मुझे इन बड़े लोगों के झाँसे में नहीं आना है।'

भोजन समाप्त हो जाने के बाद बीरबल ने वृद्ध बनिए को एक तरफ बुलाया। उस समय तक सिपाही शाही हज्जाम को बुलाकर वहाँ हाजिर हो चुका था। बीरबल ने वृद्ध बनिए को भी बादशाह सलामत के ख्वाब में फरिश्ते के कथन की कहानी सुनाई तथा कहा कि फरिश्ते का कहना था कि राज्य का कोई बनिया यदि अपनी दाढ़ी कुर्बान कर दे और बादशाह उस दाढ़ी को अपने तख्त की गद्दी में डलवा लें तो राज्य की प्रजा खुशहाल रहेगी।

वृद्ध बनिया तजुर्बेकार था। उसने भाँप लिया कि बीरबल सफेद झूठ बोल रहा है मगर अपने सन्देह को प्रकट किए बिना उसने बीरबल से कहा– "मुझे अपनी दाढ़ी से प्यार है! मेरे दादा मरे तब भी मैंने दाढ़ी नहीं कटवाई! इस दाढ़ी की शुद्धि के लिए मुझे एक हजार स्वर्ण-मुद्राएँ खर्च कर यज्ञ-हवन एवं ब्राह्मण भोज आदि अनुष्ठान करने पड़े!"

बीरबल ने बनिए को आनाकानी करते देखकर कहा–"श्रीमान! बादशाह तो आपको दाढ़ी की मुँहमाँगी कीमत देने के लिए तैयार हैं।"

"अरे, क्या मुँहमाँगी कीमत दे सकते हैं वो! मुझे अपनी दाढ़ी से इतना लगाव है कि जब मेरे पिता का निधन हुआ तब भी मैंने अपनी दाढ़ी नहीं कटवाई। बेशक! दाढ़ी शुद्धि के लिए मुझे दस सहस्र स्वर्ण-मुद्राएँ व्यय कर विविध अनुष्ठान कराने पड़े।" बनिए ने कहा।

बीरबल मन-ही-मन बनिए की चालाकी की सराहना कर रहा था। उसने सोचा कि अब अधिक बोलना ठीक नहीं है। दो टोके में तो बनिया अपनी दाढ़ी पर ग्यारह हजार स्वर्ण-मुद्राओं का व्यय बता चुका है। ऐसा सोचकर बीरबल ने बनिए से कहा–"तुम्हारी दाढ़ी पर अब तक ग्यारह हजार स्वर्ण-मुद्राएँ खर्च हुई हैं। मैं तुम्हें राजकोष से पन्द्रह हजार स्वर्ण-मुद्राएँ दिला देता हूँ। तुम बादशाह सलामत के लिए अपनी दाढ़ी कुर्बान कर दो।" ऐसा

कहने के बाद बीरबल ने हज्जाम को संकेत किया।

जब हज्जाम उस बनिए के पास पहुँचा तब बनिए ने कहा–"खबरदार! मेरी दाढ़ी को छूना भी मत! अभी बादशाह की ओर से इसकी कीमत हासिल नहीं हुई है।"

बीरबल ने शीघ्र ही राजकोष से पन्द्रह हजार स्वर्ण-मुद्राएँ मँगवाकर बनिए को थमा दीं। स्वर्ण-मुद्राओं की थैली हाथ में थाम लेने के बाद वृद्ध बनिए ने एक हाथ से अपनी दाढ़ी सहलाई और कहा–"अब यह दाढ़ी मेरी नहीं, बादशाह सलामत की अमानत हो गई है।"

शाही हज्जाम उसकी दाढ़ी साफ करने के लिए फिर बढ़ा और उसकी दाढ़ी पर पानी लगाकर उसे मुलायम करने लगा ताकि उस्तरे से उसकी सफाई हो सके कि इसी दौरान वृद्ध बनिए ने एक तमाचा हज्जाम को जड़ दिया–"खबरदार! बदतमीज!" बनिया चिल्लाया, "मैंने तुम्हें बताया था न कि यह दाढ़ी अब किसी ऐरे-गैरे बनिए की नहीं! यह दाढ़ी अब बादशाह सलामत की अमानत है। इसके साथ तमीज से पेश आओ!"

बेचारा हज्जाम बनिए के तमाचे से सकते में आ गया।

बीरबल समझ रहा था कि बनिया अब चालाकी पर उतारू हो चुका है। उसे मानो इसी पल का इन्तजार था। उसने बनिए से कहा–"धैर्य रखिए श्रीमान! यह शाही हज्जाम है, बादशाह की दाढ़ी की हिफाजत भी इसी के जिम्मे है। आप शान्त रहें और इसे अपना काम करने दें। इसे खूब मालूम है कि बादशाह की दाढ़ी कैसे बनाई जाती है।"

साहस करके हज्जाम फिर आगे बढ़ा और बनिए की दाढ़ी काटने के लिए अपना उस्तरा निकालकर उसने जैसे ही बनिए के गाल से सटाया कि बनिया आग-बबूला हो गया और चीखने लगा–"यही तुम बादशाही दाढ़ी की कद्र कर रहे हो? ऐसे ही पकड़ी जाती है बादशाह की दाढ़ी! यही सीखा है तुमने! खबरदार, जो आलमपनाह की दाढ़ी की ओर अपना नापाक हाथ बढ़ाया तो...!"

अकबर उस समय कुछ दूरी पर बैठे बनिए की हजामत का नजारा देख रहे थे। बनिए के व्यवहार से उन्हें बहुत क्रोध हुआ और वे तमककर उठे तथा डपटते हुए बनिए से कहा–"चीखो मत! शाही महल में किसी को भी ऊँची आवाज में बात करने की इजाजत नहीं। दफा हो जाओ यहाँ से और

अब कभी शाही महल के आस-पास भी मत फटकना वरना अंजाम बहुत बुरा होगा!"

अकबर के मुँह से ये बातें निकली ही थीं कि बनिया एक हाथ से स्वर्ण-मुद्राओं की थैली उठा और दूसरे हाथ से अपनी दाढ़ी सहलाता हुआ वहाँ से तेज कदमों से निकल गया।

उसके जाने के बाद क्षुब्ध स्वर में अकबर ने बीरबल से कहा—"तुमने तो कहा था कि काजी की तुलना में बनिया चालाक होता है, मगर यह बनिया तो परले दर्जे का मूढ़ निकला।"

"नहीं जहाँपनाह! यह बनिया मूढ़ नहीं था। खूबी के साथ उसने अपनी चालाकी को यहाँ अंजाम दिया। काजी ने तो बिना चूँ-चपड़ किए दस स्वर्ण-मुद्राएँ लेकर अपनी दाढ़ी कटवा ली मगर यह बनिया यहाँ से पन्द्रह हजार स्वर्ण-मुद्राएँ भी ले गया और दाढ़ी भी नहीं कटवाई!"

बीरबल की बात सुनकर अकबर झेंप गए और कहा—"हाँ, बीरबल! तुम ठीक कहते हो। मैंने तो यह सब सोचा भी नहीं था।"

दूध भाई बनाम बैल

अकबर एक कुशल सम्राट तो थे ही, वे अपने सगे-सम्बन्धियों और परिचितों का खयाल रखनेवाले बेहतर इनसान भी थे। उनके दरबार में भी उनके अनेक सम्बन्धियों-परिचितों को स्थान मिला हुआ था। इन्हीं में उनका एक परिचित था अजमल खान। अकबर उसे दूध भाई कहा करते थे। अजमल खान की माता शाही महल में आया का काम करती थी। अजमल खान की माता ने ही अकबर को शैशवावस्था में पाला था। उसने अकबर को दूध भी पिलाया था जिसके कारण अकबर उसके पुत्र अजमल खान को सगे भाई से बढ़कर मानते थे और भरे दरबार में भी उसे 'दूध भाई' कहकर ही बुलाते थे।

अकबर के इस प्रेम के कारण अजमल खान बहुत गुरूर में रहता था और अक्सर दरबारियों के सामने शेखी बघारता था। इस कारण कोई भी दरबारी उसे पसन्द नहीं करता था।

बीरबल चूँकि अकबर का बहुत निकट सहयोगी था इसलिए वह उसके सामने पड़ने से कतराता था लेकिन बीरबल की पीठ पीछे निन्दा किया करता था।

बीरबल को उसकी हरकतों का ज्ञान तो था लेकिन यह सोचकर कि बादशाह के रसूख के लिए ऐसे लोगों की भी बहुत जरूरत पड़ती है, वह कभी अजमल खान के विरुद्ध नहीं गया।

कई बार अकबर से कुछ दरबारियों ने अजमल खान के व्यवहार की शिकायत की मगर अकबर ने उन दरबारियों को समझा-बुझाकर भेज दिया मगर अजमल खान के विरुद्ध कोई कार्रवाई नहीं की। इस तरह अजमल खान अकबर के दरबार का एक ऐसा दरबारी बन गया जिसे कोई भी दरबारी अच्छी निगाह से नहीं देखता था।

अजमल खान के प्रति आम दरबारियों के विचार से अकबर परिचित थे। उन्होंने कई बार अजमल खान को सांकेतिक ढंग से समझाने और उसकी गलतियों का अहसास कराने का प्रयास किया था मगर वह इतनी मोटी बुद्धि का था कि उसे बादशाह की बातें समझ में नहीं आती थीं और उसका दरबारियों के बीच इतराना जारी रहता था।

बीरबल को इस बात का पता था कि अकबर स्वयं कई बार अजमल खान को समझा चुके हैं लेकिन फिर भी वह अपने बड़बोलेपन से बाज नहीं आता है इसलिए बीरबल ने उसका नाम 'बैल' रख दिया था।

एक दिन किसी बात पर अजमल खान की बीरबल से कहासुनी हो गई। उसने बीरबल पर रौब गाँठते हुए कह दिया–"तुम आज दरबारी बने हो और मेरी शाही खानदान में परवरिश हुई है। बादशाह अकबर को उँगली थामकर मैंने चलना सिखलाया है...मुझसे बेहतर तुम बादशाह के बारे में न तो जान सकते हो और न तुम्हें जानने की जरूरत है। अच्छा यही है कि तुम अपनी औकात में रहो और मेरे सामने कुछ भी बोलने से पहले अवश्य सोच लो कि मैं कौन हूँ!"

अजमल खान की बातें सुनकर बीरबल को बड़ी खीज हुई और उसने पलटकर कहा–"जी हाँ, जनाब! मैं जब कभी भी आपसे बातें करता हूँ तब मेरे जेहन में यह रहता है कि आप बैल हैं।"

बीरबल की बातें सुनकर अजमल खान क्रोध से उबल पड़ा और बीरबल को धमकियाँ देते हुए वहाँ से चला गया–"ठहरो! मैं आज ही दिखाता हूँ कि मैं कौन हूँ!"

अकबर का दरबार लगा हुआ था। आम दिनों की तरह काम-काज चल रहा था। बीरबल अपने तख्त पर बैठा हुआ था। किसी समस्या को सुलझाने के लिए अकबर ने अजमल खान से कुछ पूछा लेकिन अजमल खान ने उस प्रश्न का उत्तर देने के स्थान पर कहा–"जहाँपनाह! मैं तो बैल हूँ। बैल भला इन बड़ी बातों को क्या जाने! इसके बारे में भी आप बीरबल से ही पूछें।"

अकबर को यह समझते देर नहीं लगी कि अजमल खान किसी बात को लेकर बीरबल से नाराज है लेकिन उस समय दरबार में इस सम्बन्ध में

उन्होंने अजमल खान या बीरबल से कुछ भी पूछना उचित नहीं समझा। वे अजमल खान की कद्र करते थे और प्यार से उसे 'दूध भाई' कहा करते थे। उन्होंने भाँप लिया था कि जिस वक्त अजमल खान ने खुद को बैल कहा उस वक्त दरबार में बैठे अधिकांश दरबारी मुँह दबाकर हँसने लगे थे। वे नहीं चाहते थे कि दरबारियों के सामने अब इस प्रसंग में कोई भी बात हो क्योंकि उन्हें इस बात का भान था कि अजमल खान से आम दरबारियों के सम्बन्ध अच्छे नहीं थे। उन्हें आशंका थी कि कहीं अजमल खान के मुँह से फिर कोई तर्कहीन बात निकली तो आम दरबारियों को ठहाका लगाने का अवसर मिल जाएगा।...और अकबर नहीं चाहते थे कि दरबार में कुछ भी ऐसा हो जिससे दरबार की मर्यादा भंग होती हो।

दरबार के समापन के समय अकबर ने अजमल खान और बीरबल दोनों को रोक लिया। दरबारियों की आँख से यह बात छुपी नहीं रही। ऐसे दरबारी बीरबल से ईर्ष्या तो करते थे किन्तु बीरबल की मेधा शक्ति से वे प्रभावित भी थे इसलिए उनके मन में बीरबल के प्रति सम्मान का भाव था। जबकि अजमल खान भी दरबारी था उसके दम्भ के कारण ही दरबार का कोई भी व्यक्ति उसे पसन्द नहीं करता था। जब दरबारियों ने अकबर द्वारा बीरबल और अजमल खान को रोके जाते देखा तो स्वाभाविक रूप से उनके बीच अजमल खान और बीरबल दोनों ही चर्चा का विषय हो गए।

एक दरबारी ने कहा–"मुझे तो लगता है कि आज किसी बात पर बीरबल ने अजमल खान को फटकार लगाई है।"

दूसरे ने कहा–"लगता क्या है? अरे भाई, बीरबल से जरूर अजमल खान ने दम्भ में आकर बादशाह से अपनी निकटता का अहसास कराया होगा। भला बीरबल जैसा आदमी इस तरह की बात से प्रभावित हो सकता है? उसने पलटकर अजमल खान को बैल कह दिया होगा और बादशाह का करीबी होने के कारण अजमल खान ने बादशाह के सामने कटाक्ष करते हुए यह बात इसलिए उठाई होगी कि बादशाह उससे पूछेंगे ही कि बीरबल ने उसे क्या कहा है और उसे बीरबल के विरुद्ध अपनी भड़ास निकालने का मौका मिल जाएगा।"

तीसरे ने कहा–"हाँ, दोस्त! मुझे लगता है कि तुम्हारा अनुमान सही है।"

चौथे ने कहा–''बिलकुल ठीक!...और बादशाह ने जानबूझकर उस समय इस प्रसंग को महत्त्व नहीं दिया। वे धाय-पुत्र अजमल खान को भी नाराज करना नहीं चाहते...यह उनकी मजबूरी है और बीरबल जैसे दीवान का वे अपमान भी होने देना नहीं चाहते क्योंकि कुछ भी हो, लेकिन यह मानना ही पड़ेगा कि बीरबल अकबर के दरबार की शान है।''

दरबारी जैसे-जैसे दरबार से दूर होते जा रहे थे, वैसे-वैसे उनकी बातें खुले स्वर में होने लगीं।

आम दरबारियों के चले जाने के बाद अकबर ने अजमल खान से पूछा– ''दूध भाई! आखिर बात क्या है, आप क्यों दरबार में खुद को बैल बता रहे थे?''

''जहाँपनाह! आपके दरबार के सबसे काबिल दरबारी ने मुझे बैल कहा है, इसलिए।'' संक्षिप्त सा उत्तर दिया अजमल खान ने।

''दूध भाई! आपको कुछ भी बोलते समय इस बात का तो खयाल रखना ही चाहिए कि मैं आपकी कितनी कद्र करता हूँ। आप शाही महल से जुड़े हैं। इस दरबार में आपका महत्त्व कुछ खास है। आपको अपनी और दरबार की मर्यादा का खयाल अवश्य रखना चाहिए। यदि आप ही दरबार में अमर्यादित ढंग से बोलेंगे तब अन्य दरबारी क्या करेंगे?'' अकबर ने समझाते हुए अजमल खान से कहा।

अकबर की बात सुनकर अजमल खान तैश में आ गया और बोला– ''जहाँपनाह! आप तो मुझे ही समझाने लगे, मानो मैंने दरबार में कोई असभ्यता का नमूना पेश कर दिया हो! मगर मुझे जिसने बैल कहा, उससे आपने यह पूछने की जरूरत तक नहीं महसूस की कि आखिर उस शख्स ने मेरे साथ इस तरह की गुस्ताखी क्यों की?''

अकबर की भी इच्छा हुई कि वे अजमल खान को कह दें–'दूध भाई, तुम सममुच अक्ल से बैल हो।' मगर बादशाह होने के कारण उनके कुछ भी बोलने की अपनी एक मर्यादित सीमा थी इसलिए उन्होंने सब कुछ समझते हुए भी पूछा–''आखिर आपको बैल किसने कहा?''

अजमल खान ने चिढ़े स्वरों में कहा–''तो अब मुझे यह भी बताना पड़ेगा कि मुझे जिल्लेइलाही के चहेते दीवान बीरबल ने बैल कहा है?''

''क्यों बीरबल! दूध भाई को तुमने बैल कहा है?'' अकबर ने बीरबल की तरफ मुखातिब होते हुए पूछा।

''जी हाँ, जहाँपनाह!'' संक्षिप्त-सा उत्तर दिया बीरबल ने।

"क्यों?" अकबर ने पूछा।

''जहाँपनाह! इस प्रश्न का उत्तर सप्रमाण मैं कल दरबार में दूँगा। आज और अभी मुझे क्षमा करें।'' बीरबल ने अकबर से गुजारिश की।

अकबर को भी बीरबल के उत्तर से उत्सुकता हो गई कि आखिर बीरबल ऐसा क्या प्रमाण प्रस्तुत करेगा जिससे अजमल खान बैल सिद्ध हो जाए?

उन्होंने तत्क्षण ही बीरबल के प्रस्ताव को स्वीकार कर लिया और अजमल खान से कहा–''ठीक है, 'दूध भाई', मैं तो नहीं चाहता था कि इस प्रसंग में कोई भी बात दरबार में हो, मगर आप और बीरबल दोनों ही ऐसा चाहते हैं, इसलिए अब इस प्रसंग में कल दरबार में ही बातें होंगी।''

उस दिन अकबर ने उन दोनों को बिना किसी निर्देश के वापस भेज दिया।

दूसरे दिन अकबर का दरबार लगभग भर चुका था। अजमल खान सबसे पहले आकर अपनी जगह पर बैठ चुका था। मगर बीरबल का पता नहीं था। दरबार की कार्यवाही शुरू हो चुकी थी। बीरबल का तब भी आगमन नहीं हुआ था। अजमल खान बेचैनी से अपनी जगह पर पहलू बदल रहा था। दोपहर हो चली और तब भी जब बीरबल नहीं आया तो अजमल खान बेसब्र हो गया और उसने अकबर से कहा–''जहाँपनाह! आखिर बीरबल दरबार से नदारद क्यों हो गया? भला वह किसी आदमी के बैल होने का क्या प्रमाण देता! वह राजधानी छोड़कर फरार न हो जाए, इसके लिए जरूरी है कि आप उसे सिपाही भेजकर गिरफ्तार कराएँ और दरबार में बुलवाएँ।''

जबकि अकबर यह समझ रहे थे कि बीरबल के दरबार से गायब होने के पीछे भी कोई खास मकसद है।

मगर अजमल खान ने पुनः अपनी बात पर जोर देते हुए कहा–''आलीजाह! दरबार को इन्तजार के लिए मजबूर करना भी अपने आपमें जुर्म है। आप किसी ऐसे व्यक्ति को तरजीह न दें जिससे दरबार का अनुशासन भंग होता हो...सिपाही भेजकर बीरबल को दरबार में बुलवाएँ!''

अभी अजमल खान की बात पूरी भी नहीं हुई थी कि बीरबल एक बछड़े को हाँकता हुआ दरबार में आया।

दरबार में प्रवेश करते ही उसने कहा–''माफ कीजिएगा जहाँपनाह! मैं अपने 'दूध भाई' के साथ आज दरबार में आया हूँ। 'दूध भाई' को दरबार में आने लायक बनाने में मुझे वक्त लगा। मेरे 'दूध भाई' समझाने पर भी नहीं समझते हैं, इसलिए मान-मनौवल में वक्त कुछ ज्यादा ही लग गया!''

''क्या मजाक है, बीरबल!'' अकबर ने नाराजगी जाहिर करते हुए कहा–''यह बछड़ा तुम्हारा 'दूध भाई' है?''

''जी हाँ, जहाँपनाह! यह बछड़ा उसी गैया का बेटा है जिसका दूध पीकर मैं बड़ा हुआ हूँ। इस नाते यह मेरा 'दूध भाई' ही हुआ न?...और मैं अपने 'दूध भाई' से बहुत प्यार करता हूँ। मेरा यह 'दूध भाई' भविष्य का बैल है, इसलिए भी इसका ध्यान रखना मेरा फर्ज है।'' बीरबल ने कहा।

बीरबल के कटाक्ष को अकबर ने तो समझा ही, तमाम दरबारी भी समझ गए और ठहाका लगाकर हँस पड़े। अकबर भी हँसे बिना नहीं रह सके। एक नहीं हँसा तो अजमल खान।

उसने इस ठहाके के बीच ही कहा–''जहाँपनाह! यह चतुर आदमी दरबार का ध्यान उस मूल प्रश्न से हटाना चाह रहा है। उसे आज बताना होगा कि इसने मुझे बैल क्यों कहा?''

अजमल खान का सवाल सुनकर एक बार फिर दरबार में ठहाका गूँज उठा।

अकबर ने भी हँसते हुए बीरबल से कहा–''हाँ, बीरबल! बताओ!''

बीरबल ने कहा–''जहाँपनाह! आप अजमल साहब को 'दूध भाई' कहते हैं। मैं इस बछड़े को 'दूध भाई' कहता हूँ। आपने बचपन में अजमल साहब की माताजी का दूध पीया इसलिए वे आपके दूध भाई हैं। मैंने बचपन में इस बछड़े की माँ का दूध पीया इसलिए यह मेरा दूध भाई है। अजमल साहब बड़े हैं और यह बछड़ा उनसे छोटा...मैं बस इतना जानता हूँ कि बछड़ा जब बड़ा होता है तो वह बैल बनता है...इसीलिए मैंने अजमल साहब को बैल कहा। मेरा बछड़ा भी तुनकमिजाज है और समझाने पर भी नहीं समझता... ।''

एक बार फिर दरबार में ठहाका गूँजा। अकबर भी हँसने लगे। अजमल खान का मुँह देखने लायक था।

दोस्ती का फर्ज

अकबर के समय में दिल्ली के पास एक गाँव था–अमनपुर। इस गाँव में सुलेमान नाम का एक साहूकार था जो ब्याज पर धन देने का काम करता था। इसी अमनपुर गाँव में सज्जन सिंह नाम का एक व्यापारी भी था जिसका व्यवसाय बहुत फल-फूल रहा था। उसने कभी किसी के आगे हाथ नहीं फैलाया।

सुलेमान सेठ के बारे में अमनपुर गाँव में यह किस्सा मशहूर था कि वह मुर्दों से भी अपना बकाया वसूल लेता है। अमनपुर में सुलेमान सेठ की धूर्तता और बर्बरता के किस्से कहे जाते थे। यदि किसी ने सुलेमान सेठ से कर्ज लिया तो उसका उसके चंगुल से निकल पाना नामुमकिन ही था। आम तौर पर अमनपुर के लोग बारह कसमें खाते रहते थे कि चाहे जैसी भी मुसीबत आ जाए, वे सुलेमान सेठ से कर्ज नहीं लेंगे। मगर लोगों को आखिरकार ऐसी जरूरतें घेर लेती थीं कि सुलेमान सेठ से कर्ज लिये बगैर उनका काम ही नहीं चलता और ऐसी घड़ी में लोग 'मरता क्या न करता' वाली कहावत को चरितार्थ करने लगते। इस तरह सुलेमान सेठ की चाँदी कट रही थी।

एक बार अमनपुर गाँव में काबुल का एक व्यापारी फारूक शेख आकर ठहरा। वह सूखे मेवे की तिजारत करता था। किसी जलसे में उसकी मुलाकात सज्जन सिंह से हो गई। परिचय हुआ तो मुलाकातें भी होने लगीं और फारूक शेख ने सज्जन सिंह को अपने व्यापार की खूबियाँ बतानी शुरू कर दीं। काजू, अखरोट, अंजीर, किशमिश, चिलगोजा, पिस्ता, बादाम, चिरौंजी जैसे सूखे मेवों के व्यापार से होनेवाले फायदे का विवरण उसने कुछ इस प्रकार दिया कि सज्जन सिंह समझने लगा कि उसका कारोबार उतना फायदा कभी नहीं दे सकता जितना फायदा सूखे मेवे के व्यापार से हो

सकता है। मन में यह बात आने पर उसका ध्यान अपने व्यापार में उस तरह नहीं लगता था जिस तरह कभी लगा करता था। फारूक शेख के साथ बैठकर ऊँचे ख्वाब देखते रहने के कारण उसे अपना काम छोटा और ओछा दिखने लगा था। जिस काम को पहले वह पूर्ण मनोयोग के साथ किया करता था, अब उसी काम को करने में उसे संकोच होने लगा। साल बीतते-बीतते उसे अपने व्यापार में घाटा लगा। हालत यह हो गई कि उसे अपना व्यापार चलाने की बजाय अपना कारोबार समेट लेने की नौबत आ गई। उसकी इस अवस्था की जानकारी उसके दोस्तों, यहाँ तक कि फारूक शेख को भी नहीं थी, जिसके साथ उसका रोज का उठना-बैठना हो गया था। कभी किसी से कुछ नहीं माँगने की आदत के कारण सज्जन सिंह अपनी इस स्थिति के बारे में भी किसी से कुछ बताने की हिम्मत नहीं जुटा पा रहा था।

एक दिन फारूक शेख ने उसे खोया-खोया-सा देखकर यूँ ही पूछ लिया–"क्या बात है सज्जन सिंह! इधर तुम बहुत उदास दिखते हो! अगर व्यापार में कुछ उतार-चढ़ाव झेल रहे हो तो बताओ, कुछ पैसे चाहिए तो बेहिचक बोलो। मैं तुम्हारी मदद करूँगा। आखिर दोस्त होते ही क्यों हैं? वक्त-जरूरत एक-दूसरे के काम आना ही तो दोस्ती का उसूल है।"

मगर उस दिन भी सज्जन सिंह अपने मित्र फारूक शेख से अपनी वास्तविक स्थिति नहीं बता पाया और इसके बाद काबुल से अचानक बुलावा आ जाने के कारण वह तीन महीने के लिए काबुल चला गया। उसने जाते समय सज्जन सिंह से भेंट की और कहा–"दोस्त! तुम न भी कहो तो हम समझते हैं कि तुम्हें अभी मदद की जरूरत है!"

"नहीं! ऐसी कोई बात नहीं है। अगर होगी तो कहूँगा ही। भला तुम जैसे दोस्त से कोई बात छुपाई जा सकती है!" सज्जन सिंह ने बहुत चालाकी से फारूक शेख से अपनी सच्चाई छुपा ली।

जाते-जाते फारूक शेख ने सज्जन सिंह से कहा–"सज्जन सिंह! मेरी एक बात याद रखना, मैं तुम्हारा दोस्त हूँ और हर हाल में तुम्हारे साथ हूँ। इधर मैं देख रहा हूँ कि तुम्हारा मन अब तुम्हारे कारोबार में नहीं लग रहा है तो हो सकता है कि तुम अपना कारोबार बदलना चाहो। यदि ऐसा है तब भी मैं तुम्हारी हर तरह से मदद करूँगा। मैं तीन महीनों के लिए काबुल जा

रहा हूँ। ठीक तीन माह बाद यहाँ लौट आऊँगा। यहाँ लाखों की लेनदारी है। देर करने से मुझे नुकसान होगा। ग्राहक भी टूट जाएँगे। तुम सोच-विचार करके रखना। नया कारोबार करने के लिए यदि तुम्हें पैसों की जरूरत होगी तो बेहिचक मुझसे कहना। मैं तुम्हारी मदद करूँगा।''

सज्जन सिंह की इच्छा हुई कि वह अपने दोस्त से अपनी खस्ताहाली बयाँ कर दे मगर न जाने कैसा संकोच उस पर हावी था कि वह फारूक शेख से कुछ भी कह नहीं पाया, और वह काबुल चला गया।

सज्जन सिंह की हालत दिनोदिन खराब होती गई। महीना बीतते-बीतते उसे काफी नुकसान हो गया। अब उसकी माली हालत इतनी जर्जर हो चुकी थी कि उस पर महाजनों की देनदारियाँ बढ़ने लगीं और अन्ततः महाजनों ने भी उसे टका-सा जवाब दे दिया–''पहले बकाया का भुगतान करो फिर माल की बात करो।''

लम्बे व्यापारिक जीवन में यह पहला अवसर था जब सज्जन सिंह के ऊपर महाजनों का बकाया चढ़ा हुआ था और वह उनका भुगतान करने में असमर्थ था। ऐसे समय में उसे फारूक शेख की बड़ी याद आई। उसे इस बात का पछतावा होने लगा था कि जब उसने उससे मदद की पेशकश की थी तब क्यों नहीं उसने उसकी पेशकश मान ली? यदि उसने उससे वक्त पर मदद ली होती तो यह दिन देखने की नौबत नहीं आती।

दुकान में रसद की कमी के कारण सज्जन सिंह के पास ग्राहकों का आना कम हो गया था। देनदारियाँ लद जाने के कारण सज्जन सिंह को साहूकार अब 'कँगला' पुकारने लगे थे। विवशता की इस स्थिति में सज्जन सिंह को फारूक शेख की याद आ रही थी।...और उसके लौटने में अभी दो माह का समय था।

जिन दिनों सज्जन सिंह अपनी देनदारियों से परेशान था उन्हीं दिनों उसका एक महाजन उसके पास आया और अपने बकाए के भुगतान के लिए उस पर जोर डालने लगा। उस दिन सज्जन सिंह ने किसी तरह उस साहूकार से थोड़ी मोहलत ले ली और उसे विदा किया। इसके बाद बैठकर उसने अपनी तमाम देनदारियों का हिसाब किया। कुल मिलाकर तीन लाख रुपयों का भुगतान उसे अपने महाजनों को देना था। ऐसा नहीं करने पर उसके लेनदारों से उसके सम्बन्ध तो खराब होते ही, साथ

ही बाजार में रही-सही साख भी चली जाती। बहुत सोचने के बाद उसने तय किया कि सुलेमान सेठ से दो माह के लिए तीन लाख रुपए कर्ज ले लिया जाए और दो माह के बाद जब फारूक शेख वहाँ आ जाएगा तब वह फारूक से पैसे लेकर सुलेमान सेठ के पैसे वापस कर देगा और फारूक शेख के साथ ही मिलकर कोई नया धन्धा शुरू कर लेगा। ऐसा सोच लेने के बाद सज्जन सिंह ने थोड़ी राहत की साँस ली। उस दिन वह चैन की नींद सोया और दूसरे दिन तड़के ही वह सुलेमान सेठ के पास पहुँच गया।

सुलेमान सेठ अजीब किस्म का साहूकार था। उसने अपने मकान के आगे एक तख्ती लगा रखी थी–'एक हुंडी बनाओ, जितना चाहो ले जाओ।' सज्जन सिंह ने सुलेमान सेठ की धूर्तता की अजीबोगरीब कहानियाँ सुन रखी थीं। लेकिन आज मजबूरी में वह उसके दरवाजे पर खड़ा था।

सुलेमान सेठ ने सज्जन सिंह को आदरपूर्वक बैठाया। उससे उसका कुशल-क्षेम पूछा। फिर पूरे विश्वास के साथ कहा–"देखो भाई सज्जन सिंह! मेरे पास आने का तो एक ही मकसद होता है–कर्ज लेना। वैसे, यह अकबर का दरबार तो है नहीं कि बादशाह के दर्शन के लिए कोई आ जाए। सुलेमान सेठ का दफ्तर है जहाँ लोग आते हैं, हुंडी बनाते हैं और पैसे ले जाते हैं। जिस दिलेरी से मैं पैसे देता हूँ, उसी दिलेरी से पैसे वसूलना भी जानता हूँ इसलिए मेरा पैसा कहीं डूबता नहीं। बताओ, तुम्हें कितने रुपए चाहिए?"

सुलेमान सेठ की आक्रामक लहजे में कही गई इस सीधी बात से सज्जन सिंह हिल गया। उसे स्मरण हो आया कि एक दोस्त की बरात में उसकी भेंट सुलेमान सेठ से हुई थी और उसने उससे कहा था कि इस गाँव में ऐसा शायद ही कोई होगा जिसको जरूरत के समय सुलेमान की याद न आई हो। आज खुद को भी सुलेमान सेठ के पास बैठा महसूस कर सज्जन सिंह एक अनकही शर्मिन्दगी झेल रहा था। मगर, इसके बावजूद अपने महाजनों के तगादे से बचने के लिए उसके पास कोई और उपाय भी नहीं था। उसने अपने संकोच से उबरते हुए कहा–"सुलेमान सेठ, मुझे दो महीने के लिए तीन लाख रुपयों की जरूरत है। दो माह के बाद तुम्हारे पैसे मयसूद तुम्हें वापस कर दूँगा!"

''अरे भाई! जब मूल लौटाओगे तो सूद भी लौटाओगे ही। हाँ, पक्का दो माह के बाद पैसे वापस कर दोगे? सोच-समझकर बोलो!'' सुलेमान ने कहा।

''हाँ-हाँ, पक्का ही समझो!'' सज्जन सिंह ने बात बनती देखकर उत्साह में कहा।

'' 'समझो' जैसी बात हमारे यहाँ नहीं चलती है सज्जन सिंह। दो माह का मतलब, दो माह! न एक घंटा कम, न एक घंटा ज्यादा! और पक्का का मतलब पक्का। बोलो, है मंजूर, तो बात आगे बढ़ाऊँ!'' सुलेमान सेठ ने ठसक से भरी आवाज में सज्जन सिंह से कहा।

''हाँ, मंजूर है। दो माह का मतलब दो माह! दो माह में मैं तुम्हारे पैसे जरूर वापस कर दूँगा।'' सज्जन सिंह की आवाज में विवशता थी।

''नहीं तो मैं तुम्हारे शरीर से एक सेर गोश्त निकाल लूँगा–जहाँ से मन चाहे!'' सुलेमान सेठ ने अपनी उसी ठसकभरी आवाज में कहा।

"अब जो करो!" कहते हुए सज्जन सिंह ने हथियार डाल दिए।

सुलेमान सेठ ने एक कागज पर सज्जन सिंह से हलफनामा लिखवाया– 'मैं सुलेमान सेठ से तीन लाख रुपए कर्ज ले रहा हूँ। यदि इसका भुगतान मैं दो माह में नहीं कर पाऊँ तो सुलेमान सेठ का हक होगा कि वह मेरे शरीर के किसी भी भाग से एक सेर मांस निकाल ले।'

हलफनामा लेकर सुलेमान सेठ ने तीन लाख रुपए सज्जन सिंह को थमा दिए–''लो! पूरे तीन लाख! गिन लो! और हाँ! एक सेर मांस वाली बात याद रखना! अब जाओ और अपना काम करो।'' सुलेमान सेठ ने कहा।

सज्जन सिंह के पास और कोई चारा नहीं था। तीन लाख रुपए लेकर वह सुलेमान सेठ के पास से उठ गया और वहीं से अपने साहूकारों के पास देनदारी निपटाने के लिए चला गया। देनदारियाँ निपटा लेने के बाद उसने कोई सामान किसी भी साहूकार से नहीं लिया। इसका एकमात्र कारण था कि उसका मन अपने धन्धे से पूरी तरह उचट गया था। वह निश्चय कर चुका था कि फारूक शेख के आने पर उससे पैसे लेकर वह सुलेमान सेठ का कर्ज उतार देगा और उसी के साथ मिलकर ही कोई नया व्यवसाय शुरू कर लेगा।

दिन बीतते रहे। जिस दिन दो माह का समय पूरा हुआ उस दिन ही फारूक शेख अमनपुर पहुँचा और सीधे सज्जन सिंह के घर गया। सज्जन सिंह बेसब्री से उसका ही इन्तजार कर रहा था। उसने फारूक शेख से अपनी पूरी व्यथा-कथा कह सुनाई और सबसे पहले सुलेमान सेठ का कर्ज उतारने की जरूरत बताई।

फारूक शेख ने भी वक्त की नजाकत को समझते हुए बिना विलम्ब किए तीन लाख रुपए के साथ कुछ अतिरिक्त रकम अपने पास रखकर सज्जन सिंह के साथ सुलेमान सेठ के घर गया। सुलेमान सेठ ने उन्हें आया देखकर भी उन पर ध्यान नहीं दिया।

सज्जन सिंह ने कहा–"भाई सुलेमान सेठ! मैं तुम्हारा ऋण अदा करने आया हूँ।"

सुलेमान सेठ ने मुँह बिचकाते हुए कहा–"बहुत देर हो चुकी, तुम्हें सूद समेत सारे कर्ज की वापसी कल तक कर देनी थी। अब तो दो महीने का समय बीत चुका। अब तो मैं तुम्हारे शरीर से एक सेर गोश्त का टुकड़ा निकालूँगा। यही ऋण अदायगी का तरीका शेष है। इसके अलावा कोई रास्ता नहीं है।"

सुलेमान सेठ की बातें सुनकर हताश होता हुआ सज्जन सिंह उससे आरजू-मिन्नत करने लगा मगर सुलेमान सेठ अपनी उसी ठसकभरी आवाज में उससे कहता रहा–"तुम अपना भी समय खराब कर रहे हो और मेरा भी। अब कुछ भी कहने-सुनने की गुंजाइश नहीं है। हलफनामे में सारी बातें स्पष्ट हैं– या तो तुम मुझे अपने शरीर से एक सेर मांस निकालने दो या मुझे न्यायालय में जाकर फरियाद करने दो।"

फारूक शेख ने भी सुलेमान सेठ को समझाने की बहुत कोशिश की मगर सुलेमान सेठ कुछ भी सुनने को तैयार नहीं हुआ। अन्ततः मामला न्यायालय में पहुँचा। इस अजीबोगरीब हलफनामे को देखकर न्यायाधीश भी चकरा गया और उसने यह कहते हुए मामला बादशाह अकबर के दरबार में भेज दिया कि मौजूदा किसी भी कानून के तहत इस मामले की सुनवाई नहीं हो सकती। मामला पेचीदा है और इससे किसी की जिन्दगी प्रभावित हो सकती है। इसलिए बादशाह सलामत खुद इस मामले की सुनवाई करें।

अकबर ने जब मामले से सम्बन्धित कागजात देखे तब उनकी अक्ल भी कोई राह नहीं खोज पाई और अन्ततः इस मामले पर विचार करने का जिम्मा बीरबल को सौंप दिया।

बादशाह के हुक्म से सुलेमान सेठ और सज्जन सिंह की पेशी बीरबल के पास हुई।

बीरबल ने सुलेमान सेठ से पूरी बातें सुनीं और सज्जन सिंह ने इस बात की तस्दीक कर दी कि सुलेमान सेठ जो कुछ भी कह रहा है, वह सच है।

फिर बीरबल ने सज्जन सिंह से पूछा–"क्या तुम अभी सुलेमान सेठ के तीन लाख रुपये मयसूद वापस कर सकते हो?"

"जी हाँ!" सज्जन सिंह ने संक्षिप्त उत्तर दिया।

बीरबल ने सुलेमान सेठ से कहा–"तुम अपने रुपए सूद समेत लेकर अब सज्जन सिंह को जाने दो।"

मगर सुलेमान सेठ ने प्रतिप्रश्न किया–"यह कैसा इन्साफ है! हलफनामे में इस बात का साफ जिक्र है कि दो माह में तीन लाख रुपयों की मयसूद वापसी नहीं होने पर सज्जन सिंह के शरीर से एक सेर मांस निकालने का हक मुझे होगा। मुझे मेरा हक चाहिए।"

बीरबल को आम तौर पर गुस्सा नहीं आता था मगर सुलेमान सेठ की धृष्टता पर उसे गुस्सा आ गया मगर अपने गुस्से को काबू में रखते हुए उसने गम्भीर स्वर में सुलेमान सेठ से कहा–"तुम अपना हक अवश्य पाओगे। तुम्हें हक है कि सज्जन सिंह के शरीर से एक सेर मांस निकाल लो। मगर ध्यान रहे, ऐसा करते समय सज्जन सिंह के शरीर से खून की एक बूँद भी बाहर नहीं आनी चाहिए क्योंकि इसका जिक्र हलफनामे में नहीं है। यदि मांस निकालते समय एक बूँद भी खून निकला तब तुम 'सज्जन सिंह की हत्या के प्रयास' का दोषी माने जाओगे क्योंकि मौजूदा विधान यही है।"

अब सुलेमान के होश फाख्ता हो गए। उसने गिड़गिड़ाकर बीरबल से तीन लाख रुपए मयसूद वापस करवाने का अनुरोध किया मगर बीरबल गुस्से में था, उसने कहा–"तुम्हें यह अवसर प्रारम्भ में प्रदान किया गया था मगर तुम अपनी बेतुकी माँग पर अड़े रहे। अब तुम्हें वह अवसर प्रदान नहीं किया जाएगा बल्कि अब तुम्हारे ऊपर मनमाने ढंग से लोगों का भयादोहन करने के आरोप में मुकदमा चलाया जाएगा। राज्य की ओर से चलनेवाले

इस मुकदमे का फैसला होने तक तुम्हें कारागार में रखा जाएगा ताकि तुम किसी और को अपनी बर्बरता का शिकार न बना सको।" बीरबल ने अपने इस निर्णय के तुरन्त बाद सिपाहियों को निर्देश दिया कि वे सुलेमान सेठ को गिरफ्तार कर लें।

अकबर के दरबार में ही सुलेमान सेठ की गिरफ्तारी हो गई। कुछ दिनों की सुनवाई के बाद उस पर आरोप साबित हो गया और उसे कारावास की सजा हो गई।

फारूक शेख ने अपनी दोस्ती का फर्ज अदा किया और सज्जन सिंह को अपने व्यवसाय में हिस्सेदार बनाकर उसकी बिगड़ी दशा सुधारने में मदद की।

आज भी लोग सज्जन सिंह और फारूक शेख की मित्रता की कहानी सुनाते हैं जबकि अमनपुर गाँव का वजूद अब नहीं रहा। कहते हैं कि अमनपुर गाँव अब दिल्ली की सरहदों में शामिल है– न जाने किस नाम से!

नदी किनारे का देव

अकबर हँसमुख थे। केवल शासन के कार्यों के समय ही वे गम्भीर होते थे। हँसी-दिल्लगी करना उनकी फितरत थी। बीरबल से उनकी इसलिए भी बनती थी कि बीरबल हँसी-हँसी में सार की बात करने की कला में माहिर था। अकबर भी उससे मजाक इसलिए करना पसन्द करते थे कि बीरबल उनकी मजाक का बुरा नहीं मानता था और अवसर मिलते ही अकबर के मजाक का उतना ही करारा जवाब दे देता था।

वास्तुकला में अकबर की गहरी रुचि थी। अपने महल में उन्होंने शानदार हमाम का निर्माण कराया था। महल के मध्य खुली जगह में फव्वारे लगवाए थे। ये फव्वारे कदमों की आहट से खुल जाते थे जिससे आगन्तुकों को तिलस्मी नजारा देखने को मिलता था। इसी तरह अकबर ने अपनी बैठक में गोपनीय दस्तावेज रखने के लिए एक ऐसे ताखा का निर्माण कराया था जिसके आगे तीन बार ताली बजाकर यदि उसमें रखा सामान निकाला जाता तो कोई बात नहीं, यदि किसी ने बिना ताली बजाए ताखे में हाथ घुसाया तो उसका हाथ एक इस्पाती बेड़ी में कैद हो जाता। ताखे का यह रहस्य केवल अकबर को मालूम था।

एक दिन अकबर ने किसी गोपनीय कार्य के लिए बीरबल को अपने नवनिर्मित महल में बुलवाया था। जब वह काम हो गया तब वे उत्सुकतापूर्वक बीरबल को अपना महल दिखाने ले गए। तिलस्मी फव्वारे के नजदीक पहुँचने तक बीरबल यही समझ रहा था कि वह एक लम्बे-चौड़े आँगन से गुजर रहा है किन्तु जब अकबर और बीरबल आँगन का चौथाई हिस्सा पार कर गए तब आँगन के बीचोबीच फव्वारे की संरचना उभर आई। बीरबल अकबर के साथ चमत्कृत-सा दो-चार कदम और चला तो फव्वारे से पानी निकलना शुरू हो गया और जब दोनों फव्वारे के पास पहुँचे तो फव्वारे से

निकलती पानी की धाराएँ नाच-नाचकर एक-दूसरे के साथ मिलती प्रतीत हुईं। बीरबल ने देखा, फव्वारे से निकलनेवाली जलधाराएँ एक-दूसरे से मिलकर अजीबोगरीब शक्लें-सी बना रही थीं। अकबर के महल में जल के इस तिलिस्म को बीरबल मुग्ध नजरों से देखता रहा। उसने इस निर्माण के लिए बादशाह को बधाई दी।

महल दिखलाने के बाद अकबर बीरबल को साथ लिये अपनी बैठक में चले आए। बैठक में आते ही अकबर को एक मजाक सूझा। पहले तो उन्होंने बीरबल को किसी काम के बहाने बैठक से बाहर भेज दिया। जब बीरबल बैठक से चला गया तब अकबर ने बैठक के ताखे पर कुछ सेब रख दिये। थोड़ी देर के बाद जब बीरबल अकबर द्वारा निर्देशित कार्य करके लौटा, तो अकबर ने बीरबल से कहा—"चलो बीरबल, हम लोग शयनकक्ष में चलते हैं। मैं थोड़ी थकान महसूस कर रहा हूँ। शयनकक्ष में मैं पलंग पर लेटकर भी तो तुमसे बातें कर सकता हूँ।"

बीरबल को भला क्या आपत्ति हो सकती थी! वह अकबर के साथ शयनकक्ष में चला आया। शयनकक्ष में अकबर स्वयं पलंग पर लेट गए और बीरबल से इधर-उधर की बातें करते रहे। बातों-बातों में ही अकबर ने बीरबल से कहा—"बीरबल, बुरा मत मानना। इस समय मैं किसी खादिम को यहाँ बुलाना नहीं चाहता। बैठक में ताखे पर कुछ सेब रखे हैं। दो-चार सेब वहाँ से उठाकर ले आओ। अभी मुझे सेब खाने की इच्छा हो रही है।"

बीरबल के पास बादशाह का आदेश मानने के सिवा कोई चारा भी नहीं था। वह वहाँ से उठा और बैठक में पहुँचकर उसने ताखे पर रखे सेबों को देखा। सेब शानदार थे। बीरबल ने सेब निकालने के लिए ताखे में हाथ डाला ही था कि ताखे के निचले भाग से एक इस्पाती संरचना प्रकट हुई और 'खट्' की आवाज के साथ बीरबल के हाथ में बेड़ी पड़ गई। बेचारा बीरबल हक्का-बक्का-सा रह गया। फिर उसने बेड़ी से मुक्ति के लिए अपना दूसरा हाथ ताखे में डाला तो ताखे के ऊपरी हिस्से से उसी तरह की एक बेड़ी प्रकट हुई और बीरबल के दूसरे हाथ को जकड़ लिया। बीरबल को काटो तो खून नहीं। देर तक वह असमंजस की स्थिति में खड़ा रहा। फिर उसने बेड़ी से मुक्ति के लिए हाथ खींचने की कोशिश की लेकिन जल्दी ही उसकी समझ में आ गया कि ताकत लगाने से बेड़ियों की पकड़

और सख्त होती जाती है। इसलिए उसने ताकत लगाना छोड़ दिया। कोई उपाय नहीं सूझने पर वह कुछ ऊँची आवाज में पुकारने लगा–"जहाँपनाह! आलीजाह! मेरी मदद कीजिए।"

अकबर को जैसे इस पुकार की प्रतीक्षा ही थी। वे अपने शयनकक्ष से बाहर निकले। बीरबल के दोनों हाथों को ताखे में कैद देखकर मुस्कुराते हुए कहा–"बीरबल, तुम्हारे जैसा बुद्धिमान व्यक्ति भी इस ताखे के रहस्य को नहीं समझ पाया, हैरत की बात है। ठहरो, मैं ही कुछ करता हूँ।" इसके बाद अकबर ने चाबी निकाली और बीरबल को बेड़ियों से आजाद कराया।

अब अकबर के पास इस घटना की स्मृति थी जिसका वह बीरबल को शर्मिन्दा करने के लिए जब चाहे उपयोग कर सकते थे। एक दिन दरबार में अकबर के किसी प्रश्न के उत्तर को लेकर बहस चली। दरबारी पूरी तरह दो भागों में विभक्त हो गए और यह तय कर पाना मुश्किल हो गया कि किसका उत्तर सही है। ऐसे समय में बीरबल ने समस्या का सटीक निदान सुना दिया। बीरबल के सूझपूर्ण उत्तर से सभी दरबारी उसकी तारीफ करने लगे।

दरबार के समापन के समय अकबर ने बीरबल से कहा–"वाह बीरबल! आज तो तुमने दरबार में कमाल कर दिया। तुम्हारी बुद्धिमत्ता देखकर क्या कहूँ, 'मुझे ताखेवाला सेब' याद आ गया।"

बीरबल समझ गया कि अकबर इस समय उसके साथ मजाक कर रहे हैं मगर इस कटाक्ष से वह बेहद शर्मिन्दा हुआ। इसके बाद भी कई अवसर आए जब अकबर ने दरबार में बीरबल की प्रशंसा करते हुए 'ताखेवाला सेब' की चर्चा की। दरबारी समझ रहे थे कि अकबर ने तारीफ करने का यह एक नया अन्दाज अपना लिया है। हो सकता है कि बादशाह को सेब बहुत पसन्द हो इसलिए वे तारीफ करते समय 'ताखेवाले सेब' की चर्चा कर बैठते हैं। मगर बीरबल हकीकत जानता था इसलिए अकबर जब कभी भी 'ताखेवाला सेब' का स्मरण दिलाते, वह मन-ही-मन झेंप जाता था।

एक दिन ऐसे ही किसी बात पर अकबर ने बीरबल को 'ताखेवाला सेब' की याद दिला दी। उस दिन बीरबल ने मन-ही-मन फैसला किया कि अब बादशाह को भी सबक सिखा देना जरूरी हो गया है वरना उनका मन इसी

तरह बढ़ता जाएगा और वे बात-बात पर 'ताखेवाले सेब' की चर्चा कर मेरी हँसी उड़ाते रहेंगे।

अपनी स्थिति पर विचार करते हुए बीरबल जब उस दिन दरबार से लौट रहा था तब रास्ते में उसने एक बहुरुपिए को देखा जो 'देव' की शक्ल में लोगों को करतब दिखाकर उनसे बख्शीश प्राप्त कर रहा था। बहुरुपिए को देखकर बीरबल को मानो अपनी समस्या का समाधान मिल गया। वह बहुरुपिए के पास गया और उसकी कला की प्रशंसा करते हुए उसे एक स्वर्ण-मुद्रा इनाम में दी। बहुरुपिया इस उदार कला-प्रेमी के व्यवहार से प्रभावित हो गया। कहाँ कोई मुश्किल से ताँबे की मुद्रा देता था, कहाँ यह कला-प्रेमी उसकी कला की सराहना भी कर रहा है और स्वर्ण-मुद्रा भी दे रहा है!

बीरबल उसके मन में उठते भावों को समझ रहा था। उसने बहुरुपिए से कहा–"भाई! मैं तुम्हारी कला से बहुत प्रभावित हुआ हूँ। ईश्वर की कृपा से मेरे पास वह सब कुछ है जो एक सुखी परिवार के संचालन के लिए आवश्यक होता है। मैं तुमसे देव-वेश धारण करने की कला सीखना चाहता हूँ। इसके एवज में तुम जितना धन माँगोगे, मैं दूँगा।...बोलो, मुझे अपना शिष्य बनाओगे?"

बहुरुपिया भला इनकार क्यों करता। उसने सहजता से स्वीकृति दे दी। बीरबल बहुरुपिए के साथ उसके घर चला गया। बहुरुपिए को उसने रूप बदलने की कला सिखाने के लिए पेशगी के रूप में कुछ रकम दे दी। बहुरुपिए ने बीरबल के पाँव, कन्धे और पेट का माप लिया। आँखों की लम्बाई व चौड़ाई मापी, होंठों की लम्बाई और चौड़ाई मापी तथा कहा कि रूप परिवर्तन के लिए आवश्यक सामान तैयार करने में उसे सात दिन लगेंगे अर्थात् सात दिन बाद वह आकर बहुरुपिए से अपना रूप बदलने की कला सीख सकता है। एक माह के अभ्यास में वह इस कला में निपुण हो जाएगा और जब चाहे तब देव-रूप धारण कर सकेगा बशर्ते कि उसके पास रूप बदलने की सामग्री मौजूद हो।

बीरबल ने बहुरुपिए को देव-रूप धारण करने के काम आनेवाली सामग्री तैयार करने के लिए भी आवश्यक पैसे दे दिये और अगले हफ्ते से रूप परिवर्तन की कला सीखने आने की बात कहकर वहाँ से अपने घर आ गया।

दूसरे दिन, बीरबल जब अकबर के दरबार में उपस्थित हुआ तब वह और दिनों की अपेक्षा अधिक प्रसन्न था। आम तौर पर आदमी को जब अपनी किसी समस्या का निदान मिल जाता है तब वह निश्चिन्त हो जाता है। इस निश्चिन्तता के कारण उसका दिमाग तरोताजा हो जाता है। बीरबल में भी कुछ ऐसा ही परिवर्तन कल बहुरुपिए के मिलने से हुआ था। उसके दिमाग में भविष्य की योजना मचल रही थी। बादशाह अकबर को मजा चखाने का उसने मन-ही-मन संकल्प जो ले लिया था।

उस दिन दरबार में काम-काज के समापन के बाद उसने अकबर से कहा–"जहाँपनाह! अगले हफ्ते मैं तीर्थ-यात्रा पर जाऊँगा। वापसी में कम से कम दो महीने लग जाएँगे। आपसे गुजारिश है कि मुझे दो माह की छुट्टी देने की अनुमति प्रदान करें।"

बीरबल किसी बात की अनुमति माँगे और अकबर वह अनुमति न दें, ऐसा हो नहीं सकता था। बीरबल को अनुमति मिल गई। बीरबल ने अपने स्वजन, परिजनों और दरबारियों के बीच यह प्रसारित कर दिया कि वह एक मन्नत पूरी होने पर दो माह के लिए तीर्थ यात्रा पर जा रहा है।

इस तरह एक सप्ताह के बाद वह रूप बदलने की कला सीखने के लिए बहुरुपिए के घर गुपचुप तरीके से पहुँच गया।

बहुरुपिए ने पहले दिन बीरबल को आँखें बड़ी करने के लिए एक बेहद कोमल एवं पारदर्शी पदार्थ से बने 'चक्षु-पात्र' का इस्तेमाल करना सिखाया। देव-रूप धारण करने में इस 'चक्षु-पात्र' का विशेष महत्त्व था। इस चक्षु-पात्र को दोनों पलकों के बीच लगा लिया जाता था। पात्र में एक खटका था जिसे दबाने से यह पात्र चक्षु-गोलकों को फैला देता था और पलकों को ऊपर और नीचे दबा देता था जिससे पलकों का झपकाना बन्द हो जाता था और नेत्र बड़े-बड़े, सुर्ख और सुन्दर दिखाई देने लगते थे। नेत्र के इस परिवर्तन से चेहरे में भी आंशिक परिवर्तन हो जाता था।

बहुत प्रयास करने के बाद बीरबल ने इस 'चक्षु-पात्र' को धारण करना सीखा किन्तु चक्षु-पात्र धारण करने से उसकी आँखों में जलन होने लगती थी और आँसू निकलने लगते थे। इसके बारे में बहुरुपिए ने उसे आश्वस्त किया कि कुछ दिनों के अभ्यास के बाद ये शिकायतें दूर हो जाएँगी और उसके नेत्र चक्षु-पात्र धारण करने के बाद भी सामान्य रहेंगे। उससे अश्रु बूँदें

नहीं छलकेंगी। हाँ, इसे धारण करने के बाद उसके नेत्र सुर्ख हो जाएँगे क्योंकि यह पात्र पलकों के रुधिर-प्रवाह को प्रभावित करता है जिससे नेत्र-गोलकों पर रक्त का प्रवाह तेज हो जाता है। बहुरुपिए ने स्वयं अपना 'चक्षु-पात्र' धारण करके बीरबल को दिखाया।

बीरबल ने देखा कि चक्षु-पात्र धारण करने के थोड़ी देर बाद ही बहुरुपिए के नेत्र लाल हो गए और उसका व्यक्तित्व भी बदला-बदला-सा लगने लगा। बीरबल को विश्वास हो गया कि 'चक्षु-पात्र' धारण करने से नेत्रों को कोई नुकसान नहीं पहुँचता है।

दूसरे दिन बहुरुपिए ने उसे उसी तरह पारदर्शी कोमल पदार्थ से निर्मित एक संरचना मुँह के अन्दर डालने के लिए दी। इस संरचना में लगे खटके के दबने से यह संरचना मुँह के अन्दर खुल जाती थी तथा अपने पारदर्शी आवरण से तालू को ढँक लेती थी। संरचना के दोनों पार्श्व से दो कोमल दीवारें गालों के भीतरी भाग पर दबाव बनाती थीं जिससे गाल फूल जाता था और होंठ चौड़े हो जाते थे। इस संरचना को मुँह के अन्दर धारण करने से व्यक्ति का चेहरा पूरी तरह से बदल जाता था और आवाज भी बदल जाती थी। बीरबल को इस संरचना का इस्तेमाल सीखने में अधिक वक्त नहीं लगा।

बहुरुपिए ने एक सप्ताह में ही बीरबल को चक्षु-पात्र और मुँह के अन्दर डालनेवाली संरचना के उपयोग करने में माहिर बना दिया। इसके बाद उसने एक विशेष किस्म का जूता बीरबल को दिया जिसके तले की मोटाई नौ इंच थी। इस जूते को पहनकर चलने, टहलने, दौड़ने, उछलने का बीरबल को खूब अभ्यास कराया गया। इसके बाद बीरबल को कन्धे, सीने और पेट को ढँकनेवाला एक विशेष आवरण बाँधकर अपनी सामान्य क्रियाएँ करने का अभ्यास कराया गया। लगभग एक माह के अभ्यास में बीरबल एक नए तरह के आत्मविश्वास से भर चुका था। उसे विश्वास हो चुका था कि वह देव-रूप धारण करने में माहिर हो चुका है। उसके शिक्षक बहुरुपिए ने भी उसे विश्वास दिलाया कि वह अब कभी भी देव-रूप धारण कर किसी को भी चमत्कृत करने की कला में निपुण हो चुका है। इसके बाद उसने बीरबल को आनन-फानन में रूप परिवर्तन करने की दक्षता प्राप्त करने का अभ्यास कराया। डेढ़ माह व्यतीत हो चुके थे। बीरबल अपने अभ्यास से सन्तुष्ट हो चुका था।

एक दिन वह रूप बदलकर देव-वेश में बहुरुपिए के साथ कला प्रदर्शन के लिए निकला। उसने जानबूझकर राजमहल के सामने मजमा लगाया। अनेक दरबारियों ने भी रुककर उसका करतब देखा मगर कोई भी बीरबल को पहचान नहीं पाया।

इस परीक्षण-प्रदर्शन के बाद बहुरुपिए को इच्छित इनाम देकर बीरबल गुपचुप तरीके से अपने घर लौट आया और अपने खुफिया सूत्रों से बादशाह की गतिविधियों पर नजर रखने लगा। घर लौटे उसे महज पाँच दिन हुए थे कि एक दिन उसे सूचना मिली कि बादशाह शिकार के लिए कल प्रस्थान करेंगे।

बीरबल को मालूम था कि बादशाह अकबर किस मौसम में, किस जंगल में शिकार खेलने जाते हैं इसलिए वह रात में ही उस जंगल की ओर प्रस्थान कर गया जिस जंगल की ओर बादशाह के जाने का अनुमान था।

दूसरे दिन बादशाह का काफिला उस जंगल से गुजरा तब काफिले की प्रतीक्षा में छिपा बीरबल भी अपने छुपने के स्थान से बाहर निकला और अपना घोड़ा काफिले के पीछे-पीछे दौड़ाने लगा।

जंगल में एक खुला स्थान देखकर अकबर ने वहाँ पड़ाव डालने का निर्देश दिया। इस खुले स्थान के पार्श्व में ही नदी का एक सोता बह रहा था।

बीरबल ने उसी जलस्रोत के पास अपने घोड़े को ले जाकर एक पेड़ से बाँध दिया और खुद पेड़ पर चढ़कर देव-रूप धारण कर लिया। अब उसे इस बात की चिन्ता न रही कि कोई उसे पहचान लेगा। उसका कद अपनी वास्तविक लम्बाई से नौ इंच अधिक हो चुका था। कन्धे चौड़े, गठे हुए और बलिष्ठ प्रकट हो रहे थे। शरीर की लम्बाई और चौड़ाई के अनुपात में उसकी जाँघें भी मांसल, गठी हुई और बलिष्ठ लग रही थीं। चक्षु-पात्र और मुख-संरचना ने उसके चेहरे को आश्चर्यजनक रूप से बदल दिया था। बीरबल ने तय किया कि वह नदी के स्रोत के किनारे ही किसी पेड़ पर बैठकर बादशाह अकबर के आने की प्रतीक्षा करेगा। उसे विश्वास था कि अकबर पानी पीने के लिए अथवा स्नान करने के लिए नदी के पास अवश्य आएँगे।

मगर उस दिन बीरबल को पूरी तरह निराश होना पड़ा। अकबर का काफिला पूरी तैयारी से शिकार के लिए आया था, इसलिए उनके पास उस दिन के लिए भोजन भी था और मश्क में लाया गया पानी भी। उस दिन अकबर के काफिले ने डेरा डालने के बाद विश्राम किया।

बीरबल भी पूरी तैयारी से जंगल में आया था। सच कहा जाए तो उसकी तैयारी डेढ़ महीने से जारी थी। इसलिए उसे भी भोजन के लिए इधर-उधर नहीं भटकना पड़ा। उसके झोले में पर्याप्त मात्रा में सूखे मेवे थे जिन्हें खाकर बीरबल ने नदी में पानी पीया।

दूसरे दिन अकबर अपने काफिले के साथ शिकार करने निकले। बीरबल भी काफिले से थोड़ी दूरी बनाकर, अपने घोड़े पर सवार, चल रहा था। एक हिरण अकबर के काफिले के सामने से कुलाँचें भरता हुआ निकल गया। अकबर ने अपना घोड़ा उस हिरण के पीछे लगा दिया। धीरे-धीरे वह अपने काफिले से दूर होता गया और थोड़ी ही देर में काफिला उनकी आँखों से ओझल हो गया। इस समय अकबर को अपने काफिले की चिन्ता नहीं थी। यह पहले से ही तय था कि काफिले का कोई भी सदस्य कहीं रास्ते में भटक जाए तो काफिले की तलाश करने की बजाय वह पड़ाव के स्थान तक पहुँचने का प्रयास करे।

हिरण और अकबर के बीच आँख-मिचौली चलती रही। हिरण का पीछा करते-करते अकबर एक नदी के किनारे पहुँच चुके थे। नदी के किनारे पहुँचने के बाद हिरण वहाँ जंगली घास की घनी झाड़ियों में जा छिपा और अकबर थके-हारे से, पसीने से लथपथ नदी के किनारे खड़े थे। हिरण का पीछा करते-करते अकबर इतने थक चुके थे कि अपने घोड़े से उतरकर, पेड़ों की छाया में नरम घास पर बैठकर विश्राम करने लगे।

इस बीच बीरबल ने अपने घोड़े को एक पेड़ से बाँध दिया और खुद नदी के किनारे एक कदम्ब के पेड़ पर जा बैठा। वह उस समय भी देव-वेश में था। नौ इंच की तले वाली उसकी जूती में स्प्रिंग लगे हुए थे जिसकी सहायता से वह ऊँची छलाँग लगा सकता था। पेड़ पर चढ़ने के लिए उसने इसी तरकीब का इस्तेमाल किया था और पलक झपकते ही पेड़ की डाली पर जा बैठा था। थोड़ी प्रतीक्षा बीरबल को अवश्य करनी पड़ी। अन्ततः अकबर अपनी थकान मिटाकर नदी के किनारे पहुँचे और अपने कपड़े उतारकर अधोवस्त्र में ही नदी में स्नान करने के लिए उतर गए। बीरबल के लिए यह अच्छा अवसर था। उसने पेड़ से छलाँग लगाई और अकबर के कपड़े उठाकर फिर पेड़ पर जा बैठा।

स्नान करने के बाद अकबर जब नदी से बाहर निकले तब वह यह देखकर दंग रह गए कि उनके कपड़े गायब हैं। उन्होंने नदी के किनारे दाएँ-बाएँ हर तरफ दृष्टि डाली मगर उन्हें कहीं भी कपड़े नहीं दिखे। तभी अकबर ने सुना–"तुम जैसे व्यक्ति को नंगा नहीं रहना चाहिए।"

अकबर समझ नहीं पाए कि यह आवाज कहाँ से आई है। उन्होंने चारों ओर दृष्टि घुमाई और किसी को भी न पाकर समझा कि उनका भ्रम था।

अभी दो पल भी नहीं बीते थे कि अकबर ने फिर सुनी–वही गुँजीली आवाज–"प्रजा के पैसों से तिलस्मी महल बनानेवाले बादशाह! आज तुम्हें तुम्हारे दम्भ की सजा भोगनी ही होगी।"

अकबर ने जैसे ही यह आवाज सुनी, उनके रोंगटे खड़े हो गए। उनके शरीर से, भय की वजह से, ठंडा पसीना निकलने लगा। भयभीत अकबर ने अपने चारों तरफ देखा–उन्हें कोई नजर नहीं आया। डर के मारे अकबर मन-ही-मन अपने खुदा को याद कर कलमा पढ़ने लगे।

मगर तभी उन्हें अपने पीछे से आवाज आती सुनाई पड़ी–"अरे ओ भीरु! इधर-उधर क्या देखता है! मैं दो क्षण में तुम्हारे सम्मुख उपस्थित होता हूँ!"

अकबर की आँखें विस्मय से फैल गईं। उन्होंने देखा उनके सामने से एक देव लम्बे डग भरता हुआ चला आ रहा है। चौड़े स्कन्ध, बलवान भुजाओंवाले इस देव के नेत्र खुले थे, आँखें उबल-सी रही थीं और आँखों की सुर्खी से ऐसा प्रतीत हो रहा था कि आँखों में शोले दहक रहे हैं।

अकबर ने अपने जीवन में न तो इस तरह डग भरनेवाले को देखा था और न ही इतने बलिष्ठ से दिखने वाले मानव को। वह दहशत में डूबे थे और पलक झपकते ही वह देव-मानव अकबर के सम्मुख था।

अकबर डर के मारे थर-थर काँप रहे थे। उनके सामने खड़े देव ने उनसे गुँजीली आवाज में पूछा–"बहुत घमंड है तुम्हें अपनी शाही सेना पर? प्रजा नों के दुख-दर्द बाँटने की बजाय उनका खून पीकर साम्राज्य विस्तार में लगे हो! अभी मैं तुम्हें तुम्हारी वास्तविक ताकत का अहसास करा रहा हूँ...जिस पल चाहूँ, तुम्हें मच्छर की तरह मसल दूँ।"

अकबर ने देव के सामने हाथ जोड़ लिये और गिड़गिड़ाते हुए कहा–"देव! मुझे क्षमा करो। मैं अज्ञानी मानव हूँ। हो सकता है, मुझसे कोई भूल हो गई हो। मगर आप चाहें तो मैं अपनी भूल सुधार लूँगा।"

"इसके अलावा तुम्हारे पास कोई दूसरा विकल्प नहीं है अकबर! तुम्हें अपनी प्रजा के लिए खुद को बदलना ही होगा। जिस तरह तुम अपने महल के साज-शृंगार में लगे रहते हो, उसी तरह अब अपनी प्रजा के दुखों के निवारण में लगो। उनके लिए पेयजल की व्यवस्था करो। जिन गाँवों में पानी की सुविधा नहीं है, वहाँ तालाब खुदवाओ। औषधि और उपचार के इन्तजाम करो। बादशाह होने का केवल यह मतलब नहीं है कि प्रजा से लगान वसूलो और खुद ऐश करो।" देव ने अकबर से कहा।

अकबर ने देव के पैर पकड़ लिये और उसे विश्वास दिलाया कि वह अपनी प्रजा के सुख के लिए भी उसी तरह तत्पर रहेंगे जिस तरह अपने सुखों के इन्तजाम के लिए तत्पर रहते हैं।

इसके बाद देव ने उन्हें अभयदान देते हुए कहा–"मैं अब अपने लोक जा रहा हूँ, तुम्हें कदम्ब के पेड़ पर अपने वस्त्र मिल जाएँगे। लेकिन याद रखना! यदि तुमने प्रजा के हितों की अनदेखी की तो जिस तरह आज इस सन्नाटे में नंगे खड़े रहे उसी तरह सार्वजनिक स्थान पर मैं तुम्हें नंगा खड़ा कर दूँगा...यह दंड किसी भी बादशाह के लिए सर्वाधिक कड़ा दंड साबित होगा।"

इसके बाद देव वहाँ से लम्बे डग भरता हुआ घासों की झाड़ियों में देखते-ही-देखते विलीन हो गया।

देव के चले जाने के बाद भी अकबर साँसत में पड़े रहे। भय का संचार अभी भी उनके शरीर में हो रहा था। मन विचलित था। उन्हें लग रहा था कि वाकई वे ऐशो-आराम में खोए रहे हैं। अपने लिए तो आकर्षक और सर्व सुविधा-सम्पन्न भवन का निर्माण उन्होंने कराया है मगर प्रजा के लिए अब तक ऐसा कोई ठोस काम नहीं किया है जिसके कारण किसी बादशाह के प्रति लोग सम्मान का भाव रखते हैं। पश्चात्ताप, ग्लानि और भय का मिला-जुला भाव अकबर में मौजूद था। इसी तरह संशययुक्त मन से अकबर कदम्ब के पेड़ के पास गए तो पाया कि उसकी डाली पर उनके वस्त्र रखे हैं। पेड़ से उन्होंने वस्त्र उतारे और उन्हें पहनकर अपने काफिले की ओर चल पड़े।

काफिले से मिल जाने के बाद उन्होंने बेहद थके मन से शिकार का कार्यक्रम रद्द करने की घोषणा की और रात्रि विश्राम के बाद सुबह ही राजधानी की ओर कूच करने का ऐलान कर दिया।

किसी की भी समझ में नहीं आया कि अकबर ने अचानक अपने कार्यक्रम को रद्‌द क्यों कर दिया। मगर किसी में भी इतनी हिम्मत नहीं थी कि बादशाह से पूछे कि शिकार का कार्यक्रम क्यों रद्‌द किया गया।

किसी तरह रात बीती। सबेरा हुआ। अकबर के निर्देश पर खेमा उखड़ा और काफिला राजधानी की ओर कूच कर गया।

राजधानी पहुँचकर अकबर सीधे दरबार में गए और वहाँ राजकाज में व्यस्त हो गए। उनके कारिन्दों ने बादशाह में एक अजीब तरह का परिवर्तन देखा। बादशाह प्रजाहित से जुड़ी छोटी-से-छोटी बातों में अपनी रुचि दिखा रहे थे। आम दरबारियों ने भी बादशाह में आए इस बदलाव को महसूस किया। अकबर में आए इस परिवर्तन से उनकी दिनचर्या भी बदल गई थी। वे दरबार में जल्दी आते और देर तक रहते। स्वयं परियोजनाओं का निरीक्षण करने निकल जाते। ऐसा कुछ दिनों तक चला। बादशाह का मन अब धीरे-धीरे सामान्य होने लगा। प्रजाहित में उन्होंने अनेक महत्त्वपूर्ण कार्य प्रारम्भ कराए थे जिसके कारण उन्हें आम लोग भी 'प्रजापालक' बादशाह की संज्ञा देने लगे थे।

एक दिन बीरबल को देखकर बादशाह अकबर का मन उसे छेड़ने के लिए बेताब हो उठा और जब वे अपनी इच्छा दबाए नहीं रह सके तो उन्होंने कह ही दिया–"बीरबल! ताखे पर का सेब।"

बीरबल इस बार झेंपा नहीं, जवाब दिया–"जहाँपनाह! नदी किनारे का देव।"

बीरबल के मुँह से यह पंक्ति निकली ही थी कि अकबर आँखें फाड़कर बीरबल की ओर देखने लगे।

न्यायकर्ता की बहाली

अकबर के साम्राज्य का विस्तार हो चुका था। अनेक रजवाड़ों ने अकबर को अपना शासक, अपना बादशाह मान लिया था और उन्हें लगान देना स्वीकार कर चुके थे। अकबर का दिल्ली दरबार मशहूर हो चुका था। बीरबल के कारनामों की गूँज अकबर के शासन-क्षेत्र के हर हिस्से में पहुँच चुकी थी। युद्ध का दौर समाप्त हो जाने के बाद हर ओर शान्ति का आलम था। लोग अमन-पसन्द हो चुके थे। युद्ध की विभीषिका देख लेने के बाद शान्ति की अहमियत हर जगह स्वीकार की जा रही थी।

ऐसे ही समय में राजधानी के निकट के एक गाँव देवीपुर में शमशेर नामक एक किसान अपने परिजनों के साथ कुछ दिनों के लिए गाँव से बाहर जा रहा था। शमशेर को चिन्ता थी कि उसके पीछे उसके घर-बार, जायदाद की रक्षा कैसे होगी!

शमशेर की पत्नी ने उसे सुझाया—"चिन्ता क्यों करते हो? पड़ोस में जो सुलेमान भाई हैं उनके पास हम लोग अपनी सभी मूल्यवान चीजें छोड़ जाएँगे। लौटेंगे तो उनसे ले लेंगे। रही बात घर और जमीन की तो इन्हें कोई चुरा ही नहीं सकता।"

दूसरे दिन पत्नी की सलाह पर शमशेर आखिर सुलेमान के घर गया। जब उसने कुछ महीनों के लिए गाँव से बाहर जाने के कारण सुलेमान के पास अपने घर की कीमती वस्तुएँ रख जाने की बात कही तो सुलेमान ने शमशेर के सामने उदारता दिखाते हुए कहा—"अरे शमशेर भाई! तुम बेकार चिन्ता करते हो। यह तो पड़ोसी का धर्म है कि पड़ोसी के काम आए। भला इसमें इतने सोच-विचार की जरूरत ही क्या है? तुम जो चाहो रख जाओ, जब तक चाहो पड़ा रहने दो और जब चाहो ले जाओ। मुझे भला इसमें क्या एतराज है?"

सुलेमान का ऐसा जवाब सुनकर शमशेर का हौसला बुलन्द हुआ। उसने अपने घर के सभी कीमती सामान और पत्नी के जेवर एक बक्से में बन्द करके सुलेमान के घर पहुँचा दिए। हालाँकि ऐसा करते समय उसका दिल धड़क रहा था। वह सोच रहा था कि बक्से में पूर्वजों से चली आ रही शताधिक गिन्नियाँ भी हैं। यदि सुलेमान के मन में बेईमानी आ गई तो वह इन गिन्नियों को हड़प ले सकता है। पत्नी के जेवर की उसे उतनी चिन्ता नहीं थी क्योंकि उसे विश्वास था कि यदि सुलेमान ने जेवर हड़प भी लिये तो वह उसे बनवा लेगा।

शमशेर को गहन चिन्ता में डूबा देख उसकी पत्नी ने पूछा–"क्या बात है? कीमती सामान तो अब सुलेमान भाई की निगरानी में है, गाँव से निकलते समय भी तुम रोनी सूरत बनाए हुए हो! हम लोग यात्रा पर निकल रहे हैं, खुश-खुश निकलेंगे तो हर जगह खुशी हासिल होगी।"

पत्नी की बात सुनकर शमशेर बोला–"कहती तो तुम ठीक हो मगर क्या करूँ, बार-बार मन में खयाल आता है कि यदि सुलेमान के मन में बेईमानी आ गई तब क्या होगा?"

"तब क्या होगा? यह तो मैं जानती नहीं, मगर इतना जानती हूँ कि अल्लाहताला पर भरोसा रखो–जो होगा, अच्छा होगा। यदि सुलेमान की नीयत भी खराब हुई तो अल्लाहताला उसे ठीक करेगा।" शमशेर की पत्नी ने कहा।

उसके इस दिलासे पर शमशेर सहज हो पाया और उसकी यात्रा आरम्भ हो सकी।

उनके जाते समय सुलेमान और उसकी पत्नी ने उन्हें विदा करते समय उनके सकुशल लौट आने की कामना की जिसे सुनकर शमशेर ने मन-ही-मन खुद को कोसा–छीः, मैं भी कितना ओछा आदमी हूँ! इतने अच्छे पड़ोसी की नीयत पर सन्देह कर रहा था...।

कुछ देर के बाद शमशेर की पत्नी ने भी शमशेर से कहा–"देखा आपने, सुलेमान भाई और उनकी पत्नी किस कदर हमारी सकुशल वापसी की कामना कर रहे थे! ऐसे अच्छे पड़ोसी तो खुदा करे कि सबको मिले।"

"हाँ, तुम ठीक कहती हो!" इस तरह बातचीत करते हुए शमशेर सपरिवार अपने गन्तव्य की यात्रा करता रहा।

यह संयोग की बात थी कि जिस उद्देश्य से वह घर-बार छोड़कर लम्बी यात्रा पर सपरिवार निकला था, उस उद्देश्य की पूर्ति में थोड़ी बाधा थी। बात हर बार अगले हफ्ते या अगले महीने पर टल जाती थी और इस तरह शमशेर अपने निश्चित समय पर देवीपुर नहीं लौट पाया।

इस बीच सुलेमान अपनी दिनचर्या में लगा हुआ था। उसे न तो शमशेर की याद आई, न उसके परिवार की।

एक दिन सुलेमान की पत्नी अपने घर की सफाई में व्यस्त थी तब उसने शमशेर के बक्से की भी झाड़-पोंछ की। बक्से की झाड़-पोंछ करते समय उसने बक्से को जरा-सा खिसकाकर ठीक जगह पर रखने की कोशिश की तो उसे लगा कि बक्सा बहुत भारी है।

रात को उसने अपने पति सुलेमान से कहा—"अजी, ये जो शमशेर भाई अपने परिवार के साथ परदेस गए, उनका तो अता-पता ही नहीं है। उन्हें तो अब तक आ जाना चाहिए था।"

"अरे हाँ, उसे आ तो जाना चाहिए था...पता नहीं कहाँ गया है और किन परिस्थितियों में है!" सुलेमान ने कहा।

"कहीं उनके साथ कोई दुर्घटना न हुई हो!" सुलेमान की पत्नी ने शंका जताई।

"नहीं, नहीं, ऐसा न सोचो। विलम्ब के कुछ और कारण भी तो हो सकते हैं।" सुलेमान ने कहा।

"जानते हो, वे लोग जो बक्सा रख गए हैं, उसमें न जाने क्या-क्या रखा हुआ है! आज जब सफाई करते समय मैंने वह बक्सा सरकाना चाहा तो लगा कि वह बहुत भारी है। जरूर उस बक्से में बहुमूल्य चीजें भरी हुई हैं।" सुलेमान की पत्नी ने कहा।

"मैं नहीं जानता कि बक्से में क्या है। पड़ा रहने दो...क्या करना है जानकर कि उस बक्से में क्या है?...जिसका है वह उसे ले ही जाएगा।" सुलेमान ने कहा।

इस तरह कुछ दिन और बीत गए। सुलेमान की पत्नी जब भी घर की सफाई करती उसके मन में सवाल उठता—इस बक्से में क्या है? और वह सुलेमान से कहती—'जरूर इस बक्से में बेशकीमती चीजें भरी पड़ी हैं।' सुलेमान हमेशा की तरह 'पड़ा रहने दो' कहकर पत्नी की आशंकाओं को

नजरअन्दाज कर देता।...लेकिन धीरे-धीरे सुलेमान के मन में उस बक्से के प्रति मोह पैदा हो गया।

लगभग साल भर का समय परदेस में बिताकर शमशेर सिंह का परिवार वापस देवीपुर चला आया। जिस दिन शमशेर सिंह आया उस दिन ही उसने सुलेमान से भेंट की। दोनों पड़ोसियों के बीच दुआ-सलाम हुआ। फिर दोनों अपने-अपने काम में लग गए।

शमशेर सिंह की पत्नी घर की सफाई में लग गई। एक हफ्ते तक घर को व्यवस्थित करने में शमशेर अपनी पत्नी का हाथ बँटाता रहा।

जब घर पूरी तरह व्यवस्थित हो गया तब शमशेर सिंह की पत्नी ने पति से कहा–''अब जाओ और सुलेमान भाई से अपना बक्सा माँगकर ले आओ।''

शमशेर अपना बक्सा लेने जब सुलेमान के पास पहुँचा तब सुलेमान ने बनावटी आश्चर्य दिखाते हुए कहा–''कौन सा बक्सा? मुझे तो तुमने कोई बक्सा ही नहीं दिया?''

शमशेर ने सुलेमान को याद दिलाया–''परदेस जाने से पहले मैंने तुम्हें बक्सा सौंपा था...याद करो।''

''कैसे याद करूँ? याद तो तब करूँ जब तुमने बक्सा सौंपा हो!'' सुलेमान ने शमशेर को टका-सा जवाब दिया और गुस्साया–''जाओ भाई! अपनी राह लो! अब फिर तुमने बक्से की बात की तो मैं तुम्हारा सिर फोड़ दूँगा।''

इस धमकी के बाद कुछ भी कहने-सुनने की गुंजाइश नहीं रह गई थी। शमशेर सिंह वहाँ से मुँह लटकाए वापस लौट आया।

अपने पति का हताश चेहरा देखकर शमशेर सिंह की पत्नी को यह तो समझ में आ गया कि कुछ गड़बड़ है। मगर क्या, यह समझ में नहीं आया। उसने पूछा–''क्या हुआ?''

''होना क्या था, सुलेमान के मन में लोभ समा गया है! वह कह रहा है कि हमने उसे कोई बक्सा दिया ही नहीं...।''

''या अल्लाह!'' शमशेर की पत्नी ने अपने कलेजे पर हाथ रख लिया। उसने विलाप करते हुए कहा–''तुम्हें ठीक ही सुलेमान की नीयत

पर पहले से ही सन्देह था। मेरी ही मति मारी गई थी कि मैं उसे अच्छा पड़ोसी मानकर उसके पास अपना सब कुछ छोड़ने के लिए बाध्य करती रही... ।"

शमशेर ने धैर्य से काम लेते हुए कहा—"देखो! अभी विलाप करने का समय नहीं है। अभी तो यह सोचना है कि सुलेमान के पंजे से अपना असबाब कैसे वापस आएगा!"

दोनों पति-पत्नी विचार करते रहे, अन्ततः उन्होंने तय किया कि राजधानी जाकर अकबर के खास दीवान बीरबल से इस मामले में मदद की गुहार लगाई जाए। बीरबल का खयाल आते ही वे दोनों खुशी से उछल गए। उन्हें विश्वास था कि बीरबल ने यदि मदद करना स्वीकार लिया तो सुलेमान खुद उनका बक्सा लौटा जाएगा।

इसी विश्वास के साथ शमशेर और उसकी पत्नी पैदल ही चलते हुए राजधानी आ गए और पता लगाते हुए बीरबल के घर पहुँचे। बिना खाए-पीए लगातार चलते रहने के कारण थकान से उनका बुरा हाल था।

जिस वक्त वे दोनों बीरबल के दरवाजे पर पहुँचे उस समय शमशेर थककर बीरबल के घर के दरवाजे पर गिर पड़ा और बेहोश हो गया। शमशेर की पत्नी घबराई हुई नजरों से मदद के लिए इधर-उधर देख रही थी। तभी दिखाई दिया, बीरबल दरबार जाने के लिए घर से बाहर आ रहा था। अपने दरवाजे पर बेहोश शमशेर और उसकी पत्नी को देखकर बीरबल ने पहले तो पानी के छींटे मारकर शमशेर को होश में लाने का प्रयास किया। जब शमशेर को होश आ गया तब उसने उनके आने का कारण पूछा।

शमशेर और उसकी पत्नी ने बीरबल को अपने पड़ोसी की करतूत बताई और साथ ही यह भी कहा कि वे दोनों इस अटूट आस्था के साथ उनके पास आए हैं कि बीरबल उन्हें उनका असबाब सुलेमान से अवश्य वापस दिलाएँगे। यह सुनते ही बीरबल गम्भीर हो उठा। लोगों का जो उस पर विश्वास है—यही तो उसकी ताकत है और उसने हमेशा इसी बल पर न्याय किया है। यह सोचते हुए बीरबल ने उन्हें आश्वस्त किया कि उन्हें दो दिनों में अपना असबाब वापस मिल जाएगा। उन दोनों को भोजन कराने के बाद बीरबल ने उन्हें विदा कर दिया।

उस दिन बीरबल देर से दरबार में पहुँचा और अकबर से दो दिनों के लिए बाहर जाने की इजाजत माँगी।

इजाजत मिलने के बाद वह घोड़े पर सवार होकर देवीपुर गाँव की ओर चल पड़ा।

रास्ते में उसे शमशेर और उसकी पत्नी मिल गए। दोनों पैदल ही अपने गाँव जा रहे थे। बीरबल ने रुककर उनसे कहा–"तुम लोग यहाँ से सीधे सुलेमान के घर जाओ और उससे कहना कि यदि वह तुम्हें तुम्हारा असबाब नहीं लौटाएगा तब तुम उसकी बेईमानी की कहानी अकबर के दरबार के दीवान बीरबल यानी मुझको सुनाकर फरियाद करोगे।"

यह कहकर वहाँ से तेजी से घोड़ा दौड़ाता हुआ बीरबल देवीपुर गाँव में पहुँचा और सुलेमान का पता लगाते हुए उसके पास जा पहुँचा। उसने सुलेमान को बताया कि वह अकबर के दरबार का दीवान है बीरबल। बादशाह ने उसे अविलम्ब एक ऐसे न्यायकर्ता की नियुक्ति के लिए कहा है जो छोटे-मोटे घरेलू झगड़ों, पड़ोसियों के विवाद आदि का शीघ्र निपटारा कर सके।

सुलेमान चकित भाव से अपने दरवाजे पर बादशाह के दरबार के नामी दीवान को देख रहा था। उसे कुछ भी समझ में नहीं आ रहा था कि वह बोले भी तो क्या बोले!

बीरबल ने आगे कहा–"न्यायकर्ता की नियुक्ति बहुत आसान काम नहीं है। इसके लिए ईमानदार आदमी की जरूरत होती है। मुझे पता चला है कि देवीपुर गाँव में सुलेमान नाम का एक ईमानदार आदमी रहता है जिसने जीवन के कठिन दिनों में भी किसी का कुछ लिया नहीं। मुझे ऐसे ही आदमी की तलाश थी इसीलिए मैं तुम्हारे पास आया हूँ।"

सुलेमान ने किसी तरह अपना साहस बटोरा और बीरबल की खूब आवभगत की।

बीरबल ने उसे बताया–"न्यायकर्ता को मासिक पगार के रूप में सौ स्वर्ण-मुद्राएँ, राजदरबार के पास रहने के लिए भवन, बावर्ची, नौकर-चाकर आदि शासन की ओर से मिलेंगे।"

सुलेमान यह सब सुनकर अपनी बदलती तकदीर पर विश्वास नहीं कर पा रहा था।

बीरबल ने सुलेमान से कहा–"मेरे यहाँ खुद आने का मकसद यह था कि मैं तुम्हें देखकर परख लूँ कि जैसा कुछ मैंने तुम्हारे विषय में सुना है, वैसे तुम हो या नहीं! अब मुझे तसल्ली हुई है कि तुम न्यायकर्ता के पद के सर्वथा योग्य हो और मैंने तुम्हारे बारे में जो कुछ भी सुना है, वह ठीक ही सुना है।"

ऐसा कहकर बीरबल वहाँ से चला गया।

दूसरे दिन सुबह शमशेर अपनी पत्नी के साथ राजधानी से देवीपुर लौटा और सीधे सुलेमान के घर पहुँचकर उसका द्वार खटखटाया।

सुलेमान ने दरवाजा खोला और सामने शमशेर और उसकी पत्नी को देखकर मानो उस पर बिजली गिरी।

शमशेर ने सुलेमान से कहा–''सुलेमान भाई, एक अच्छे पड़ोसी के नाते मैं अपना असबाब तुम्हें सौंप गया था। अब तुम भी अच्छे पड़ोसी की तरह मुझे मेरा सामान वापस कर दो, नहीं तो मैं अकबर के दरबार के दीवान बीरबल के पास जाकर न्याय की गुहार लगाऊँगा। मैं ऐसा तुम्हें बताए बिना भी कर सकता था किन्तु मैं तुम्हारा अच्छा पड़ोसी बना रहना चाहता हूँ इसलिए तुम्हें यह आखिरी मौका देने आया हूँ।''

पहले तो सुलेमान की इच्छा हुई कि वह शमशेर को फटकारकर भगा दे लेकिन जब उसने शमशेर की वह धमकी सुनी कि वह बीरबल से शिकायत कर देगा तब जैसे उसके होश उड़ गए। एक दिन बाद ही उसे बीरबल ने न्यायकर्ता के पद पर नियुक्ति के लिए बुलाया है...न्यायकर्ता बनते ही पैसों की उसे कमी नहीं रहेगी...मान-सम्मान-पैसा सब कुछ होगा उसके पास... और इस शमशेर के बक्से में होगा भी क्या–दो-चार जेवर होंगे–दो-चार साड़ियाँ और क्या? वह अपने घर में गया और बक्सा उठाकर ले आया।

शमशेर और उसकी पत्नी चकित रह गए। यह सुलेमान अचानक कैसे बदल गया! अभी वे यह सोच ही रहे थे कि सुलेमान ने हँसते हुए कहा– ''तुम लोगों ने तो समझ लिया होगा कि सुलेमान ने गच्चा दे दिया और मैं यह देखना चाह रहा था कि तुम मेरे खिलाफ क्या करते हो! मुझे यह देखकर खुशी हुई कि तुम लोग अन्त तक अच्छे पड़ोसी बने रहे।''

शमशेर अपनी पत्नी के साथ सुलेमान के घर से यह सोचते हुए लौटा कि बेकार ही एक भले आदमी पर उसने सन्देह किया, क्योंकि उसे बीरबल के देवीपुर आने के बारे में कोई जानकारी नहीं थी।

दूसरे दिन न्यायकर्ता पद के लिए जब सुलेमान दिल्ली दरबार पहुँचकर बीरबल से मिला तब बीरबल ने उसे बताया कि न्यायकर्ता पद पर बहाली अब अगले साल होगी। उसने सुलेमान को अपनी न्यायपूर्ण जीवन शैली बनाए रखने की सलाह देते हुए भरोसा दिलाया कि जब भी बहाली शुरू होगी, उसे अवश्य बुलाया जाएगा।

सुलेमान की जीवन शैली में न्यायप्रियता आ गई और उसकी प्रतीक्षा बरस-दर-बरस टलती रही, बढ़ती रही।

पत्ते और चावल के दाने

अकबर सभी धर्मों का सम्मान करते थे। उनके पास सभी धर्मों के विद्वान, धर्मशास्त्री, साधु, सन्त, फकीर आते थे। एक बार अकबर के पास एक फकीर आया और उन्हें कुछ हरी पत्तियाँ भेंट कीं। प्रसन्न होकर अकबर ने फकीर को सोने की मोहरें देकर विदा किया। बीरबल वहीं बैठा हुआ था। उसने बादशाह की यह उदारता देखी। उसकी समझ में नहीं आया कि बादशाह ने उस फकीर को इतना सारा धन क्यों दे दिया और वह फकीर उस धन का क्या करेगा?

कुछ दिनों के बाद बादशाह के पास एक साधु आया। बादशाह को उस साधु ने भभूति प्रदान की और थोड़ा-सा अक्षत भी दिया। हिन्दुओं के यहाँ भभूति के रूप में राख का टीका करने का रिवाज है और अक्षत के चावल से भंडार भरा रहने की कामना की जाती है। अकबर को इसके बारे में कोई जानकारी नहीं थी। उन्होंने अनुमान लगाया कि राख देकर इस साधु ने उसकी सल्तनत के क्षार हो जाने की कामना की है। ऐसा सोचकर अकबर ने उस साधु को अपने राज्य से निकाल दिए जाने की आज्ञा दे दी।

संयोग से बीरबल उस दिन भी वहीं बैठा हुआ था। उसने अकबर को उसी समय टोका–"जहाँपनाह! ऐसा अनर्थ मत करिए। आप इस साधु को यही सोचकर राज्य से निकाला दे रहे हैं न कि इसने राख देकर आपके तख्त के विनाश की कामना की है?"

"बिलकुल ठीक! मैंने ऐसा ही समझा।" अकबर ने कहा।

"...और उस दिन हरी पत्तियाँ देनेवाले फकीर को यह सोचकर ही न आपने काफी धन दे दिया कि उसने आपकी सत्ता के फलने-फूलने का आशीर्वाद दिया है?"

"बिलकुल ऐसा ही सोचा था मैंने!" अकबर ने कहा।

"जहाँपनाह! मेरी दृष्टि में फकीर और साधु दोनों ने ही आपको एक सा आशीष दिया है। फकीर ने भी आपको यही आशीष दिया था कि इस हरे पत्ते की तरह तुम्हारी सल्तनत में हर ओर हरियाली छाई रहे।...और इस साधु ने भी चावल देकर आपको यही आशीष दिया कि तुम्हारे राज्य में धन-धान्य की कमी न हो।...और वह भभूति यह बताती है कि एक दिन सब कुछ क्षरित हो जाता है इसलिए भौतिक उपलब्धियों के पीछे भागने के स्थान पर आध्यात्मिक उत्थान का मार्ग अपनाओ जिससे तुम्हारे राज्य की जनता तुम्हारे प्रति आस्था रखे।"

बीरबल का विश्लेषण सुनकर अकबर बहुत प्रसन्न हुए और उन्होंने साधु को ढेर सारा धन देकर विदा किया।

परदेसी को न्याय

रामपुर का एक सम्पन्न किसान दिल्ली घूमने आया हुआ था। उसने अपने रिश्तेदारों से सुन रखा था कि अकबर की बादशाहत में दिल्ली का नूर इतना बढ़ गया है कि उसे हिन्दुस्तान ही नहीं, पूरी दुनिया के उम्दा शहरों में शुमार किया जाता है। दिल्ली पहुँचकर वह दिल्ली की चौड़ी सड़कों और तेज रफ्तार जीवन देखकर चकरा-सा गया। जिसे देखो, वही घोड़े पर सवार है। पालकी और बग्घी से चलनेवालों की भी कमी नहीं। पैदल चलनेवाले गरीब-गुरबा भी अच्छे वस्त्रों में दिखाई पड़ते।

किसान थका हुआ था और उसे भूख भी लगी थी इसलिए वह किसी सराय की तलाश में चला गया और सराय के मालिक से बातें करके एक कमरा किराए पर ले लिया।

उस समय बाहर वाले बरामदे में एक महिला खड़ी थी। उसने किसान को सराय मालिक से बातें करते सुना। उसकी बातें सुनकर उसने अन्दाज लगाया कि यह किसान कुछ बुद्धू किस्म का है और इसके पास पैसे भी हैं। महिला ठगी का धन्धा करती थी। इस किसान के रूप में उसे बिना मेहनत के एक अच्छा शिकार मिल गया था। वह वहीं घात लगाकर बैठ गई।

किसान अपने कमरे में चला गया। कुछ देर थकान मिटाने के बाद वह अपने कमरे से निकला और स्नानागार में जाकर स्नान किया। कपड़े बदलकर कुछ पैसे अपनी धोती में खोंसे और भोजन करने के लिए सराय से बाहर आया।

उसे बाहर निकलता देखकर वह महिला भी अपने स्थान से उठी और उसके पीछे हो ली।

कुछ दूर चलने के बाद वह किसान एक स्थान पर ठमककर खड़ा हो गया और किसी के उधर से गुजरने का इन्तजार करने लगा। देर तक कोई

नहीं आया। वह महिला उसे दूर से देख रही थी। जब उस महिला ने यह भाँप लिया कि वह किसान सम्भवतः वहाँ पर किसी के आने के इन्तजार में खड़ा है तब वह खुद चलकर उसके पास गई और बोली—"क्यों भाई! लगता है, तुम यहाँ परदेसी हो, नहीं तो ऐसी जगह पर खड़े न रहते!"

"हाँ, मैं परदेसी हूँ। यहाँ मैं भोजन करने की जगह तलाश रहा हूँ।" किसान ने कहा।

"लेकिन यह जगह, जहाँ तुम खड़े हो, राहगीरों के लिए सुरक्षित नहीं है। यह इलाका राहजनों से भरा पड़ा है। रोज न जाने कितने राहगीर यहाँ उनके शिकार बन जाते हैं। तुम्हें भोजन ही करना है न? मेरे साथ चलो। मैं सराय के पास रहती हूँ। घर की रोटी खिलाऊँगी। परदेसी हो, यह देखकर तुम पर दया आ गई है। यहाँ हर रोज कोई न कोई हादसा हो जाता है।"

वह व्यक्ति महिला की बात पर विश्वास करके उसके साथ उसके घर चला गया।

महिला ने उसे भोजन कराया और कहा—"तुम चाहो तो कल सुबह भी आकर मेरे पास भोजन कर सकते हो। अगर तुम भोजन करना चाहो तो अभी कुछ पैसे दे जाओ ताकि मैं तुम्हारे लिए चावल, दाल, भाजी आदि खरीदकर मँगवा सकूँ। तुमने देख ही लिया है कि मेरे घर में सामान नहीं है। अकेली औरत हूँ। पति परदेस गया है—कमाने। तुम समझ सकते हो कि मेरे दिन कैसे कट रहे हैं!"

किसान को उस महिला पर दया आ गई। उसने अपनी धोती की खूँट से चाँदी का एक सिक्का निकाला और उस महिला को दे दिया तथा उसके घर से निकलकर सराय में चला आया।

दूसरे दिन स्नान-ध्यान करने के बाद वह उस महिला के घर भोजन करने के लिए चला गया। महिला उसके लिए भोजन तैयार करके रखे हुए थी। किसान को भोजन कराने के बाद महिला ने भी भोजन किया।

बातचीत के दौरान जब महिला को पता चला कि किसान दिल्ली केवल घूमने के उद्देश्य से आया है तब उसने किसान के सामने प्रस्ताव रख दिया कि वह उसे कुछ पैसे दे दे तो वह बदले में उसे दिल्ली के दर्शनीय स्थलों को दिखाने ले जाएगी। उसने किसान को भरोसा दिया कि वह उसे अकबर

के दरबार में भी ले जाएगी जहाँ बीरबल जैसे तेज दिमाग दीवान से वह मिल सकेगा।

अन्धे को क्या चाहिए? दो आँखें! किसान ने चाँदी की दो मुद्राएँ उस महिला को दे दीं और फिर उसके साथ दिल्ली दर्शन के लिए निकल पड़ा।

महिला उस किसान को लेकर जब अकबर के दरबार में पहुँची तब अचानक उसने अपना पैंतरा बदला। उसने किसान के गिरेबान में हाथ डाला और उसे खींचते हुए चीखने लगी–"तू चल! आज मैं तुम्हें सजा दिलाकर रहूँगी। मुझे बेबस औरत समझकर लूट रहे थे न!"

दरबार में खड़े सिपाही तुरन्त हरकत में आ गए। सिपाहियों ने तुरन्त किसान को काबू में कर लिया। महिला छाती पीट-पीटकर कहने लगी–"जिल्लेइलाही! मुझे मेरे जेवर दिलवा दें। इस आदमी ने मुझे बेबस और लाचार समझकर लूट लिया है। इसने मेरे सारे गहने लूट लिये हैं।"

अकबर ने बीरबल को इशारा किया और स्वयं वहाँ से उठ गए।

महिला का विलाप जारी था और बेचारा किसान हक्का-बक्का खड़ा था। सिपाहियों के घेरे में खड़े किसान को कुछ भी समझ में नहीं आ रहा था कि यह महिला अचानक उस पर इस कदर क्यों टूट पड़ी।

बीरबल ने किसान और महिला दोनों पर नजर टिकाई तो उसे लगा कि महिला के रुदन में नाटकीयता अधिक है। किसान उस समय भी निर्बोध शिशु-सा उस महिला को देखे जा रहा था।

बीरबल ने उस महिला से कहा–"अपना विलाप बन्द करो और तुम्हारे साथ जो कुछ भी घटित हुआ है, वह बयान करो।"

बीरबल के आदेश पर महिला शान्त हुई और बीरबल से बोली–"दीवान साहब! कल शाम यह आदमी मुझे सराय के पास मिला। यह भूखा था। मैं सराय के बगलवाले घर में रहती हूँ। इसने मुझसे रोटी माँगी। मुझे इस पर दया आ गई। मैंने इसे रोटी खिलाई। खा चुकने के बाद इसने मुझसे कहा कि आज इसका कोई सगा दिल्ली-दरबार के पास आएगा और इसे कुछ आवश्यक खरीदारी के लिए धन देगा। यदि मैं इसकी खरीदारी करवा दूँ तो यह जिन्दगी भर मेरा अहसानमन्द रहेगा। यह व्यक्ति जब मुझसे ये बातें कह रहा था उस समय यह बार-बार यह भी कह रहा था कि यह परदेसी है और परदेसी की मदद करनी चाहिए। आज सुबह मैं इसके

साथ जब दरबार के सामनेवाले मैदान के पास पहुँची तब इसने एकान्त स्थान पर मेरे जेवर छीन लिए। जब यह वहाँ से भागने लगा तब मैं इसके पीछे दौड़ी। मुझे पीछा करते देखकर न जाने किधर इसने मेरे जेवरों को रूमाल में लपेटकर गुम कर दिया। यह दौड़ते समय रूमाल में जेवर लपेटते हुए तो दिखा मगर अचानक मैंने इसके हाथ से रूमाल गायब पाया। तब मैं इसे पकड़कर हुजूर के दरबार में ले आई। यही मेरी राम-कहानी है हुजूर।''

बीरबल ने महिला का नाटकीय बयान बहुत ध्यान से सुना। फिर उसने एक प्यादे को बुलाकर उससे धीरे से कुछ कहा। प्यादा वहाँ से चला गया।

थोड़ी देर की चुप्पी के बाद बीरबल ने महिला से पूछा–''तुम्हारे जेवर कितने के थे?''

''कम से कम चार-पाँच हजार के तो रहे ही होंगे।'' महिला ने उत्तर दिया।

बीरबल ने जिस प्यादे को कुछ देर पहले बुलाकर कुछ कहा था, वह प्यादा उसी समय पाँच हजार चाँदी के सिक्के की थैली लेकर उस किसान के पास आया और किसान से बोला–''अब दीवान साहब तुम्हें उस महिला को पाँच हजार सिक्के देने को कहेंगे, तुम ये सिक्के बिना कुछ बोले उसे दे देना।''

सिपाहियों से घिरा किसान हतप्रभ-सा था। उसे समझ में नहीं आ रहा था कि क्या हो रहा है। उसने प्यादे से थैली ले ली। प्यादा वहाँ से चला गया।

प्यादे के जाते ही बीरबल ने किसान से डपटते हुए कहा–''तुम्हें शर्म नहीं आती? बेबस महिला को लूटते हो? अभी इस महिला को पाँच हजार दो अन्यथा सजा के भागी बनो।''

किसान के पास गुपचुप तरीके से प्यादा जो थैली दे गया था, उसने वह थैली उस महिला को थमा दी।

बीरबल ने महिला से कहा–''तुम्हें तुम्हारे जेवरों की कीमत मिल गई है। अब तुम यहाँ से जाओ।''

महिला सिक्कों से भरी थैली पाकर फूले नहीं समा रही थी। वह खुशी-खुशी वहाँ से बाहर की ओर चल पड़ी।

महिला जब दरबार से बाहर निकल गई तब बीरबल ने किसान से कहा–"तुम अब यहाँ से दौड़ लगाओ और उस महिला से सिक्कोंवाली थैली छीनकर मुझे दे जाओ...इसी में तेरी भलाई है।"

बीरबल का आदेश पाते ही किसान ने दौड़ लगाई और थोड़ी ही देर में महिला के पास जा पहुँचा। उसने महिला से थैली छीनने की बड़ी कोशिश की मगर महिला उस पर भारी पड़ी। उसने किसान को थप्पड़ और घूँसे मारकर काबू किया और उसे पहले की तरह ही घसीटकर अपने साथ दरबार में ले आई। दरबार में पहुँचकर उसने बीरबल के सामने गुहार लगाई। "हुजूर, दीवान साहब! यह आदमी मुझसे सिक्कों की थैली छीनने की कोशिश कर रहा था इसलिए मैं इसे घसीटकर फिर आपके पास ले आई हूँ।"

"यह तुमसे थैली छीन तो नहीं पाया न?" बीरबल ने पूछा।

महिला गर्व से बोली, "हुजूर! मैं भी दूध-घी पर पली हूँ। इस जैसे दो भी आते तो मुझसे थैली छीन नहीं पाते। मैं भी जीवटवाली औरत हूँ।"

"तो इसने तुमसे जेवर कैसे छीन लिये?" बीरबल ने पूछा।

बीरबल के सवाल से महिला सजग हुई। उसे ध्यान आया कि उसने वैसा बोलकर बड़ी गलती की है।

बीरबल ने कहा–"तुम्हारे नाटकीय विलाप के कारण मुझे पहले ही सन्देह हो गया था। मैंने ही यह थैली इस आदमी को दिलवाई थी और मेरे कहने से ही यह उसे छीनने गया था।"

बीरबल की बातें सुनकर महिला के होश उड़ गए। बीरबल ने सिपाहियों को आदेश दिया–"गिरफ्तार कर लो इस औरत को।"

एक परदेसी को लूटने की कोशिश करने और शाही दरबार को गुमराह करने के आरोप में बीरबल ने महिला को कैदखाने में डलवा दिया और किसान को दरबार से जाने की इजाजत दे दी।

पहरे पर बनिया

एक बार अकबर ने अपने राज्य में तरह-तरह के धन्धे करनेवालों से 'अपनी सुरक्षा आप करो' की नीति के तहत बारी-बारी से बाजार में रात्रि गश्त लगाने तथा अपनी दुकान के अलावा औरों की दुकानों की सुरक्षा करने का आदेश दिया।

अकबर के इस आदेश के पालन में मेहनतकश लुहारों को बहुत मजा आया। सुनारों ने भी रुचि से पहरेदारी की। कुम्हारों ने भी बिना ना-नुकर किए आदेश का पालन किया। बढ़ई तो अपनी बारी आने की प्रतीक्षा आतुरता के साथ करते रहे। जब बनियों को अकबर के आदेश के बारे में जानकारी मिली तब उनके पाँवों के नीचे से जमीन खिसक गई।

बनिए अपनी दुकानों में गद्दे पर मसनद के सहारे दिन भर बैठे रहने के आदी थे। अनाज बेचनेवाले, आढ़त चलानेवाले इन बनियों ने स्वयं कभी मेहनत का काम नहीं किया था। झगड़ा-फसाद से दूर रहने की प्रवृत्ति उनमें जन्मजात थी। ऐसे में बादशाह के हुक्म की तामील कैसे हो, यह उनके सामने एक ज्वलन्त प्रश्न था।

बनिए के जातीय संगठन का प्रधान किसी तरह बीरबल से जाकर मिला। उसने जानकारियाँ हासिल कर ली थीं कि अकबर के दरबार में बीरबल ही एकमात्र ऐसा दरबारी है जो अपनी सूझबूझ से पेचीदा से पेचीदा मसले का हल निकाल लेता है। बीरबल से मिलने पर बनियों के प्रधान ने उसकी खूब प्रशंसा की। उसकी प्रशंसा का आशय समझकर बीरबल मन-ही-मन खूब हँसा। लेकिन बनिए के प्रधान के व्यवहार में शरणागत जैसा भाव था। हठधर्मिता तो कतई नहीं थी। शरण चाहनेवालों के प्रति बीरबल प्रायः उदार भाव अपनाता था इसलिए उसने बनिए के प्रधान से पूछा—"बताओ, तुम मुझसे क्या चाहते हो?"

"कोई ऐसी तरकीब बताइए, दीवान साहब, कि हमें रात को बाजार की पहरेदारी नहीं करनी पड़े। पूरे बाजार में हम चार-पाँच बनिए हैं जो अनाज का थोक व्यवसाय करते हैं। दिन भर गद्दी पर बैठना हमारा काम है। बाजार के सभी बनिए मोटे और थुलथुले हैं। हम सबको पैदल चलने में परेशानी होती है। यदि सचमुच रात्रि पहरे के दौरान कोई चोर आ ही गया तो हम सब बनिए मिलकर भी एक चोर पर काबू नहीं कर पाएँगे। हमें डर है कि कहीं चोर पकड़ने के चक्कर में कोई बनिया ही चोरों के कुचक्र का शिकार न हो जाए। इसलिए, दीवान साहब! हम लोग आपकी शरण में आए हैं। आप चाहें तो हमें पहरेदारी से मुक्ति की युक्ति बता सकते हैं।" बनियों के संगठन के प्रधान ने कहा।

बीरबल को प्रधान की आशंका स्वाभाविक लगी। उसने मन-ही-मन तय कर लिया कि बनियों से पहरेदारी का काम लेना कतई उचित नहीं है। बाजार के लिए सुरक्षा प्रदान करने की जिम्मेदारी शासन-प्रशासन की है। इसलिए ही तो बनिए एवं अन्य दुकानदार 'बाजार शुल्क' अदा करते हैं। ऐसा सोचकर उसने बनियों के प्रधान से पूछा–"यदि तुम लोग रात में पहरे पर जाओ ही नहीं तब क्या हो जाएगा?"

बनियों के सरदार ने कहा–"दीवान साहब! बादशाह के हुक्म के बाद भी पहरे पर नहीं जाने में बनियों का हित नहीं है...कहीं उसी रात किसी दुकान में चोरी हो गई तो बनिए कहीं मुँह दिखाने के काबिल नहीं रहेंगे। दूसरी बात यह कि हमने सुना है कि बादशाह खुद भी वेश बदलकर रात को बाजार का मुआयना करने आते हैं कि रात्रि गश्त की व्यवस्था ठीक ढंग से चल रही है या नहीं।"

"हाँ; बात तो तुम्हारी ठीक है।" बीरबल ने प्रधान से कहा–"फिर ऐसा करो, तुम लोग पाजामा सिर में पगड़ी की तरह बाँधकर केवल चड्डी पहनकर पहरा देने निकलना। पहरा देते समय कहना–अब वक्त आ गया है...देखें कौन पटखनी लगाता है?"

बनिए के सरदार ने बीरबल की गम्भीरता देखकर अनुमान लगा लिया कि जरूर बीरबल के बताए तरीके में ऐसा कोई राज छिपा है जिससे उन्हें पहरेदारी से मुक्ति मिल जाएगी।

जब यह युक्ति बनिए के प्रधान ने अपनी जातीय सभा में रखी तब वह तरह-तरह के सवालों से घिर गया। मगर अन्ततः जातीय सभा ने वैसा ही करने की अनुमति दे दी जैसा बीरबल ने बताया था।

यह निर्णय लेते समय जातीय सभा ने कहा–''यह ठीक है कि हम इस युक्ति के बारे में कुछ भी समझ नहीं पा रहे हैं। मगर हम इस विश्वास के साथ इस पर अमल करेंगे कि बीरबल जैसा मशहूर आदमी हमें कभी गलत सलाह नहीं देगा। आगे ईश्वर की मर्जी!"

उसी रात पहरेदारी के लिए बनियों की बारी आ गई। बीरबल के निर्देश के मुताबिक पाजामा सिर में बाँधकर, अधोवस्त्र पहने हुए बनिए अजीबोगरीब नारा उछालते हुए पहरा देने लगे।

संयोग की बात थी कि उसी रात अकबर यह देखने के लिए बाजार पहुँचे कि उनके निर्देश के मुताबिक पहरेदारी का काम बाजार में हो रहा है या नहीं!

बनियों को चड्डी पहनकर, सिर में पाजामा बाँधे पहरा देते देखकर अकबर चकित रह गए। उन्होंने बनियों के प्रधान को बुलवाकर पूछा– ''यह पहरा देने का कौन-सा तरीका है?''

बनियों के प्रधान ने कहा–''जहाँपनाह! हम अनाज तौलने का तरीका तो जानते हैं, पहरेदारी का नहीं। इसलिए जैसे समझ में आया, वैसे पहरा देने आ गए।''

''...और यह नारा क्यों लगा रहे हो?'' अकबर ने पूछा।

प्रधान ने कहा–''जहाँपनाह! जिन्दगी में हमने एक मच्छर भी नहीं मारा। पहरा देते समय चोरों से सामना होने का डर था इसलिए हमने खूब सोच-समझकर चोरों को डराने के लिए यह नारा बना लिया। हमारा विश्वास है कि चोर हमारे नारे से डर जाएँगे और भाग जाएँगे।''

उसके जवाब से अकबर को हँसी आ गई। हँसते हुए उन्होंने प्रधान से कहा–''अब कल से तुम लोगों को पहरा देने की जरूरत नहीं।''

पहरेदारी से मुक्ति मिल जाने के बाद बनियों ने बीरबल से जाकर भेंट की और अपना आभार जताया।

बीरबल का पाठ

रतनगढ़ के महाराजा का नाम सुजान सिंह था। अपने समय में सुजान सिंह अपनी रियासत की स्वायत्तता अक्षुण्ण बनाए रखने के लिए जाने जाते थे। अकबर जब अपने साम्राज्य विस्तार में लगे थे, तब उनकी नीयत रतनगढ़ को अपने साम्राज्य में मिला लेने की भी हुई थी मगर महाराज सुजान सिंह ने अपने विवेक से अपनी रियासत की स्वायत्तता बचा ली थी।

हुआ यह था कि जब अकबर ने उनके पास विलय का प्रस्ताव भेजा था तब सुजान सिंह ने दूत से कहा था—'सम्राट को जाकर कहना कि शेर का पेट खरगोश के शिकार से नहीं भरता।' अकबर को यह उत्तर पसन्द आया था। इस उत्तर में सुजान सिंह ने खुद को शक्तिहीन और छोटा मानने में कोई कोताही नहीं की थी लेकिन खरगोश की तरह आजाद रहने की इच्छा का संकेत भी दे दिया था। इसलिए अकबर ने रतनगढ़ की तरफ अपनी शाही सेना का रुख कभी नहीं किया। रतनगढ़ के महाराजा सुजान सिंह उनके मित्रों की सूची में स्थान पा गए थे।

सुजान सिंह जैसे-जैसे वृद्ध होते गए, वैसे-वैसे जिद्दी भी होते गए। अकबर से अपनी मित्रता के कारण अन्य रजवाड़ों के प्रति उनकी दृष्टि में परिवर्तन आने लगा। किसी रजवाड़े की छोटी-सी गलती पर वह बिफर जाते। अपनी सेना को हमेशा चाक-चौबन्द रखने में उनकी गहरी रुचि थी। उनका कहना था कि हम किसी पर आक्रमण नहीं करेंगे मगर किसी ने हमें आँख दिखाने की जुर्रत की या हमारी सरहद को समेटने की कोशिश की तो उसे मटियामेट करने में भी नहीं हिचकेंगे। हमेशा भृकुटि ताने रखने के कारण सुजान सिंह के प्रति रतनगढ़ के पड़ोसी राज्यों के शासकों की राय बदलने लगी और वे मानने लगे कि सुजान सिंह एक घमंडी शासक है।

एक बार सुजान सिंह की एक पड़ोसी राजा से ऐसी ठन गई कि नौबत युद्ध की आ गई। सुजान सिंह स्वयं उस युद्ध में कूद पड़े। अन्ततः उनकी जीत हुई मगर युद्ध में उन्हें गहरे घाव लगे थे। सेनापति ने उन्हें युद्धभूमि से घायल अवस्था में राजमहल पहुँचाया। रक्तस्राव नहीं रुकने के कारण सुजान सिंह अचेत हो गए। राजवैद्य ने उसी अचेतावस्था में उनके बाएँ हाथ की विशेष ढंग से चिकित्सा की ताकि वह हाथ काटना न पड़े। सुजान सिंह के बाएँ हाथ में न जाने कैसे भयंकर चोटें आई थीं। उँगलियाँ किसी तेज हथियार के प्रहार के कारण कटकर झूल-सी रही थीं। राजवैद्य ने उनकी क्षत-विक्षत उँगलियों पर टाँके लगाए और ऐसा करने से पूर्व रक्तवाहिनी शिराओं को चिकित्सकीय कुशलता से जोड़ा ताकि उँगलियों में रक्त-प्रवाह सामान्य हो जाए।

सुजान सिंह अचेतावस्था में कई दिनों तक पड़े रहे जिससे उनके परिजनों ने मान लिया कि अब उनका बचना कठिन है। मगर राजवैद्य ने आशा नहीं छोड़ी और उनकी चिकित्सा में लगा रहा। सुबह-शाम, अचेत सुजान सिंह के घावों की सफाई कर उनकी पट्टियाँ बदलना उसका मुख्य काम था। वह उनकी क्षत-विक्षत हथेलियों की मरहम-पट्टी विशेष लगन के साथ करता था। यह उसके लिए एक चिकित्सकीय प्रयोग ही था। इस तरह कटी-फटी हथेली की सिलाई न तो वैद्य ने पहले कभी की थी और न ही इस तरह की क्षत-विक्षित उँगलियों की चिकित्सा की विधि उसने किसी ग्रन्थ में पढ़ी थी। वह जो कुछ भी कर रहा था, अन्तःप्रेरणा से ही कर रहा था।

एक दिन जब वैद्य सुजान सिंह की घायल उँगलियों की सफाई कर रहा था तब उसने उँगलियों में जुम्बिश महसूस की। इसका अर्थ था कि उँगलियों की स्पर्श संवेदना जाग्रत् हो रही है। इसका यह अर्थ भी था कि मृतप्राय हथेली में अब फिर से जीवन का संचार हो रहा है। उँगलियाँ ठीक हो रही हैं। अपने इस निष्कर्ष पर पहुँचने से वैद्य बहुत खुश हुआ। धीरे-धीरे सुजान सिंह के घाव भरने लगे। उनकी चेतना भी लौट आई। अन्ततः स्वस्थ होकर रोग-शैया से उठ बैठे। हाथ के घाव भी भर गए। उँगलियाँ भी फिर से काम करने लगीं। एक दिन सुजान सिंह ने देखा कि बाएँ हाथ की छोटी उँगली का नाखून जड़ से अलग हो रहा है। उन्होंने

वैद्य का ध्यान इस ओर दिलाया। वैद्य ने नाखून में कुछ मरहम आदि लगाया मगर इससे कोई फायदा न हुआ और एक दिन छोटी उँगली से नाखून अलग हो गया।

सुजान सिंह ने वैद्य से कहा–"अपनी खैर चाहते हो तो मेरी छोटी उँगली का नाखून वापस उगाओ।"

वैद्य ने अपनी समस्त जानकारी के मुताबिक सुजान सिंह की छोटी उँगली की चिकित्सा की, मगर नाखून उगा सकने में वह कामयाब नहीं हुआ।...और क्रोधित होकर उसने वैद्य को कैदखाने में डाल दिया। इसके बाद सुजान सिंह ने रतनगढ़ में मुनादी करवा दी कि जो भी चिकित्सक उसकी छोटी उँगली का इलाज करेगा उसे मुँहमाँगा इनाम दिया जाएगा।

रतनगढ़ के कई चिकित्सकों ने प्रयास किया मगर उन्हें भी विफलता मिली और वे भी सुजान सिंह का कोपभाजन बनकर कारावास में पहुँच गए।

रतनगढ़ में बीरबल का एक रिश्तेदार भी चिकित्सक था। उसने भी सुजान सिंह की चिकित्सा की थी मगर एक दिन विफल होकर वह भी जेल की हवा खाने भेज दिया गया था। चिकित्सक की पत्नी साहसी थी। उसने सोचा, बैठे रहने से कोई फायदा नहीं। अपने पति को सुजान सिंह के कारागार से निकलवाने के लिए उसे कुछ न कुछ करना ही होगा। बीरबल के बारे में उसने सुन रखा था कि वह उनका रिश्तेदार है। बीरबल की चतुराई की कहानियाँ भी उसने सुन रखी थीं। उसने अपनी सास से सुन रखा था कि मुश्किल से मुश्किल समस्या का हल बीरबल चुटकी बजाते निकाल लेता है। उसने मन-ही-मन विचार किया कि रतनगढ़ के महाराज की यह जुनूनी हरकत न जाने और किस चिकित्सक पर कहर बरपाएगी। रतनगढ़ में तो अब कोई चिकित्सक ही नहीं बचा...एकाध जो हैं, वे डर के मारे इलाज का काम करना छोड़ चुके हैं। यदि महाराज सुजान सिंह के जुनून को नहीं रोका गया तब रतनगढ़ में किसी के बीमार पड़ने पर बिना इलाज के तिल-तिलकर मरने के अलावा कोई चारा नहीं रहेगा। उसने तय किया कि वह बीरबल से मिलने दिल्ली जाएगी। मन में संशय अवश्य था कि वह कभी घर से बाहर नहीं निकली है लेकिन हालात ऐसे हो चुके हैं कि घर से निकले बिना रहा नहीं जा सकता।

...और एक दिन वह बीरबल से मिलने दिल्ली पहुँच ही गई। बीरबल से मिलना यूँ तो कोई आसान काम नहीं था। मगर दिल्ली दरबार से उसने बीरबल के घर का पता प्राप्त करने में सफलता हासिल कर ली। वह बीरबल के घर पहुँची। बीरबल की पत्नी से मिली और अपना परिचय दिया।

बीरबल की पत्नी भी रिश्तेदारों को अधिक नहीं जानती थी किन्तु इस महिला की समस्या जानकर वह चाहती थी कि उसे बीरबल की मदद मिले। उसका चिकित्सक पति रतनगढ़ के महाराज सुजान सिंह की कैद से मुक्त हो।

बीरबल के घर आने पर उसने रतनगढ़ से एक रिश्तेदार महिला के आने की बात बताई। तब बीरबल ने पूछा—"कहीं चिकित्सक जयदेव की पत्नी की बात तो नहीं कर रही हो तुम?"

"...शायद वही हो। मैंने उससे उसके पति का नाम नहीं पूछा। उसने अपना नाम सावित्री बताया है। बहुत दुखी है बेचारी इसलिए मैंने उससे अधिक पूछताछ नहीं की। अभी थकी-हारी सो रही है। उसकी जैसे भी हो आप मदद करें...रिश्तेदार हो या न हो, वह बड़ी आशा लेकर आपके पास आई है इसलिए मदद की हकदार जरूर है।" बीरबल की पत्नी ने कहा।

बीरबल ने अपनी पत्नी को आश्वासन दिया—"मुझसे जो बन सकेगा, मैं उस महिला के हित में अवश्य करूँगा।"

रात के भोजन के समय उस महिला को जगाया गया। बीरबल की पत्नी ने उससे कहा—''सावित्री बहन! चलो, हाथ-मुँह धो लो, खाना तैयार है।''

"मुझे तो भाई साहब से मिला दो तब ही मेरे मुँह में निवाला जाएगा।'' सावित्री ने कहा।

''जरूर मिलो बहन! वे तो कब से आपके जागने की राह देख रहे हैं।''

बीरबल की पत्नी उस महिला को लेकर बीरबल के पास आई। उसे बैठने का उचित आसन दिया।

बीरबल ने पूछा—''जयदेव भाई के घर से आई हैं?''

''हाँ जी।'' महिला ने सिर हिलाकर हामी भरी। फिर उसने रतनगढ़ के महाराज सुजान सिंह के सिरफिरेपन की सारी कहानी बीरबल को सुनाई और बताया कि उसके पति जयदेव महाराज सुजान सिंह की सनक के कारण जेल में बन्द हैं।

बीरबल ने सावित्री को दिलासा दिया–"आप चिन्ता नहीं करें। जयदेव भाई के साथ ही मैं सभी चिकित्सक बन्दियों को महाराज सुजान सिंह की कारा से मुक्त कराऊँगा। आप निश्चिन्त होकर रतनगढ़ लौटें। जल्दी ही आपको शुभ समाचार सुनने को मिल जाएगा।''

बीरबल ने सावित्री को वापस रतनगढ़ भेजने से पहले उसे एकान्त में ले जाकर कहा–''भाभीजी! रतनगढ़ जाकर मेरा एक काम आप अवश्य करना। वहाँ पहुँचते ही जयदेव भाई से मिलने कारागार में चली जाना। पति से मिलने से आपको कोई रोकेगा नहीं। आप जयदेव भाई से कहना कि वे यह रटकर रखें कि गूलर के फूल को मछली के आँसू में पीसकर तैयार किए गए योग से शरीर के कटे अंग फिर से उग आते हैं। चूँकि यह योग तैयार करना बहुत कठिन है इसलिए चिकित्सक इसके बारे में किसी को कुछ बताते ही नहीं। जयदेव भाई को यह भी कहना कि जेल में बन्द सारे चिकित्सकों को भी यह बात रटा दी जाए।...और जेल में उनसे मछली के आँसू और गूलर के फूल के बारे में कोई भी कुछ पूछे तो पूछनेवाले से वे प्रतिप्रश्न करें–क्या किसी की उँगुली या नाखून को फिर से उगाना है...?"

सावित्री लौट गई।

सावित्री के लौट जाने के बाद बीरबल बादशाह अकबर के पास गया और उनसे एक जरूरी काम से राजधानी से बाहर जाने की आज्ञा माँगी।

अकबर ने बीरबल से पूछा–''कहाँ जा रहे हो?''

बीरबल ने उत्तर दिया–''जहाँपनाह! लौटकर ही बता पाऊँगा।''

''कब तक लौट आओगे?'' अकबर ने पूछा।

''दो-चार दिन भी लग सकते हैं और महीना भी लग सकता है, मगर काम ही कुछ ऐसा है जिसे टाला नहीं जा सकता।'' बीरबल ने कहा।

''फिर तो...जाओ।'' अकबर ने बीरबल को राजधानी से बाहर जाने की इजाजत दे दी।

इसके बाद एक वैद्य का रूप धारण करके बीरबल रतनगढ़ पहुँचा। रतनगढ़ में एक धर्मशाला में वह ठहरा और अपना चिकित्सालय खोलने के लिए उसने मकान खोजने के लिए डुगडुगी पिटवाई–'हिमालय की दुर्लभ

जड़ी-बूटियों के ज्ञाता प्रसिद्ध कविराज बिखलानन्द रतनगढ़ में चिकित्सालय खोलने के लिए एक भवन की तलाश में हैं। जिस किसी सज्जन को अपना भवन चिकित्सालय के लिए किराए पर देने की इच्छा हो वे कविराज से 'रतनगढ़ धर्मशाला' में मिल सकते हैं। कविराज से सुबह और शाम ही मिला जा सकता है।'

किसी चिकित्सक के हिमालय की जड़ी-बूटियों की जानकारी से लैस होकर रतनगढ़ में आने की खबर जब महाराज सुजान सिंह तक पहुँची तब उन्होंने अपने निजी सहायकों को भेजकर बीरबल को राजमहल में बुलवाया। बीरबल को मानो इसी अवसर की प्रतीक्षा थी। वह सुजान सिंह के निजी सहायकों के साथ राजमहल में पहुँच गया।

आशा के अनुरूप ही महाराज सुजान सिंह ने बीरबल को अपने बाएँ हाथ की छोटी उँगली दिखाते हुए पूछा—"वैद्यराज! आप इस उँगली के नाखून फिर से उगा सकते हैं?"

"बहुत अद्भुत है आना नाखून का
फूल गूलर का पीसो, अश्रु मछली में।"

बीरबल ने यूँ ही यह जुमला महाराज सुजान सिंह की तरफ उछाला और महाराज सुजान सिंह की तरफ पूरे विश्वास के साथ देखते हुए कहा—"अवश्य, महाराज! चिकित्सा शास्त्र में कटे अंगों को पैदा करने के लिए तरह-तरह के योग बनाने के तरीके दिए गए हैं। मैं आपकी इस उँगली में फिर से नाखून उगा सकता हूँ यदि मुझे योग निर्माण के लिए आवश्यक सामग्री मिल जाए। रतनगढ़ मेरे लिए नई जगह है। मैं न तो यहाँ किसी को जानता हूँ और न मुझे यह पता है कि योग के निर्माण के लिए आवश्यक वस्तुएँ कहाँ मिलेंगी?"

सुजान सिंह ने जब सुना कि उनकी छोटी उँगली में नाखून फिर से उग सकता है तो उनकी खुशी का ठिकाना नहीं रहा। उनके खुश होने का मुख्य कारण यह था कि इससे पहले किसी भी चिकित्सक ने यह स्वीकार नहीं किया था कि वह सुजान सिंह की छोटी उँगली का नाखून फिर से उगा सकता है। खुशी से उछलते हुए सुजान सिंह ने कहा—"कविराज! आप योग के काम आनेवाली वस्तुएँ लिख दें। मैं उन्हें कहीं न कहीं से उपलब्ध करवा दूँगा।"

बीरबल ने सुजान सिंह का उत्साह देखते हुए कहा—''महाराज! मुझे इस उँगली की दवा बनाने के लिए चार-पाँच चिकित्सकों की मदद की जरूरत पड़ेगी। मैं तो यहाँ किसी को जानता नहीं। आप यदि मेरी मदद करें तो यह काम और भी आसान हो जाएगा और हफ्ता-दस दिनों में आपकी उँगली का नाखून उग आएगा।"

''चार-पाँच चिकित्सक तो क्या, मैं दस चिकित्सक अभी आपकी सेवा में हाजिर करता हूँ।'' महाराज सुजान सिंह ने बीरबल से कहा।

अविलम्ब उन्होंने अपने निजी सहायक को भेजकर कारा में बन्द चिकित्सकों में से दस चिकित्सकों को लेकर आने को कहा।

शाम ढलने से पहले निजी सहायक दस चिकित्सकों के साथ महाराज सुजान सिंह के महल में उपस्थित हो गया।

सुजान सिंह से अब तक बीरबल यही बात करता रहा कि 'जिस विशिष्ट योग की बात वह कर रहा है उसे जाननेवाले चिकित्सक कम हैं। बहुत लगन से जिस किसी ने चिकित्सा की पढ़ाई की होगी वही इन विशिष्ट योगों के बारे में जानता होगा। सौ चिकित्सक में शायद एक चिकित्सक ही ऐसा हो जो इस तरह के योग के बारे में जानता हो।'

चिकित्सकों को लाए जाने पर महाराज सुजान सिंह ने बीरबल से कहा—''वैद्यराज! आप अपने मतलब के चिकित्सक चुन लीजिए।''

बीरबल ने गम्भीरता से उन चिकित्सकों की ओर देखा। सभी चिकित्सक आनेवाले पल के लिए आशंकित प्रतीत हो रहे थे। सबके मन में संशय था कि न जाने आनेवाले पल में यह सिरफिरा राजा उनके लिए कौन-सा फरमान जारी कर दे।

बीरबल ने उनकी तरफ देखते हुए पूछा—''आपमें से मछली के अश्रु और गूलर के फूल के योग के बारे में किसी ने कुछ पढ़ा है?''

सभी चिकित्सकों के मुँह से निकला—''वही योग न जो कटे अंगों को फिर से उगाने के काम आता है?''

''हाँ, वही!'' बीरबल ने कहा।

"हाँ, मैंने इस योग के बारे में पढ़ा है—मछली के आँसू में गूलर के फूल को पीसकर यह योग तैयार किया जाता है।'' एक चिकित्सक ने कहा।

बीरबल ने दूसरे चिकित्सक से पूछा—''आप कोई विशेष बात बताएँगे?"

'यही कि त्वचा और अस्थि पर इस योग का विशेष प्रभाव पड़ता है।" दूसरे चिकित्सक ने कहा।

बीरबल ने तीसरे चिकित्सक की ओर देखा तो वह बोला—"अमावस की रात में पूर्ण विकसित गूलर का फूल तोड़कर उसे छाया में सुखाया जाए और पूर्ण चन्द्र की दीप्ति में उसे मत्स्याश्रु में डुबोकर ताँबे के खरल-मूसल से पीसकर योग बनाया जाए तो उपचार आसान और प्रभावी होता है।"

चौथे चिकित्सक को बोलने के लिए बीरबल ने इशारा किया। उसने कहा—"जहाँ तक मेरी जानकारी है, इस योग में गुग्गुल, समुद्रफेन, मजीठा, सीपी आदि का भी प्रयोग होता है। ये चीजें तो मिल जाती हैं मगर गूलर का फूल मिले तो मत्स्याश्रु नहीं मिलता और मत्स्याश्रु मिल जाए तो गूलर का फूल नहीं मिलता। इसीलिए इस योग को दुर्लभ कोटि का माना गया है।"

बीरबल ने जैसा चाहा था वैसा ही हो रहा था। महाराज सुजान सिंह बीरबल और अन्य चिकित्सकों की बातें बहुत ध्यान से सुन रहे थे। उन्हें आश्चर्य हो रहा था कि जिन चिकित्सकों को नकारा समझकर वह कारागार में बन्द कर चुके हैं, उन्हें दुर्लभ योगों के बारे में भी जानकारी है।

तभी बीरबल ने सुजान सिंह से कहा—"महाराज! आपके पास तो एक से बढ़कर एक जानकार चिकित्सक हैं। अब आप चिन्ता-मुक्त हो जाएँ। मुझे उम्मीद नहीं थी कि यहाँ एक भी जानकार चिकित्सक मिलेगा मगर आपने एक ही जगह चिकित्साशास्त्र की दस विभूतियों को मेरे सामने प्रस्तुत कर दिया। आप धन्य हैं महाराज! अब मुझे यहाँ अपना चिकित्सालय खोलने के लिए पुनर्विचार करना पड़ेगा क्योंकि जहाँ ऐसे जानकार चिकित्सक पहले से मौजूद हों, वहाँ नए चिकित्सक के पास कौन आएगा?"

महाराज सुजान सिंह का चेहरा बीरबल की बातें सुनकर खिल-सा गया और उन्हें ग्लानि भी हुई कि बेकार ही इन चिकित्सकों को उन्होंने कारागार में डाल रखा था।

बीरबल ने सुजान सिंह से कहा—"महाराज! एक तोला मत्स्याश्रु और पाँच नग गूलर के फूल मँगवा लें। शेष सामग्री तो किसी भी परचून की दुकान में मिल जाएगी। कुछ सामग्री तो आपके इन चिकित्साशास्त्रियों के

पास भी होंगी ही। मत्स्याश्रु और गूलर के फूल दुर्लभ भी हैं और महँगे भी इसलिए बड़े से बड़ा चिकित्सक भी उन्हें खरीदकर नहीं सहेजता। हाँ, यदि आप चाहें तो मैं आपके इन चिकित्साशास्त्रियों से धर्मशाला में बैठकर विमर्श करना चाहूँगा।''

''हाँ-हाँ, क्यों नहीं।'' सुजान सिंह ने कहा और बीरबल के साथ उन चिकित्सकों को धर्मशाला भेज दिया।

घंटे-दो घंटे बाद सुजान सिंह ने अपने निजी सचिव के माध्यम से बीरबल के पास सन्देश भेजा कि महाराज की इच्छा है कि कविराज और सारे चिकित्सक अतिथिशाला में रहें तथा महाराज सुजान सिंह का आतिथ्य ग्रहण करें।

बीरबल ने सुजान सिंह के सहयोगी को यह कहकर विदा कर दिया कि तुम चाहो तो सभी चिकित्सकों को ले जाओ। जहाँ तक मेरे जाने की बात है तो मैं नियमों में बँधा हुआ प्राणी हूँ। मैं अब कल सुबह ही यह स्थान छोड़ सकूँगा।

दस चिकित्सकों को महाराज के कारागार से महाराज की अतिथिशाला में स्थानान्तरित कराकर बीरबल ने चैन की साँस ली। अब वह दूसरे दिन के लिए मानसिक तैयारी करने में व्यस्त था।

जैसी कि बीरबल को आशा थी, दूसरे दिन सुबह-सुबह ही सुजान सिंह का निजी सहायक धर्मशाला में आकर उसके दरवाजे के निकट बैठ गया। जब बीरबल की नींद खुली और उसने दरवाजा खोला तो सहायक ने उसे नमस्कार कर महाराज सुजान सिंह का पैगाम दिया–''कविराज जी! आप अभी से महाराज सुजान सिंह के अतिथि हैं। आपके लिए अतिथिशाला का कक्ष सज-धजकर तैयार है। रतनगढ़ का सारा वैभव, सारी वस्तुएँ आप पर निछावर हैं। आपकी जो इच्छा हो, यहाँ आप वो करें। आप पर किसी भी तरह की कोई बन्दिश नहीं है।''

यह पैगाम सुनकर बीरबल ने मन-ही-मन सोचा–यह राजा जरूरत से ज्यादा भावुक है। खुश होता है तो दरियादिली दिखाता है और जब नाराज होता है तब सारी औपचारिकताएँ और व्यवहार भूल जाता है। उसने सहायक से थोड़ी देर प्रतीक्षा करने को कहा और स्वयं स्नान आदि से निवृत्त होकर तैयार होने के लिए चला गया।

अतिथिशाला पहुँचकर बीरबल ने महाराज को सन्देश भेजा कि वह महाराज से मिलकर कुछ बातें करना चाहता है ताकि उनकी चिकित्सा शीघ्र आरम्भ की जा सके।

आशा के अनुरूप ही महाराज सुजान सिंह के महल से शीघ्र ही बीरबल का बुलावा आ गया।

बीरबल ने सुजान सिंह के पास पहुँचकर पहली जिज्ञासा यही की–"महाराज! योग निर्माण के लिए अनिवार्य सामग्री की व्यवस्था हो तो जाएगी!"

बीरबल को आशंकित देखकर सुजान सिंह ने कहा–"पाताल से भी सामग्री निकाली जानी हो तो निकाली जाएगी। अवश्य होगी व्यवस्था। अवश्य!"

इसके बाद बीरबल ने सुजान सिंह के साथ बैठकर उन दस चिकित्सकों की विद्वत्ता का बखान करने लगा। उसने कहा–"महाराज! मेरा भरोसा करें, मैंने तो कभी कल्पना भी नहीं की थी कि मुझे एक साथ इतने सारे विद्वान चिकित्सकों को देखने का अवसर मिलेगा। ये जितने जानकार हैं उतने जानकार चिकित्सक आज के युग में मिलते कहाँ हैं? ये सब तो आपके राज्य ही नहीं बल्कि पूरे विश्व के लिए धरोहर हो सकते हैं। ऐसे विद्वानों को अवश्य आपने राज्य की ओर से विद्याध्ययन की सुविधा दी होगी, नहीं तो किसके माता-पिता में इतनी सामर्थ्य है कि दुर्लभ ग्रन्थों का अध्ययन अपने बच्चों को करवा सकें!"

सुजान सिंह को ये बातें सुनकर गर्व भी हो रहा था और ग्लानि की अनुभूति भी हो रही थी। वह मन-ही-मन पछता रहे थे कि उन्होंने नाहक ही ऐसे योग्य चिकित्सकों को कारावास में डालकर उनका अपमान किया। उन्हें अपने राजवैद्य की भी याद आई...और उनका पछतावा कुछ और बढ़ गया। उन्होंने बीरबल से कहा–"कविराज! हमारे राज्य के राजवैद्य में तो ऐसी कुशलता है कि मरनेवाला भी उनकी दवा खाकर पुनर्जीवित हो उठता है..." उमंग में आकर सुजान सिंह ने यह बात कह तो दी मगर तभी उन्हें याद आया कि राजवैद्य को तो उन्होंने कारागार में बन्द कर रखा है!...अपनी गर्वोक्ति पर सुजान सिंह पछताते हुए सोचने लगे–यदि कविराज ने राजवैद्य से मिलने की इच्छा जाहिर कर दी तो?

सुजान सिंह के मन में यह आशंका आई ही थी कि बीरबल ने सुजान सिंह से कहा–"मैं उनसे मिलना चाहता हूँ महाराज!...और भी आप के राज

में विद्वान चिकित्सक हों तो उनसे भी मेरी भेंट हो जाए। क्या पता, किसी के पास कोई विशेष जानकारी हो जिसका उपयोग योग बनाने में हो जाए!" फिर थोड़ी देर चुप्पी रही और अचानक बीरबल ने कहा–"महाराज, कितना अच्छा हो कि आप अपने राज्य के तमाम चिकित्सकों को अतिथिशाला में ही आमंत्रित करें–दो-तीन दिन बाद। तब तक औषधि निर्माण के लिए आवश्यक सामग्री भी आ जाएगी और तब एक बार चिकित्सकों का विचार-मन्थन भी हो जाएगा। राजवैद्य की अध्यक्षता में ही सारे चिकित्सक मिलें। मैं उसमें अतिथि के रूप में ही शामिल रहूँगा।"

बेचारे सुजान सिंह! करें भी तो क्या! अब तो कारागार में बन्द सारे चिकित्सकों की रिहाई के अलावा कोई चारा भी नहीं रहा। कारागार से राजवैद्य सहित सभी चिकित्सक अतिथिशाला में लाए गए। बीरबल ने उन लोगों को फिर से वही पाठ याद करने को कहा–

"बहुत अद्‌भुत है आना नाखून का
फूल गूलर का पीसो, अश्रु मछली में।"

चिकित्सक जयदेव ने जब बीरबल की बात सुनी तो वह उछल पड़ा। बीरबल ने तत्क्षण ही उसे टोक दिया, "योग्य चिकित्सक पहचान को भी चिकित्सा के रूप में इस्तेमाल करते हैं, यदि उनमें सावधानी हो।"

मतलब साफ था कि बीरबल नहीं चाहता कि जयदेव उसे वहाँ पहचानने की भूल करे।

राजवैद्य के प्रति सुजान सिंह का आक्रोश कम हो चला था। बीरबल के कहने पर ही चिकित्सकों की बैठक आयोजित हुई–राजवैद्य की अध्यक्षता में। कई दिनों बाद अतिथि वक्ता के रूप में बीरबल ने उनसे गुजारिश की कि वे मत्स्याश्रु और गूलर के फूल का विकल्प अपने चिकित्साशास्त्र की पुस्तकों में तलाशें। यह बात ठीक है कि ये दोनों वस्तुएँ दुर्लभ हैं...मगर महाराज सुजान सिंह जैसे सामर्थ्यवान राजा इसकी तलाश में हैं। हो सकता है कि उनकी तलाश पूरी हो जाए और उनकी चिकित्सा के लिए विकल्प की आवश्यकता ही न पड़े।

इस तरह बीरबल ने सभी चिकित्सकों को आजाद करा लिया। राजवैद्य को फिर से उनका सम्मान हासिल हो गया। महीना भर बीरबल रतनगढ़ में रुका। वह रोज सुजान सिंह से मत्स्याश्रु एवं गूलर के फूल के बारे में पूछता

रहा। इन्हें न मिलना था और न ही मिले। एक माह बाद बीरबल ने महाराज सुजान सिंह से यह कहते हुए विदा ली कि मुझे अपने चिकित्सालय के लिए किसी और राज्य में स्थान खोजना होगा। आपके राज्य में पहले से ही इतने सारे जानकार चिकित्सक भरे पड़े हैं। मैं आ भी जाऊँ तो मुझे कौन पूछेगा? रही बात चिकित्सा की तो गूलर के फूल और मत्स्याश्रु मिलते ही इनमें से कोई भी चिकित्सक आपके लिए योग बना देगा। मैं इन सबको औषधि तैयार करने का तरीका बताकर जाऊँगा।

सुजान सिंह ने उपहार आदि देकर बीरबल को भारी मन से विदा किया।

जाते समय बीरबल ने अतिथिशाला में जाकर सभी चिकित्सकों से औपचारिक भेंट की। उनसे गले मिला। जब वह जयदेव से गले मिल रहा था तब उसने उसके कान में कहा—"भाभी से कहना—मैंने उनसे किया वादा पूरा किया। मेरे जाने के बाद सुजान सिंह सभी चिकित्सकों को आजाद कर देगा। तुम लोग समय-समय पर उससे 'मत्स्याश्रु' और 'गूलर के फूल' के बारे में पूछते रहना। इससे तुम लोग चैन से रह सकोगे।"

...और इस तरह चिकित्सा का एक नायाब पाठ चिकित्सकों को पढ़ाकर बीरबल रतनगढ़ से विदा हो गया।

मित्रता में दरार

अकबर के दरबार में मूलचन्द नाम का एक दरबारी था। राजधानी के कारोबारियों पर बाजार-शुल्क का निर्धारण करना, और फिर उसकी वसूली–यह कार्य था उसका। मूलचन्द जब से बाजार-शुल्क विभाग का प्रभारी बनाया गया तब से ही वह दरबारियों की आँखों पर चढ़ गया था। जब भी किसी दरबारी को मौका मिलता वह ऐसे सवाल उठा देता जिससे बाजार-शुल्क विभाग की बदनामी हो तथा बादशाह की नजर में यह बात आए कि मूलचन्द ऐयाशी में मग्न रहता है इसलिए अपने विभाग के क्रिया-कलापों के प्रति बेहद लापरवाह है और उसकी इस लापरवाही के कारण राजस्व वसूली के कार्य में भी ढिलाई बरती जा रही है।

दरबार में इस तरह के विवाद उठाए जाने का मकसद अकबर समझते थे। वे इस बात से भी वाकिफ थे कि वित्त के बारे में जो समझ मूलचन्द की है, उसका कोई शानी नहीं है। आवश्यकता पड़ने पर वह राजकोष के लिए रातोरात करोड़ों स्वर्ण-मुद्राओं की राजस्व वसूली की राह ऐसे निकाल सकता है जिसे प्रजा सहजता से स्वीकार कर ले। अकबर मूलचन्द की इसी विशेषता का कायल था।

मूलचन्द की दोस्ती राजधानी के एक बड़े साहूकार से थी। वह ऐयाश तो था ही, मूलचन्द को भी ऐयाशी के लिए प्रेरित करता रहता था। अब इन दोनों की दोस्ती की खबर चारों ओर फैलने लगी थी।

एक रात मूलचन्द अपने साहूकार मित्र के साथ रास-रंग के लिए एक नाचनेवाली के पास चला गया। देर रात तक रास-रंग में मग्न रहा। जाम के दौर चलते रहे। रात के तीसरे पहर नशे में मदमत्त होकर वह और साहूकार नाचनेवाली के अड्डे से निकले मगर वे अपने-अपने घर पहुँचते उससे पूर्व ही अपराध नियन्त्रण शाखा के विशेष छापामारी अभियान के शिकार हो

गए। सड़कों पर अपराध नियन्त्रण दस्ते के रंगरूटों ने नशे की हालत में मूलचन्द और साहूकार को दबोच लिया और उनकी कोई भी दलील नहीं सुनी। वे दोनों अपराध नियन्त्रण विभाग के उस कक्ष में बैठा दिए गए जहाँ सन्दिग्ध अपराधियों को पूछताछ के लिए रखा जाता था।

साहूकार ने तो मूलचन्द को अपना दोस्त इसलिए बनाया था कि नवीन वित्तीय नियमों की जानकारी उसे समय से पहले मिल जाया करेगी। मूलचन्द, दोस्त होने के नाते राजस्व उगाही में सख्ती नहीं करेगा। इसके साथ ही यदि कभी किसी कारण से वह शासकीय उलझन का शिकार हुआ तो मूलचन्द के कारण उसे सजा का भागी नहीं बनना पड़ेगा। इसलिए वह मूलचन्द पर जी खोलकर खर्च किया करता था। मगर आज जब मूलचन्द के साथ वह अपराध नियन्त्रण शाखा के हत्थे चढ़ा तो पाया कि मूलचन्द की घिग्घी बँधी हुई है। उसने सोचा कि यदि वह मूलचन्द की तरह अकबर के दरबार का दरबारी होता तो अपराध नियन्त्रण विभाग के अधिकारियों को ऐसी खरी-खोटी सुनाता कि वे जिन्दगी भर याद रखते...उसे बार-बार इस बात के लिए मूलचन्द पर क्रोध आ रहा था कि वह गिरफ्तार करनेवालों को यह क्यों नहीं बता रहा कि वह अकबर के दरबार का सम्मानित अधिकारी है? चाहे तो वह इन अधिकारियों को मजा चखा सकता है।...बस, थोड़ी-सी तरकीब की जरूरत है...ये अधिकारी तो एक डपट में मेमने की तरह मिमियाने लगेंगे।

उधर मूलचन्द मन-ही-मन घबराता रहा कि सवेरा होने पर लोगों को वह अपना चेहरा कैसे दिखाएगा? लोग जानेंगे तो क्या कहेंगे? बादशाह को जब पता चलेगा कि शराब के नशे में धुत वह मध्यरात्रि के बाद घूमते हुए पकड़ा गया है, तब वे क्या सोचेंगे? पत्नी और बच्चों तक भी बात पहुँचेगी ही, वह उनके सामने मुँह दिखाने के काबिल भी नहीं रहेगा।

सबेरा होने के बाद जब अपराध नियन्त्रण शाखा के आला अधिकारी वहाँ पहुँचे तब साहूकार ने उनसे कहा—"आप लोग यह जानकर चकित होंगे कि कल रात आपके रंगरूटों ने एक ऐसी गलती की है, जो किसी सूरत में माफ करने लायक नहीं है। आप जानते हैं, मेरे साथ वे लोग मूलचन्द जी को पकड़कर ले आए हैं जो शहंशाहे आलम अकबर के दरबारी हैं। चूँकि वे राजस्व विभाग के प्रभारी हैं इसलिए उन्हें सेठ-साहूकारों के घर आना-जाना

पड़ता है। वे किसी कारणवश मेरे गरीबखाने पर पधारे थे और खाने-पीने में देर हो गई थी...जब मैं उन्हें छोड़ने जा रहा था तब बिना कुछ पूछे आपके रंगरूटों ने हमें यहाँ पहुँचा दिया। अब आप ही सोचें, यह बात जब बादशाह तक पहुँचेगी तब क्या होगा?''

साहूकार की इस ठंडी धमकी से अधिकारियों के हाथ-पाँव फूल गए। उसने मूलचन्द से माफी माँगी। मूलचन्द और साहूकार दोनों छोड़ दिए गए। मगर यह बात दबी नहीं रह सकी कि रँगरेलियाँ मनाकर लौट रहे दो बड़े लोग अपराध शाखा की जाल में कल रात फँस गए। इनमें एक शाही दरबार का दीवान भी था। बात उड़ी तो अकबर के कानों में भी पहुँची।

अकबर को मूलचन्द और साहूकार की मित्रता के बारे में पता तो था ही उन्हें यह खबर भी थी कि साहूकार अपनी दोस्ती की आड़ में अपने मित्र मूलचन्द को शराब पिलाता है और ऐयाशी भी कराता है। मगर अकबर यह सब जानकर भी खामोश थे क्योंकि उन्हें विश्वास था कि मूलचन्द कुछ भी ऐसा नहीं करेगा जिससे उसके नाम को बट्टा लगे या शासन का अहित हो। इतनी बड़ी सल्तनत की अर्थव्यवस्था का संचालन कोई हँसी-ठट्ठा की बात तो थी नहीं कि कोई भी उसे चला ले। इस दृष्टि से मूलचन्द का कोई विकल्प ही नहीं था।

कल रात की घटना की जानकारी अकबर ने पूरी तफतीश के साथ मँगा ली। पूरे ब्यौरे पर नजर डालने के बाद वे इस निष्कर्ष पर पहुँचे कि साहूकार धूर्त है। वह मूलचन्द का इस्तेमाल अपने हितों के लिए करना चाहता है। कल रात भी मूलचन्द ने अपने दरबारी होने का रौब अपराध शाखा के अधिकारियों पर नहीं गाँठा बल्कि बड़ी चालाकी से यह रौब गालिब किया था साहूकार ने। अकबर के अभ्यास में था कि अपने शासन के सभी महत्त्वपूर्ण लोगों पर नजर रखी जाए। वे अपने दरबारियों के बारे में सब कुछ जानते थे लेकिन जब तक बहुत जरूरी न हो, किसी की निजता को नहीं छेड़ते थे।

बीरबल के कानों में जब मूलचन्द वाली घटना पड़ी तब वह सीधे बादशाह अकबर के पास गया। उसने अकबर से कहा–''जहाँपनाह! राजधानी में मूलचन्द को लेकर बहुत तेजी से अफवाह फैल रही है कि...''

अभी बीरबल की बात पूरी भी नहीं हो पाई थी कि अकबर ने कहा– ''कि मूलचन्द रँगरेलियाँ मनाकर मध्यरात्रि के बाद लौटते समय अपराध

नियन्त्रण शाखा द्वारा पकड़ा गया...यही न?" फिर थोड़ी चुप्पी के बाद कहा—"बीरबल! जहाँ धुआँ है, वहाँ आग भी कहीं न कहीं होगी। जिस घटना को तुम अफवाह बता रहे हो, वह घटना अफवाह नहीं है। जो कुछ भी तुमने सुना है, उसमें से अधिकांश बातें सच्ची हैं।" फिर थोड़ी देर अकबर चुप रहे।

बीरबल ने उन्हें चुप देखकर कुछ कहने के लिए मुँह खोला ही था कि अकबर ने हाथ का इशारा कर उसे चुप रहने का संकेत किया और बोले—"बीरबल! मैंने विश्वसनीय और विशेषज्ञ अधिकारियों से इस घटना की तफतीश कराई है। मेरी समझ से मूलचन्द निर्दोष है और सांसारिक प्रपंचों को नहीं समझता है। साहूकार की मित्रता को वह सच्ची मित्रता समझकर उसकी बातों पर आँख मूँदकर भरोसा करता है। मुझे लगता है कि यदि साहूकार इसी तरह मूलचन्द का मित्र बना रहा तो किसी दिन साहूकार अपनी मित्रता की आड़ में उससे कोई ऐसा काम भी करा लेगा जिससे उसकी निष्ठा और ईमानदारी कलंकित हो जाए। कल रात जो कुछ भी हुआ उस पर विचार करना, समय नष्ट करना है। सोचना यह है कि साहूकार और मूलचन्द की मित्रता में दरार कैसे पैदा की जा सकती है!"

बीरबल ने अकबर की तरफ देखा। उसे भरोसा हो गया कि अकबर ने पूरी संजीदगी से यह बात कही है। अकबर की मुखमुद्रा से लग रहा था कि वे बीरबल से इस सन्दर्भ में कोई टिप्पणी या आश्वासन चाहते हैं। बीरबल ने यह भाँपते हुए कहा—"जहाँपनाह! मुझे एक सप्ताह का समय दीजिए। अगले सप्ताह आप मूलचन्द और साहूकार के बारे में सुन लेंगे कि दोनों दो ध्रुवों पर हैं। दोनों के साथ रहने का सवाल ही पैदा नहीं होगा।"

अकबर ने बीरबल की आत्मविश्वास-भरी बातों को सुनकर अपनी तसल्ली जाहिर करते हुए कहा—"बीरबल! यह ध्यान रखना भी हमारा फर्ज होगा कि मूलचन्द शाही दरबार का एक महत्त्वपूर्ण दरबारी है।"

बीरबल ने अदब से झुकते हुए कहा—"ऐसा ही होगा, जहाँपनाह!"

दूसरे दिन बीरबल ने साहूकार को पैगाम भेजा कि कुछ आवश्यक बातें करने के लिए वह उससे मिलना चाहता है इसलिए शाही दरबार में, उसके कक्ष में आकर उससे मिले।

साहूकार यह पैगाम सुनकर घबरा-सा गया। कुछ भी हो, बीरबल था तो बादशाह का खास दीवान जिसकी तूती अकबर के साम्राज्य में हर जगह बोलती थी।

पैगाम मिलते ही वह भागा-भागा मूलचन्द के पास पहुँचा। उसने सोचा कि शायद मूलचन्द को इस बात का अन्दाज हो कि बीरबल ने उसे क्यों बुलाया है क्योंकि वह भी शाही दरबार का दरबारी है।

मगर मूलचन्द को बीरबल के इस बुलावे का कोई कारण मालूम नहीं था। उसने साहूकार को दिलासा दिया कि यदि बीरबल ने बुलाया है तब सचमुच उन्हें किसी जरूरी बात की जानकारी करनी होगी वरना अकबर के खास दीवान होने के कारण उन्हें सामान्य दरबारी दिनचर्या से कुछ लेना-देना नहीं रहता है।

शाही दरबार में बने बीरबल के कक्ष में जाने के लिए जब साहूकार दरबार में आया तब मूलचन्द उसके साथ था। दोनों की दोस्ती के बारे में सभी जानते थे इसलिए दरबारियों ने समझा कि मूलचन्द ही साहूकार को दरबार का काम-काज दिखाने के लिए लाया है। किसी ने उन पर ध्यान नहीं दिया किन्तु जब बीरबल की नजर साहूकार पर पड़ी तब वह अपने स्थान से उठकर साहूकार के पास आया और गर्मजोशी से उसका स्वागत किया।

बीरबल को ऐसा करते देखकर सारे दरबारी चौंक गए। मूलचन्द को भी आशा नहीं थी कि दीवान जी इस साहूकार का इस तरह स्वागत करेंगे। सबको असमंजस में डालते हुए बीरबल ने साहूकार का हाथ बहुत प्रेम से थामा और उसे लेकर अपने कक्ष में चला गया।

अपने कक्ष में साहूकार को बैठाकर बीरबल कक्ष से बाहर आया और अर्दली से कुछ कहा।

दरबारियों ने देखा कि अर्दली थोड़ी देर के बाद तरह-तरह के पकवान और शर्बत लिये आया और बीरबल के कक्ष में चला गया। यह पहला मौका था जब दरबारी यह देख रहे थे कि बीरबल दरबार के समय में एक साधारण साहूकार की आवभगत इस तरह कर रहा था।

अपने कक्ष में बीरबल ने साहूकार को अच्छी तरह से नाश्ता कराया, फिर प्रेमपूर्वक पूछा—"यह बताओ मित्र! भोजन में तुम दाल-रोटी पसन्द करते हो या भात-दाल?"

साहूकार ने कहा—"मुझे तो भात-दाल पसन्द है।"

बीरबल ने उसकी बातों का समर्थन करते हुए कहा–"भात-दाल की बात ही कुछ और है। भात-दाल मुझे भी पसन्द हैं।''

इसके बाद थोड़ी चुप्पी रही और चुप्पी तोड़ते हुए बीरबल अपने स्थान से उठते हुए बोला–''ऐसा करो, कल इसी वक्त आ जाओ। शेष बातें कल होंगी। मुझे कुछ जरूरी काम याद आ गया है।''

लाचारी थी, साहूकार को भी अपनी जगह से उठना पड़ा। बीरबल उसके साथ अपने कक्ष से बाहर निकला और उसके साथ चलता हुआ दरबार में मूलचन्द के आसन के पास खड़ा हो गया फिर प्रेमपूर्वक उसने साहूकार को विदा करते हुए कहा–''शेष बातों के लिए कल अवश्य आना। ध्यान रहे, हमारे बीच की बातें किसी के कान में न पड़ें।''

बीरबल वहाँ से पुनः अपने कक्ष में चला गया और साहूकार को मूलचन्द ने अपने पास बैठा लिया। फिर उससे धीरे से पूछा–''दीवानजी ने क्या कहा?''

"अरे, कोई खास बात नहीं हुई। उन्होंने पूछा था कि दाल-रोटी और दाल-भात में से तुम्हें क्या पसन्द है?''

मूलचन्द को उसकी बात पर विश्वास नहीं हुआ...भला मुगलिया सल्तनत का दीवान राजधानी के एक नामी साहूकार से यह सवाल क्यों करेगा? वह भी अपने कक्ष में बुलाकर आव-भगत करते हुए...पूरे सम्मान के साथ? उसे लगा कि साहूकार उससे वास्तविकता छुपा रहा है।

दूसरे दिन जब साहूकार आया तब मूलचन्द ने उसे देखकर वह उत्साह नहीं दिखाया जो प्रायः मुलाकात होने पर वह दिखाता था। फिर भी साहूकार उसकी अवहेलना को नजरअंदाज करते हुए उसके पास बैठा तथा बीरबल को अपने आने की सूचना भिजवा दी।

बीरबल स्वयं अपने कक्ष से निकलकर दरबार में आया और साहूकार को आदरपूर्वक अपने साथ अपने कक्ष में ले गया।

इसके बाद दरबारियों ने देखा कि बीरबल के कक्ष में तरह-तरह के पकवान, मिठाइयाँ और फल शाही नौकर पहुँचा रहे हैं। दो- तीन घंटे तक बीरबल उस साहूकार को यह खाकर देखो, यह भी चखो, अच्छा थोड़ा-सा यह खा लो आदि कहकर तरह-तरह की चीजें खिलाता रहा। जब साहूकार कुछ भी खाने की स्थिति में नहीं रहा तब उसने बीरबल के सामने हाथ जोड़ लिये।

फिर बीरबल ने उससे पूछा–"पूरी और रोटी में से तुम खाने में क्या चुनोगे?"

साहूकार ने बीरबल से कहा–"रोटी। पूरी तो रोज-रोज खा ही नहीं सकूँगा।"

"बिलकुल ठीक! मेरे साथ भी ऐसा ही है।" बीरबल ने कहा और अचानक बोला, "अरे, मुझे तो समय का अन्दाज ही नहीं रहा। अब तुम जाओ। कल जरूर आ जाना। बाकी बातें अब कल ही हो पाएँगी।"

बीरबल के संकेत पर साहूकार उठा और बीरबल उसे मूलचन्द के आसन के पास तक छोड़ गया। जाते-जाते उसने साहूकार से कल की तरह ही कहा–"ध्यान रहे...दीवारों के भी कान होते हैं।"

मूलचन्द ने फिर पूछा–"दीवान जी ने क्या कहा?"

तो कल की तरह ही साहूकार ने सहज भाव में उत्तर दिया–"आज उन्होंने पूछा था कि रोटी और पूरी में से मेरी पसन्द क्या है?"

मूलचन्द ने अविश्वास-भरी दृष्टि साहूकार पर डाली।

"अच्छा, चलो, बाहर बात करते हैं।" मूलचन्द दरबार से अपने साहूकार मित्र के साथ बाहर निकला और दरबार के बाहर पहुँचकर उसने उससे पूछा–"आखिर दो दिनों से दीवान साहब घंटों तुमसे क्या बातें करते रहते हैं?"

"अरे यार! कुछ भी नहीं! वे मुझे खिलाते-पिलाते रहते हैं, कुछ कहते ही नहीं। जो कुछ भी उन्होंने दो दिनों में कहा, वह वही दो जुमला था जो मैंने तुम्हें बताया है।" साहूकार ने मूलचन्द से कहा।

मूलचन्द की आँखों में अपने प्रति अविश्वास का भाव देखकर साहूकार ने पुनः कहा–"मैं सच कह रहा हूँ मेरे दोस्त! तुम्हारी कसम, सच! मुझसे अब तक दीवान जी ने कोई बात नहीं की है। बात करने के लिए कल फिर बुलाया है।"

इस तरह सात दिन बीतते-बीतते मूलचन्द और साहूकार के बीच अविश्वास की ऐसी गहरी खाई तैयार हो गई जिसे पाटना मुश्किल था।

सातवें दिन बीरबल ने अकबर को सूचना दी–"जहाँपनाह! मूलचन्द और साहूकार अब एक-दूसरे को देखना भी पसन्द नहीं करते।"

अकबर ने बीरबल से पूछ ही लिया–"बताओ बीरबल, तुमने यह गुल कैसे खिलाया?"

बीरबल ने उन्हें साहूकार को दरबारियों के सामने अपने कक्ष में बुलाने और खिला-पिलाकर बिना कुछ कहे वापस कर देने की पूरी दास्तान बताते हुए कहा–"जहाँपनाह! मित्रता परस्पर विश्वास पर टिकी होती है। यदि कभी भी इस पारस्परिक विश्वास के बीच अविश्वास पैदा हो जाए या कर दिया जाए तब मित्रता टिकी नहीं रह सकती। मैंने इसी सिद्धान्त को ध्यान में रखकर इस काम को अंजाम दिया।"

बीरबल की पीठ थपथपाते हुए अकबर ने कहा–"सार्वजनिक हित के लिए कभी-कभी इस तरह के कदम भी उठाने पड़ते हैं। तुमने जो किया, वह अच्छा ही किया। मैं तुम्हारे काम से सन्तुष्ट हूँ।"

लाल रेखावाली अशर्फियाँ

अकबर के समय में दिल्ली दरबार की साख बहुत बढ़ गई थी। इसका श्रेय जितना अकबर को था, लगभग उतना ही बीरबल को भी। यदि कभी अकबर से न्याय करने में चूक हो जाती थी तो बीरबल बड़ी कुशलता से अकबर को अपने निर्णय पर पुनर्विचार करने के लिए बाध्य कर देता था।

अकबर की राजधानी दिल्ली में एक बस्ती थी—घनेरा बस्ती। उसमें छोटे-छोटे घर बने थे। इन घरों में गरीब तबके के लोग बसते थे। आम तौर पर इस बस्ती के लोग प्रतिदिन सुबह जगते और रोजी-रोटी के लिए निकल पड़ते और शाम ढलने के बाद अपनी बस्ती में लौट आते थे। महिलाएँ भी काम के लिए बस्ती से बाहर चली जाती थीं और उनके साथ उनके बच्चे भी निकल जाते थे। इस तरह दिन भर यह बस्ती शान्त-सी पड़ जाती लेकिन शाम ढलने के बाद वहाँ शोर-गुल होने लगता। एक अच्छी बात थी इस घनेरा बस्ती में कि इसके वाशिन्दे सकून-पसन्द थे। कभी किसी की चीज कहीं बाहर छूट गई तो वह वस्तु या तो वहीं पड़ी रहती या फिर कोई न कोई घर-घर जाकर पूछता कि अमुक वस्तु फलाँ जगह पर पड़ी है, कहीं उसकी तो नहीं?

बस्ती के लोग मेहनतकश थे। मिलनसार थे। एक-दूसरे की मदद करते थे। ईद-बकरीद, होली, दीवाली पर खुशियाँ मनाते थे और इन खुशियों के लिए वे लोग साल भर बचत करते थे। अभाव में भी उनका जीवन खुशहाल था।

बस्ती के लोगों ने आपस में विचार किया कि उनकी बस्ती में भी कम से कम एक मस्जिद बन जाए तो ईद-बकरीद के मौके पर उन्हें कहीं और न जाना पड़े। अभाव में रहनेवाले इन लोगों ने ईंट-ईंट जोड़कर मस्जिद का निर्माण कर लिया।

फिर एक दिन बस्ती के लोगों ने मन्दिर की जरूरत महसूस की और मंदिर का निर्माण भी उसी तरह कर लिया जिस तरह मस्जिद का हुआ था।

बस्ती के लोगों ने जब इन दो निर्माण-कार्यों को मात्र आपसी समझ और सहयोग से कर लिया तब उनका मनोबल बहुत बढ़ गया।

एक दिन बस्ती की एक लड़की के विवाह के अवसर पर उन्हें एक ऐसे स्थान की कमी महसूस हुई जहाँ विवाह-शादी के मौके पर जश्न मनाने के लिए लोग एकत्रित हों। उन लोगों ने सोच-विचार कर एक बहुत बड़े कमरे का निर्माण कार्य शुरू करने का फैसला किया और साल-दो साल में यह कमरा भी बनकर तैयार हो गया।

घनेरा बस्ती की इस विशेषता से राजधानी के लोग परिचित नहीं थे। गरीबों की बस्ती की ओर कभी किसी का ध्यान भी नहीं जाता था।

इसी बस्ती में एक बेवा रहती थी—सकीना। सकीना के पति का निधन दो साल पहले हो गया था। उसका पुत्र जब पाँच-सात साल का था तब ही एक मेले में खो गया था और कोई उसका सगा नहीं था। बस्ती के लोग ही उसके अपने थे। वही उसकी वक्त-जरूरत मदद करते थे। सकीना भी काम करती थी।

राजधानी के कई घरों से उसके सरोकार थे। कहीं कपड़े धो देती तो कहीं कपड़े रँग देती, किसी की चुनरी में बेल-बूटे टाँक देती तो कहीं मेहँदी लगा आती। दुलहन सजाने के काम में तो उसका कोई शानी ही नहीं था। सकीना को इन कामों से अच्छी कमाई हो जाती थी। बख्शीश भी मिलती थी। खाने के लिए तो उसे कभी सोचना ही नहीं पड़ता। दिन में उसे उसी घर में रोटी मिल जाती जहाँ वह काम करने जाती थी और जब वह लौट रही होती तब भी उसे रात में खाने के लिए किसी घर से रोटी मिल जाती। उसका पति सुभान जब जीवित था तब भी सकीना को अपने घर में रोटी बनाने की शायद ही कभी जरूरत पड़ती थी। उसका स्वभाव इतना मृदु था कि जिसने भी कभी उससे एक बार कोई काम कराया वही उसका मुरीद बन गया। इसलिए सुभान और सकीना जो कुछ भी कमाते, उसे बचा लेते और ईद के अवसर पर नए कपड़े बनाने के बाद जो भी पैसे बचते, उसे वे अशर्फियों में तब्दील कर लेते। इस तरह साल-दर-साल अशर्फियाँ बढ़ने लगीं। सुभान की मौत के बाद भी सकीना ने अशर्फियाँ बढ़ाने का सिलसिला हर साल जारी रखा।

सकीना जिन घरों में अपनी सेवाएँ देती थी, उनमें एक घर एक काजी का था। सकीना के प्रति काजी प्रायः हमदर्दी जताता रहता था इसलिए सकीना वक्त-जरूरत काजी से अपने ऐसे मसलों पर निर्णय लेने में मदद लेती थी जहाँ उसे आशंका होती कि यह संजीदा मसला है।

एक दिन सकीना ने सोचा—पूरा जीवन यूँ ही गुजर गया, कभी उसने धर्म का कोई काम नहीं किया। यह विचार आते ही वह धार्मिक स्थलों पर जाने और कुछ दिन दुनिया की बातों से अपने को अलग रखने का निर्णय कर लिया। अपनी जरूरतों को ध्यान में रखते हुए उसने अपने खर्च के लायक पैसे निकाले और अशर्फियाँ गिनकर उन्हें एक खूबसूरत मखमल की थैली में रखकर थैली की सिलाई कर दी, उस सिलाई पर चपरे के ठप्पे लगाए और उस थैली को लेकर काजी के घर चली गई। उसने काजी को वह थैली थमाते हुए कहा—"काजी साहब! मेरा इस दुनिया में कोई नहीं है। आपके सिवा किसी अन्य ऐसे व्यक्ति को मैं जानती नहीं जिस पर भरोसा किया जा सके। इस थैली में मेरे जीवन भर की कमाई है। आप इसे अपने पास रख लें। मैं धार्मिक स्थलों की यात्रा पर जा रही हूँ। जिन्दगी का कोई भरोसा तो है नहीं, न जाने कब किसकी साँस रुक जाए! यदि मैं वापस आ गई तब मैं यह थैली वापस ले जाऊँगी। न लौटी तब इस थैली से जो हासिल हो, उसे अपने बच्चों में बाँट देना।"

काजी ने सकीना की थैली अपने पास रख ली और उसे सान्त्वना दी कि वह धार्मिक स्थलों की यात्रा से अवश्य सकुशल वापस आएगी और उसकी थैली उसे इसी हाल में वापस मिल जाएगी जिस हाल में वह उसे सौंपकर जा रही है।

सकीना के जाने के बाद काजी के मन में लोभ पैदा हुआ। उसने थैली की सिलाई खोल डाली। थैली में भरी अशर्फियों को देखकर उसकी खुशी का ठिकाना नहीं रहा। एक गरीब बेवा के पास इतनी सारी अशर्फियाँ होंगी, ऐसा उसने सपने में भी नहीं सोचा था। थैली से अशर्फियाँ निकालने के बाद काजी ने थैली में अशर्फियों के आकार वाले पत्थर भर दिए और एक दर्जी के पास जाकर थैली उसी तरह सिलवा दी जिस तरह सिली हुई थी। उसने थैली पर चपरे के ठप्पे भी पहले की तरह ही लगा दिए।

साल-डेढ़ साल के बाद सकीना लौटी और काजी के पास अपनी थैली लेने गई। काजी ने बिना हील-हुज्जत के उसे वह थैली लौटा दी।

सकीना थैली लेकर घनेरा बस्ती वाले घर में चली आई। जब उसने थैली खोली तो चकरा गई क्योंकि थैली में अशर्फियों के स्थान पर छोटे आकार के पत्थर भरे हुए थे। उसकी आत्मा सिहक उठी। वह दौड़ी-दौड़ी काजी के पास आई और उससे कहा–"मेरी थैली में अशर्फियाँ भरी थीं। मगर अब उनमें पत्थर हैं...मुझ गरीब की अशर्फियाँ वापस कर दीजिए।"

सकीना गिड़गिड़ाती रही मगर काजी ने उसे टका-सा जवाब दिया–"उस थैली में क्या भरा था, मैं नहीं जानता...तुमने मुझे थैली दी थी, जिस हालत में थैली थी उसी हालत में थैली रखी गई और उसी हालत में तुम्हें लौटाई गई।"

सकीना ने जब समझ लिया कि काजी कुछ भी सुननेवाला नहीं है तब उसने क्रोध में भरकर कहा–"काजी, मैं तुम्हें छोड़ूँगी नहीं! तुमसे अपनी अशर्फियाँ वापस लेकर रहूँगी।"

इसके बाद सकीना काजी के घर से निकली और सीधे अकबर के दरबार में पहुँची। वहाँ सकीना ने बादशाह को अपने साथ हुए अमानत में खयानत का मामला सुनाया और घटना सुनाते हुए वह बिलख पड़ी। उसके आँसू बादशाह को यह बताने के लिए काफी थे कि वह जो कुछ भी कह रही है, वह सच है।

अकबर ने यह मामला बीरबल को सुलझाने के लिए सौंप दिया। बीरबल ने सकीना से वह थैली मँगवाई जिसमें अशर्फियाँ भरकर उसने काजी को दी थी और सकीना से कहा कि वह घर जाकर आराम से रहे, जैसे कुछ हुआ ही न हो...और आश्वासन दिया कि अशर्फियाँ उसके पास वह खुद लेकर आएगा। बीरबल की बातों से आश्वस्त होकर सकीना अपने घर चली गई और बीरबल उसकी समस्या सुलझाने की तरकीबें सोचने में व्यस्त हो गया। अचानक ही बीरबल के दिमाग में कोई बात आई और उसने एक दर्जी को बुलाकर सकीना की थैली दे दी तथा उसे ऐसी ही पचास-साठ थैलियाँ उस दिन ही सिलकर दे देने के लिए कहा। थैलियाँ बीरबल के पास सिलकर आ गईं।

इसके बाद बीरबल ने कुछ रंगरूटों को बुलवाया और राजधानी के दर्जियों के बीच यह प्रचारित करने के लिए कह दिया कि बादशाह को एक कुशल रफूगर की तलाश है। यदि मिल गया तो समझो, उसकी चाँदी है।

दूसरे दिन राजधानी में मुनादी कराकर सभी रफूगरों को बादशाह के दरबार में हाजिर होकर बीरबल से मिलने का निर्देश दिया गया। तब तक अफवाह जोर पकड़ चुकी थी कि शाही काम के लिए रफूदार की तलाश हो रही है। बीरबल ने सभी थैलियों में एक-एक छेद कर दिया था और हर रफूदार को उसने एक-एक थैली सौंपकर उस छेद का रफू करके लाने के लिए कहा।

दो दिन बाद सारी थैलियाँ रफू के बाद बीरबल के पास जमा करा दी गईं।

बीरबल ने सभी थैलियों का निरीक्षण बड़ी बारीकी से किया और पाया कि उन थैलियों में एक थैली ऐसी भी है जिसे बारीकी से देखने के बाद भी यह पता लगना मुश्किल है कि उसमें कहाँ रफ्फू का काम हुआ है।

बीरबल ने उस रफूगर को बुलवाया जिसने थैली में इतना उम्दा रफू किया था।

रफूगर को जब बीरबल का बुलावा मिला तो वह खुशी-खुशी आया। वह सोच रहा था कि शाही रफूगरी का काम उसे ही मिलेगा...शायद इसी कारण दीवान साहब ने उसे बुलाया है।

बीरबल ने उस रफूगर के काम की तारीफ की और उससे पूछा–"तुम तो इस तरह की थैली पर पहले भी शानदार रफू कर चुके हो।"

रफूगर ने बेझिझक कहा–"जी हाँ! घनेरी बस्ती के पास जो काजी साहब की हवेली है, वहीं से आई थी एक थैली! मेरे रफू के काम से काजी साहब बहुत खुश हुए थे और मुझे एक अशर्फी बख्शीश में दी थी। अभी भी वह अशर्फी मेरे घर में सुरक्षित है।"

रफूगर की ओर प्रशंसा-भरी निगाह से देखते हुए बीरबल ने कहा–"कल वह अशर्फी लेकर आना। जरा मैं भी तो देखूँ कि काजी साहब ने तुम्हें कैसी अशर्फी इनाम में दी है।"

रफूगर उस दिन उत्साह में लौटा और दूसरे दिन सुबह ही अशर्फी लेकर बीरबल के पास आ गया।

उसे देखकर बीरबल ने मुस्कुराते हुए पूछा–"तो तुम ले ही आए अशर्फी! है न?"

"जी हाँ, हुजूर! यह रही अशर्फी।" रफूगर ने अशर्फी बीरबल के हाथों में थमा दी।

बीरबल ने उस अशर्फी को उलट-पुलटकर देखा तो पाया कि एक स्थान पर अशर्फी में लाल रंग की हल्की रेखा बनी हुई है। उसने अनुमान लगाया कि यह रेखा अशर्फी पर जान-बूझकर बनाई गई है। तभी उसके मन में यह खयाल भी आया कि अपनी अशर्फियों की पहचान के लिए, हो सकता है कि यह रेखा सकीना ने खींची हो...यह खयाल आते ही बीरबल ने रफूगर से कहा–"अब तुम जाओ...और अपनी यह अशर्फी मेरे पास ही रहने दो।"

रफूगर करता भी तो क्या! उसे अपनी अशर्फी बीरबल के पास छोड़कर जाना पड़ा।

बीरबल उस दिन दरबार से जल्दी निकला और घनेरी बस्ती का पता लगाते हुए वहाँ पहुँच गया। एक घुड़सवार को बस्ती में आया देखकर कुछ बच्चे और इक्का-दुक्का महिलाएँ अपने घरों से निकल आईं। बीरबल को आश्चर्य हुआ इस बस्ती को देखकर। बस्ती में छोटे-छोटे घर अवश्य थे किन्तु सबके बीच सड़कें और जल निकास की नालियाँ सुव्यवस्थित थीं। गन्दगी कहीं नहीं थी। एक बच्चे से सकीना के घर का पता लगाकर बीरबल वहाँ पहुँच गया और दरवाजे पर दस्तक दी।

सकीना घर से बाहर आ गई। बीरबल को देखकर उसकी खुशियों का ठिकाना नहीं रहा। उसे लगा कि उसकी अशर्फियाँ लेकर दीवान साहब उसे देने आए हैं। वह बीरबल को घर के अन्दर ले गई। बीरबल ने अशर्फी अपनी जेब से निकालकर सकीना को दी तथा कहा–"देखो तो, क्या यह तुम्हारी अशर्फी है?"

सकीना ने तुरन्त अशर्फी को उलटकर देखा और कहा–"हाँ, यह अशर्फी मेरी है।"

"कैसे कह सकती हो कि यह अशर्फी तुम्हारी ही है? ऐसी अशर्फी तो हजारों की तादाद में होंगी।" बीरबल ने पूछा।

सकीना ने कहा–"दीवान साहब! हजारों क्या, लाखों अशर्फियों में रखी मैं अपनी अशर्फियों को पहचान सकती हूँ क्योंकि मैंने अपनी अशर्फियों की पहचान के लिए एक बारीक-सी लाल रेखा खींच रखी है और विश्वास है कि उस रेखा की नकल करना सबके बस की बात नहीं है।"

सकीना की बातों से बीरबल सन्तुष्ट हुआ और जल्दी ही सकीना की अशर्फियाँ वापस कराने का वादा करके बीरबल वहाँ से काजी की हवेली पहुँचा।

बीरबल को अपने घर आया देख काजी बहुत खुश हुआ और बीरबल की आवभगत में लग गया। काजी जब शर्बत-नाश्ते की तैयारी कराने लगा तब बीरबल ने उसे रोकते हुए कहा–"फिर कभी कर लूँगा नाश्ता। अभी तो मैं एक जरूरत में हूँ और आपके पास मदद के लिए आया हूँ।"

"हाँ-हाँ, कहिए दीवान साहब! आपकी सहायता कर मुझे खुशी होगी। कहिए, क्या कर सकता हूँ आपके लिए?" काजी ने विनम्रता से पूछा।

"मुझे अभी तुरन्त पाँच अशर्फियों की जरूरत है, कल किसी को भी दरबार में भेजकर आप ये अशर्फियाँ मँगा लेना...या खुद आकर ले जाना।"

"बस, इतनी-सी बात! अभी लीजिए हुजूर! अभी हाजिर करता हूँ पाँच अशर्फियाँ।" इतना कहकर काजी घर के अन्दर गया और पाँच अशर्फियाँ लाकर बीरबल की हथेली पर रख दीं।

बीरबल ने अशर्फियों को अपनी जेब के हवाले किया और काजी के घर से वापस अपने घर की ओर चल पड़ा।

अपने घर पहुँचकर बीरबल ने पाँचों अशर्फियों को देखा। सभी में लाल रेखा खींची हुई थी। बीरबल को इस बात के पक्के सबूत मिल गए कि सकीना की अशर्फियाँ काजी ने ही हड़प ली हैं।

दूसरे दिन काजी अकबर के दरबार में बीरबल से मिलने पहुँचा। बीरबल ने अकबर को सकीना के मामले की तफतीश का पूरा ब्यौरा देकर काजी की गिरफ्तारी की इजाजत ले ली थी। जैसे ही काजी दरबार में दाखिल हुआ, बीरबल के संकेत पर उसे गिरफ्तार कर लिया गया।

बीरबल ने एक प्यादे को बुलाकर सकीना को दरबार में बुला लाने के लिए भेजा।

सकीना दरबार में लाई गई। काजी के सामने ही बीरबल ने उसे काजी से प्राप्त सारी अशर्फियाँ दीं तथा पूछा–"क्या वह इन अशर्फियों को पहचानती है?"

सकीना पाँचों अशर्फियों को देखने के बाद बोली–"ये सारी अशर्फियाँ मेरी हैं।"

बीरबल ने सकीना से पूछा–"दुनिया में इस तरह की और कितनी अशर्फियाँ होंगी?"

“पाँच मेरी हथेली में हैं तो छप्पन और ऐसी अशर्फियाँ होंगी इस दुनिया में—न एक कम और न एक ज्यादा।”

बीरबल ने काजी की ओर देखा और पूछा—“आप बताएँ काजी साहब...आप यही कहेंगे न कि छप्पन नहीं पचपन और अशर्फियाँ...मेरा मतलब है—ऐसी अशर्फियाँ...मेरा मतलब है—उस थैली से निकाली गई अशर्फियाँ जिस थैली का रफू रहमान से कराया गया था...और है आपके घर में...क्योंकि एक अशर्फी तो आपने रफूगर रहमान को बख्शीश में दे दी थी। चूच्यूचू...कितना बड़ा है दिल आपका! कितने रईस हैं आप कि एक थैली का रफू करनेवाले को अशर्फी इनाम में दे देते हैं—क्यों?”

काजी को अब समझ में आया कि उसका भाँडा फूट चुका है। उसने बीरबल के सामने अपराध कबूल लिया। उसकी निशानदेही पर उसके घर से शेष अशर्फियाँ बरामद कर ली गईं। बीरबल ने सकीना को अशर्फियाँ सौंप दीं—सारी की सारी लाल रेखावाली अशर्फियाँ और काजी को कैदखाने में डलवा दिया।

सकीना से चूँकि बीरबल ने वादा किया था कि वह अशर्फियाँ लेकर स्वयं उसके घर आएगा इसलिए उसने सकीना को घनेरा बस्ती पहुँचाने के लिए एक घोड़ागाड़ी मँगा ली और उसमें बैठकर घनेरा बस्ती की ओर चल पड़ा।

बस्ती के लोगों के बारे में जानकार बीरबल अचरज में डूब गया कि राजभवन की नाक के नीचे ऐसे ईमानदार और समझदार लोग रहते हैं और उसे उनकी खबर तक नहीं।

जब घनेरा बस्ती पहुँचकर सकीना घोड़ा गाड़ी से उतरने लगी तो बीरबल ने कहा—“अब से काजी पर भरोसा करने की बजाय अपनी बस्ती के लोगों पर ही भरोसा करना। ये लोग तुम्हें कभी छलेंगे नहीं।”

लहरों से कमाई

अकबर के दरबार में लेखा अधिकारी की आवश्यकता महसूस हुई। इस पद के लिए योग्य उम्मीदवार की तलाश आरम्भ हो गई। अकबर के समय में पढ़े-लिखे लोग विरल थे। राज के लेखाधिकारी को तो इतना योग्य होना ही चाहिए था कि राज्य का हिसाब-किताब देख सके। अकबर ने लेखा अधिकारी के लिए जो मापदंड निर्धारित कर रखा था, उसमें प्रथम बिन्दु था ईमानदारी। ईमानदारी का मूल्यांकन करने के लिए अकबर ने जो पैमाना बनाया था उससे गुजरकर स्वयं को ईमानदार साबित करना सबके बस की बात नहीं थी।

एक शाम, बीरबल के साथ, अपने महल की छत पर अकबर टहल रहे थे। वे तनिक चिन्तित दिखाई दे रहे थे। बादशाह मौन थे इसलिए बीरबल भी मौन था। थोड़ी देर तक दोनों के बीच मौन बरकरार रहा। फिर अकबर ने ही यह मौन तोड़ते हुए बीरबल से कहा–"बीरबल! लेखा अधिकारी के पद के लिए अभी तक कोई योग्य उम्मीदवार नहीं मिला है। जब तक इस पद के लिए योग्य व्यक्ति नहीं मिल जाता है, तुम ही इसका काम-काज देखो।"

"जहाँपनाह! आपका आदेश सिर आँखों पर! मगर आप इजाजत दें तो मैं कुछ कहूँ?" बीरबल ने पूछा।

"अवश्य कहो, क्या कहना चाहते हो?' अकबर ने बीरबल की तरफ मुखातिब होते हुए पूछा।

"जहाँपनाह! आपने लेखाधिकारी पद के लिए ईमानदारी को पैमाना बनाया है। मेरी समझ है कि एक व्यक्ति में ईमानदारी और बेईमानी दोनों गुण मौजूद रहते हैं, इसे मानवीय प्रवृत्तियों में शुमार किया जा सकता है। ईमानदार व्यक्ति में बाद में बेईमानी नहीं आ जाएगी, ऐसा दावा कोई नहीं

कर सकता। लेखाधिकारी कहीं घूस लेकर कोई काम न करे, सम्भवतः इसी सोच के साथ आपने इस पद के लिए ईमानदारी को पैमाना बनाया है। सच कहें तो नियमों पर चलते हुए भी चालाक आदमी घूस ले सकता है और इसके कृत्य में दोष तलाशना कठिन हो जाता है। लेकिन ऐसा चालाक आदमी तो कहीं-कहीं और कभी-कभी देखने को मिलता है।'' बीरबल ने कहा।

बीरबल का यह कथन सुनकर बादशाह अकबर बहुत पसोपेश में आ गए। फिर बोले–''क्या आदमी राज्य के नियमों का पालन करते हुए भी अवैध तरीके से धनोपार्जन कर सकता है?''

''अवश्य जहाँपनाह!'' बीरबल ने कहा।

"तुम मुझे इसका अहसास करा सकते हो?'' अकबर ने पूछा।

"अवश्य जहाँपनाह!" बीरबल ने कहा।

''ठीक है बीरबल! कल से तुम 'लेखा' का काम देखो और मुझे यह दिखाओ कि लेखा का काम देखते हुए कैसे अवैध तरीके से धन उगाही हो सकती है।'' अकबर ने कहा।

बीरबल ने दूसरे दिन अकबर के साम्राज्य के लेखा का काम देखना शुरू कर दिया। उसने पहले दिन ही फरमान जारी करवाया कि नए वर्ष के पहले माह में ही लोग अपना लगान चुकाकर उसकी हस्ताक्षरित रसीद लेखाधिकारी द्वारा प्राप्त कर लें।

अकबर को यह फरमान आवश्यक एवं राजकोष के लिए उपयोगी लगा जिसके कारण उसे यह फरमान जारी करने में कोई हिचक नहीं हुई।

धीरे-धीरे बीरबल के कक्ष के आगे भीड़ रहने लगी, भीड़ में फिर लोगों की तादाद बढ़ने लगी। इसके बाद अकबर के पास इक्का-दुक्का सूचनाएँ भी पहुँचने लगीं कि बीरबल बिना पैसा लिये लगान प्राप्ति रसीद पर हस्ताक्षर नहीं करते।

कुछ दिनों के बाद अकबर को पता चला कि कुछ बड़े जमींदार अब सीधे बीरबल के घर जाकर लगान पावती की रसीद पर हस्ताक्षर करवा लेते हैं।

एक शाम अपनी छत पर बीरबल के साथ टहलते हुए अकबर ने कहा– ''बीरबल! सुन रहा हूँ कि लेखा अधिकारी का दस्तखत प्राप्त करने के लिए लोग तुम्हारे घर पहुँचने लगे हैं!''

''जी हाँ, जहाँपनाह! प्रजा की परेशानी में काम आना राज्यकर्मियों का फर्ज है, इसलिए मैं अपने घर आए लोगों को कभी निराश नहीं करता।'' बीरबल ने सादगी से उत्तर दिया।

''फर्ज निभा रहे हो या परेशान प्रजा से वसूली कर रहे हो?'' अकबर ने सीधा आरोप लगाया।

बिना विचलित हुए बीरबल ने कहा–''किसी ने आपसे कहा है कि उसने दस्तखत के एवज में मुझे पैसे दिए हैं, या आप सुनी-सुनाई बातें कर रहे हैं?''

अकबर तो सुनी-सुनाई बातें ही कर रहे थे। भला घूस देनेवाला व्यक्ति भी कहीं स्वीकार करता है कि उसने घूस दिया है? बीरबल के सवाल पर अकबर खामोश हो गए।

थोड़ी देर की चुप्पी के बाद बीरबल ने कहा–''जहाँपनाह! आपने जो भी सुना है, ठीक सुना है। मगर दोष लेखा अधिकारी में नहीं, इस प्रणाली में है कि लगान पावती की रसीद पर लेखा अधिकारी का हस्ताक्षर अनिवार्य है। जिस दिन इस तरह का फरमान जारी हुआ उस दिन ही राज्य ने लेखा अधिकारी को अवैध धन उगाही की राह दिखा दी। मैंने आपसे कहा था, लेखा अधिकारी के पद के लिए ईमानदार व्यक्ति तलाश करने के स्थान पर ईमानदार प्रणाली को तरजीह दें।"

अकबर को बीरबल की बात पसन्द आई और दूसरे दिन ही उसने लेखा अधिकारी के पद पर एक युवक को नियुक्त कर लिया।

फिर शाम को छत पर बीरबल के साथ टहलते हुए अकबर ने कहा– ''बीरबल, लेखा अधिकारी के पद पर तो बहाली हो गई, अब क्यों न तुम्हें अस्तबल में लीद तौलने का काम सौंप दिया जाए?''

दरअसल अकबर उस समय बीरबल से मजाक कर रहे थे। मगर बीरबल तो अपनी ही मिट्टी का बना हुआ था, उसने बादशाह से कहा– ''जहाँपनाह, मैं लीद तौलकर भी पैसे उगाह लूँगा।''

बीरबल की बात सुनकर अकबर चौंके–''अरे! लीद तौलने के लिए तुम्हें पैसे कौन देगा? अब बड़बोलापन छोड़ो। हमेशा शेखी बघाड़ना अच्छी बात थोड़े ही है!'' अकबर ने बीरबल को समझाया।

''जहाँपनाह! मैं शेखी नहीं बघाड़ रहा हूँ। बस, यह कह रहा हूँ कि प्रणाली की जिस कमजोरी का लाभ उठाकर एक लेखा अधिकारी प्रजा से

पैसे वसूल सकता है, प्रणाली की उसी कमी का वैसा ही लाभ एक लीद तौलनेवाला भी तो ले सकता है!" बीरबल ने कहा।

मजाक-मजाक में ही अकबर संजीदा हो गए और उन्होंने बीरबल से कहा–"ठीक है, कल से तुम अस्तबल में लीद तौलकर पैसा उगाही करके दिखाओ।"

दूसरे दिन बीरबल ने बादशाह की तरफ से एक फरमान जारी करवाया–"अस्तबल के सभी कर्मचारियों को सूचित किया जाता है कि घोड़ों की लीद तब तक नहीं हटवाई जाएँ जब तक कि बीरबल उसे तौलवा न लें।"

यह फरमान जारी कर अकबर सोचता रहा–आखिर इस फरमान की आड़ में बीरबल कैसे अवैध वसूली कर सकता है? उन्हें इस फरमान में न तो कोई खोट समझ में आ रही थी और न ऐसा कोई तरीका ही उनकी समझ में आ रहा था जिसका उपयोग कर बीरबल अवैध वसूली करता।

दूसरे दिन बेहिचक बीरबल ने अस्तबल में लीद तौलने का काम शुरू कर दिया। उसने अस्तबल में एक अनुकूल स्थान पर तराजू लगवाया और बटखरे रखवाए। तब तक अस्तबल के कर्मचारियों के नाम वह शाही फरमान भी पहुँच गया जिसमें लीद तौलवाने की ताकीद की गई थी। अस्तबल के कर्मचारी यह नहीं समझ पा रहे थे कि लीद क्यों तौला जा रहा है और इस अदना से काम के लिए बादशाह ने दीवान जी को क्यों भेजा है?

शाही दरबार के अधिकांश दरबारियों को जाननेवाले एक बुजुर्ग कर्मचारी ने बीरबल से आखिर पूछ ही लिया–"बात क्या है, दीवान जी, मैंने अपनी इतनी बड़ी जिन्दगी में लीद तौले जाने की बात कभी नहीं सुनी थी... बाजाप्ता इसके लिए शाही फरमान आया है?"

बीरबल ने उस कर्मचारी से कहा–"तुम बुजुर्ग हो, इसलिए तुम्हें बताने में कोई नुकसान नहीं है मगर बात तुम अपने तक ही सीमित रखना, किसी को बताना नहीं। दरअसल बात यह है कि बादशाह को पुख्ता जानकारी मिली है कि अस्तबल के घोड़ों के लिए जो चारा आता है घोड़ों को उसके मुताबिक चारा नहीं दिया जाता है। इसमें तुम लोगों के साथ चारा मुहैया करानेवाला बनिया भी मिला हुआ है। दस मन चारा मुहैया कराकर वह सौ मन की रसीद ले जाता है और तुम लोग घोड़े को दो सेर चारा खिलाकर

पाँच सेर बताते हो। मुझे बादशाह ने दूध का दूध पानी का पानी करने के लिए यहाँ भेजा है।''

बुजुर्ग कर्मचारी से यह बात अस्तबल के अन्य कर्मचारियों तक पहुँची और अस्तबल में हड़कम्प मच गया। सभी बीरबल के कृपापात्र बनने के लिए बेताब हो गए।...सुबह बीरबल लीद तौलते समय पुकारता–''घोड़ा संख्या–एक के सईस, आज तुम्हारे घोड़े की लीद कम है। कल क्या खिलाया था और कितना खिलाया था, बताओ।''

इस तरह अस्तबलकर्मियों में बीरबल एक खौफ का नाम हो गया। फिर बीरबल ने उसी बुजुर्ग कर्मचारी से कहा–''तुम लोग ऐसा क्यों नहीं करते–प्रत्येक कर्मचारी प्रतिमाह मुझे एक-एक रुपए दे दे। मैं उन सबके घोड़े की लीद का माप सही कर दिया करूँगा।''

महीना पूरा होने पर बीरबल ने एक सौ चार रुपए ले जाकर राजकोष में जमा कराए तथा उसकी रसीद लेकर बादशाह के पास पहुँचा।

बादशाह ने उसे देखकर व्यंग्य किया–''क्यों बीरबल! हो रही है लीद से कमाई?''

''जी हाँ, जहाँपनाह! कुछ राजकोष को भी फायदा पहुँचा रहा हूँ।'' बीरबल ने मुस्कुराते हुए कहा तथा एक सौ चार रुपए की रसीद अकबर को थमा दी।

अकबर की समझ में जब कुछ नहीं आया तब बीरबल ने पूरी कहानी उन्हें सुना दी कि कैसे ये एक सौ चार रुपए उसके पास आए।

अकबर ने कहा–''तब तो जरूर ये कर्मचारी कुछ गलत करते होंगे जिसको छुपाने के लिए सबने तुम्हें एक-एक रुपए दिए?''

''जहाँपनाह! गरीब की भूख छोटी होती है। पेट भरने तक ही सोच पाते हैं ये। एक-एक रुपए तो उन्होंने पेट काटकर मुझे दिया है कि मैं उन्हें किसी परेशानी में न फँसा दूँ। बेचारों पर सन्देह करना उचित नहीं होगा। वे तो मेरे रौब में थे। वे जानते थे कि मैं आपके दरबार में हूँ। सच कहूँ तो इस तरह की उगाही तो वहाँ से भी हो सकती है जहाँ लोग मुझे नहीं जानते और शाही फरमान का जहाँ कोई मायने नहीं है।''

अकबर को फिर बीरबल की बात में बड़बोलापन नजर आया। उन्होंने बीरबल से कहा–''तो क्या तुम सीमावर्ती क्षेत्र के दूर-दराज के

जनशून्य स्थान पर बहनेवाली नदी के किनारे खड़े रहकर भी पैसे उगाह ले सकते हो?"

"अवश्य जहाँपनाह, यदि यह आपका हुक्म है तो!" बीरबल ने कहा।

बीरबल को अकबर ने सबक सिखाने के खयाल से राजधानी के सुदूरवर्ती इलाके से गुजरनेवाली यमुना के किनारे भेज दिया। दो घुड़सवार उसे वहाँ एक जनशून्य स्थान पर छोड़ आए।

बीरबल ने नदी के किनारे अपना तम्बू गाड़ लिया और हाथ में एक झंडा लेकर नदी के किनारे खड़ा हो गया। उस दिन राजधानी में कुछ खास वस्तुओं की आपूर्ति के लिए यमुना से एक बड़ी नौका गुजर रही थी। बीरबल ने उस नौका को झंडा दिखाकर रोक दिया। जब नौका बढ़ाने का उसने देर तक संकेत नहीं दिया तो नौका में बैठा व्यापारी बीरबल के पास आया और उससे नौका को आगे बढ़ने की अनुमति देने का अनुरोध करने लगा।

बीरबल ने उससे स्पष्टतः कहा–"हाँ भाई, मैं समझता हूँ, नौका छूटने में तुम अपना लाभ देख रहे हो। माल पहुँचाकर तुम कुछ कमाओगे। मैं बाढ़ नियन्त्रण विभाग का काम कर रहा हूँ। तुम्हारी इतनी बड़ी नौका के गुजरने से नदी में कृत्रिम लहरें उठेंगी जिसका असर तीन दिनों तक तो रहेगा ही। अब बताओ, मुझे क्या लाभ होगा कि मैं तीन दिनों तक इस निर्जन स्थान पर खड़े रहने का खतरा मोल लूँ? क्या तुम मुझे तीन दिनों का वेतन दे दोगे, जो मैं ऐसा होने दूँ?"

जब बीरबल ने व्यापारी का अनुरोध नहीं माना तब व्यापारी ने उसे तीन दिनों की कमाई के एवज में साठ रुपए थमाए और नौका छोड़ने पर राजी कर लिया।

इस तरह बीरबल यमुना से गुजरनेवाली नौकाओं को रोककर धन उगाही करने लगा। एक बार एक जहाज के पल्ले पड़ जाने से भी उसकी अच्छी कमाई हुई। अन्ततः अकबर तक भी बीरबल की अवैध उगाही की खबर पहुँची। अकबर को जब पता चला कि बीरबल यमुना से गुजरनेवाली नौकाओं को रोककर पैसे वसूली कर रहा है तब अकबर ने एक बड़े कातिब को बुलवाकर एक बड़े कागज पर लिखवाया–'नौकाओं को रोको मत, जाने दो।' शाही मुहर-लगे इस पैगाम को पढ़कर बीरबल मुस्कुराया। उसने उस

फरमान में बहुत खूबसूरती से थोड़ी मेहनत के बाद सन्तोषजनक सन्देश बना लिया। सन्देश था–'नौकाओं को रोको, मत जाने दो।'

इसके बाद बीरबल ने शाही सेना के लिए रसद ले जानेवाली नौका को ही रोक लिया। खूब बावेला मचा और इसकी खबर बादशाह तक पहुँची। बादशाह ने बीरबल को दरबार में हाजिर होने के लिए फरमान भेजा।

बीरबल उनके दरबार में बेहिचक हाजिर हुआ।

अकबर ने बीरबल से पूछा–"मेरे मना करने पर भी यमुना में तुमने शाही सेना का रसद ले जा रही नौका को क्यों रोका?"

"जहाँपनाह! मैंने जो कुछ भी किया, वह शाही फरमान के अनुसार ही किया।" उसने बादशाह के सामने वह फरमान रख दिया जिस पर लिखा था–'नौकाओं को रोको, मत जाने दो।'

अब अकबर से कुछ भी कहते नहीं बना। दरबार के बाद बीरबल को साथ लेकर अकबर राजमहल गए और उसकी छत पर टहलते हुए उन्होंने बीरबल से कहा–"बीरबल! तुमने मेरी आँखें खोल दीं। मैं समझता था कि दोष व्यक्ति में है जिससे भ्रष्टाचार फैलता है परन्तु तुमने मुझे समझा दिया है कि प्रणाली भी कम जिम्मेदार नहीं है।" थोड़ी देर के बाद अकबर ने बीरबल से कहा–"बीरबल! अब लहरों से कमाई करने की जरूरत नहीं है, तुम कल से पहले की भाँति ही दरबार का काम-काज सँभालो।"

बीरबल के होंठों पर विजयी मुस्कान खेल रही थी।

शरारत से करामात

अकबर अच्छे बादशाह थे। सौन्दर्यप्रियता भी उनमें कूट-कूटकर भरी हुई थी। उनकी कई बेगमें थीं। छोटी बेगम बहुत खूबसूरत थी। छोटी बेगम की खूबसूरती पर रीझकर ही अकबर ने उसके साथ निकाह किया था। जैसा कि होता आया है, अकबर से विवाह होते ही छोटी बेगम के रिश्तेदार बादशाह के महल का चक्कर लगाने लगे। कभी छोटी बेगम के जन्मदिन के बहाने तो कभी ईद और बकरीद के बहाने। अकबर मेहमाननवाज भी थे। उनका शाही दस्तरखान भी मशहूर था जिस पर तरह-तरह के पकवान परोसे जाते थे। अटूट लंगर सा चलता रहता था। छोटी बेगम के रिश्तेदारों के आने-जाने पर अकबर ने कभी कोई पाबन्दी नहीं लगाई थी।

दूसरी तरफ अकबर के दरबार में बीरबल का कद लगातार बड़ा होता जा रहा था। बादशाह अकबर प्रायः बीरबल से सलाह लेकर ही कोई फैसला लेते थे। बीरबल की बढ़ती अहमियत से अन्य दरबारी परेशान थे। वे चाहते थे कि किसी तरह बीरबल को अकबर की नजर से गिरा दिया जाए ताकि अन्य दरबारियों को भी अपनी मेधा-क्षमता दिखाने का अवसर मिल जाए।

इसी दौरान छोटी बेगम के बार-बार कहने से अकबर ने छोटी बेगम के भाई फैयाज को अपने दरबार में नियुक्त कर लिया। फैयाज के दरबार में आ जाने से दरबार का बीरबल विरोधी खेमा उसे महत्त्व देने लगा। इस खेमे का हर दरबारी फैयाज से ऐसा बर्ताव करता मानो वह बहुत तेज दिमाग हो! ये दरबारी उससे छोटी-छोटी समस्याओं का हल पूछते और जब फैयाज उन्हें हल सुझा देता तब वे उसकी तारीफ करते–''हुजूर फैयाज साहब! आपके जैसे जानकार इनसान को तो इस दरबार का मुख्य दीवान होना चाहिए।''

अमूमन फैयाज की इस तरह की तारीफ अनेक दरबारियों ने की थी। रोज-रोज दरबारियों से एक ही तरह की बात सुनकर फैयाज को यह गलतफहमी होने लगी कि उसमें ऐसा हुनर है जिससे वह इस दरबार का दीवान नियुक्त हो सकता है। उसे इस बात का जरा भी अहसास नहीं था कि दरबारी जान-बूझकर एक योजना के तहत उसकी तारीफ करते हैं और दरबार में उसे बीरबल के विरुद्ध आजमाना चाहते हैं।

ईद का मौका था। फैयाज अकबर के नए महल में छोटी बेगम से मिलने गया था। यह नया महल अकबर ने छोटी बेगम के लिए बनवाया था। महल की शानो-शौकत देखकर फैयाज की आँखें चौंधिया गईं। ऐशो-आराम की चीजों से भरे इस महल को देखकर उसकी हसरतें भी अँगड़ाइयाँ लेने लगीं। उसने सोचा–'उसकी बहन कितनी किस्मतवाली है कि उसकी सुख-सुविधाओं के लिए हर जरूरी चीज उसके पास उपलब्ध है। शानदार महल में रहती है। एक नहीं, दसियों दासियाँ उसके इशारे का इन्तजार करती रहती हैं। काश! उसके पास भी दौलत होती तो वह भी अपने लिए ऐसी ही सुविधाओं वाला महल बनवाता।' वह विचारों में मग्न था इसलिए उसे इस बात का अहसास नहीं हो पाया था कि कोई उसके पास आकर खड़ा है।

अपने छोटे भाई के आने की खबर सुनकर छोटी बेगम बैठक में उससे मिलने आई थी। भाई को विचारों में खोया देख उसने कोमलता के साथ उसके कन्धे को सहलाया और कहा–"अरे! तू किन खयालों में खोया है फैयाज?"

बहन की आवाज सुनकर फैयाज की चेतना लौटी और उसने झेंपते हुए कहा–"कुछ नहीं! बस, मैं तुम्हारे महल की खूबसूरती देख रहा था।"

"तुम्हें यह महल अच्छा लगा?...अभी इसके रंग-रोगन और पर्दों का काम होना बाकी है। जब काम पूरा हो जाए तब देखना कि महल किसे कहते हैं। जिल्लेइलाही खुद इस महल के निर्माण का काम देख रहे हैं। हर चीज उनकी ख़ास पसन्द की है।" थोड़ी चुप्पी के बाद छोटी बेगम बोली–"चलो, मैं तुम्हें अपना महल दिखाऊँ।" उसकी बोली में उत्साह था।

अपने भाई को पूरा महल दिखाने के बाद छोटी बेगम ने उसी उत्साह-भरे स्वर में अपने भाई से पूछा–"फैयाज, अब बताओ, कैसा लगा तुम्हें मेरा महल!"

"बहुत अच्छा है आपा! काश, मेरे पास भी ऐसा महल होता!" फैयाज ने महल की प्रशंसा करते हुए कहा।

"अरे! महल कौन बड़ी बात है?...तुम जिल्लेइलाही के दरबारी हो। ऊँचा सोचो!" छोटी बेगम ने अपने भाई पर प्यार उड़ेलते हुए कहा।

"...बड़ी बात है–आपा! बहुत बड़ी बात है! मैं बादशाह के दरबार का एक साधारण दरबारी हूँ, दीवान नहीं!" फैयाज ने कहा।

"...तो दीवान होना कौन बड़ी बात है...मैं बादशाह सलामत से कहकर तुम्हें दीवान बनवा दूँगी। तुम केवल दरबार का रंग-ढंग सीख लो। यह समझ लो कि दीवान कैसे काम करता है और क्या-क्या काम करता है।" छोटी बेगम अब भी अपने छोटे भाई से लाड़ जता रही थी।

"हाँ, आपा! मैं तो पहले दिन से ही दरबार का काम-काज सीखने और समझने लगा। दीवान का काम कोई मुश्किल काम नहीं है। बादशाह जिस बात को नहीं जानते हैं या नहीं समझते हैं, उसके बारे में दीवान से पूछते हैं। दीवान जो चाहे बता देता है। अब बादशाह उस बारे में जानते- समझते नहीं हैं जिस बारे में दीवान सलाह देता है। दीवान ने गलत कहा या सही, यह बादशाह कैसे समझ सकते हैं...वे तो मानकर चलते हैं कि दीवान ने जो सुझाव दिया है, वही सही है।" फैयाज ने कहा।

"फिर भी दरबार में बादशाह के अलावा दरबारी भी तो रहते हैं। उनमें तो जानकार लोग होंगे ही!...इसलिए तुम अपनी जानकारी बढ़ाने में जुट जाओ। जानकारी बढ़ाना हमेशा अच्छी बात होती है। बाकी मैं देख लूँगी।" छोटी बेगम ने कहा।

"आपा! मुझे दरबार में पहले दिन से ही कई दरबारी आनेवाले कल का दीवान कहने लगे हैं। उनका कहना है कि मुझमें दीवान जैसी क्षमताएँ कूट-कूटकर भरी हैं। वे सुझावों के लिए मेरे पास आते हैं। मेरे सामने वे बीरबल को भी कुछ नहीं समझते।" फैयाज ने कहा।

छोटी बेगम को अपने भाई की आवाज में कोई झूठ, फरेब या बनावट नजर नहीं आई इसलिए उसने फैयाज से कहा–"ठीक है फैयाज! तुम अपना काम करो, मैं अपना काम करूँगी।"

फैयाज के लिए छोटी बेगम का आश्वासन बेशकीमती 'ईदी' की तरह था। वह फूला नहीं समा रहा था। ईद की सेवइयाँ खाकर वह खुश-खुश छोटी

बेगम के महल से अपने घर की ओर चल पड़ा। वह बहुत खुश था क्योंकि एक तरह से छोटी बेगम ने उसे दीवान बनवा देने का भरोसा-सा दे दिया था।

दूसरे दिन जब फैयाज दरबार गया तो उससे एक दरबारी ने कहा–"फैयाज साहब! मैं यदि आपकी जगह होता तो अब तक बीरबल का पत्ता साफ करा देता और उसकी जगह मैं बैठता। आपमें इतनी काबिलीयत है मगर लगता है कि आपमें तरक्की करने की भूख नहीं है।"

फैयाज ने झेंपे स्वर में कहा–"भाई साहब! यह आप की जर्रानवाजी है वरना मुझमें क्या काबिलीयत है? इस दरबार में तो एक से बढ़कर एक काबिल लोग हैं। यह अपने बीरबल को ही देखिए। उनकी काबिलीयत की बदौलत उनका नाम मुल्क में ही नहीं, मुल्क के बाहर भी है।"

उस दरबारी ने कहा–"अजी, आप भी किसका नाम ले बैठे फैयाज साहब! अपनी तुलना भी की तो बीरबल से? अजी, कहाँ आप और कहाँ बीरबल! आप पर तो उस जैसे सौ बीरबल निछावर कर दूँ। यह मेरी ही नहीं, मेरे सभी दोस्तों की भी राय है। भरोसा नहीं होता न मेरी बात पर, तो लीजिए, मैं शमशेर सिंह से पूछकर दिखाता हूँ।" उसने दरबार में प्रवेश कर रहे एक दरबारी को आवाज दी–"भाई शमशेर! जरा इधर आना।"

शमशेर सिंह मुस्कुराते हुए उनके पास पहुँचा तो उस दरबारी ने उससे पूछा–"हाँ भइया शमशेर, जरा बताना तो, अपने दरबार का दीवान किसे होना चाहिए?"

शमशेर ने सबसे पहले प्रश्नकर्ता की ओर मुस्कुराते हुए एक भरपूर दृष्टि डाली और उसके बाद बहुत शान्त स्वर में कहा–"मेरी नजर में तो यहाँ दीवान बनने के लायक केवल फैयाज साहब हैं, बीरबल तो इनके पासंग भी नहीं ठहरता। मगर फैयाज साहब दीवान बनने की न जाने, क्यों कोशिश नहीं करते। सच कहूँ, यदि मैं बादशाह का साला होता तो अब तक अपने लिए दीवान का पद सृजित करवा लेता...।"

"...हें हें हें...क्यों मजाक कर रहे हैं शमशेर साहब!" फैयाज ने खुश होते हुए कहा।

इन लोगों की बातचीत अभी जारी रहती मगर इस बीच ही दरबार में अकबर आ गए और सभी दरबारी अपनी-अपनी जगह पर जाकर बैठ गए। दरबार के रोजमर्रे का काम होने लगा।

इस तरह कुछ दरबारियों ने एकसूत्र होकर फैयाज का कान भरना शुरू कर दिया कि बीरबल उसकी राह का सबसे बड़ा अवरोध है। बीरबल यदि किसी तरह दरबार से बाहर हो जाए तब दरबार में उसके दीवान बनाए जाने की राह निकल आएगी।

दरबारियों द्वारा चढ़ाए जाने पर फैयाज जब भी मौका मिलता, छोटी बेगम को उसे दीवान बनवाने का वादा याद दिलाता रहता था।

एक दिन उसने छोटी बेगम को जाकर समझाया—"देखो आपा! यह बीरबल जब तक दरबार में रहेगा तब तक बादशाह सलामत मेरी तरफ देखेंगे भी नहीं। उन्हें मेरी काबिलीयत का अन्दाज तो तब ही लग सकेगा न, जब वे मुझे भी समस्याओं का निदान करने देंगे। अभी तो आलम यह है कि दरबार में कोई समस्या आई नहीं कि समाधान सुझाने के लिए बीरबल खड़ा हो जाता है। मुझे तो क्या, किसी भी दरबारी को कुछ कहने का मौका ही नहीं मिलता।...और बादशाह भी बीरबल के ऐसे दीवाने हैं कि किसी और से कुछ पूछते ही नहीं। जितने भी महत्त्वपूर्ण काम हैं, वे बीरबल से ही कराते हैं।...सच आपा! यदि तुम चाहती हो कि मैं मुल्के हिन्दोस्तान का दीवान कहा जाऊँ तो तुम किसी भी तरह दरबार से बीरबल को निकाल बाहर करा दो। इसके बाद ही मेरे लिए कोई राह निकल पाएगी।"

फैयाज द्वारा ऐसा कहे जाने पर छोटी बेगम बेहद परेशान हो गई। अकबर कभी भी उसके साथ शासन-सल्तनत की बात नहीं करते थे। सत्ता सम्बन्धी उलझनों को सुलझाने के लिए यदि अकबर को किसी मशविरे की जरूरत होती तो वे या तो अपनी बड़ी बेगम के पास जाते या फिर बीरबल को अपने पास बुलाते। शासन के गोपनीय रहस्यों से यही दोनों परिचित थे। छोटी बेगम यह नहीं समझ पा रही थी कि आखिर वह अकबर से कैसे कहेगी कि वे दरबार से बीरबल को निकाल बाहर करें? उसका दिमाग इस गुत्थी को सुलझाने में लग गया।

उस दिन छोटी बेगम ने अपने भाई को यह कहकर वापस भेज दिया—"ठीक है फैयाज! अब जाओ! मैं देखती हूँ कि कैसे तुम्हारी राह का यह

काँटा दूर हो।...यूँ यह काम मुश्किल तो है मगर इनसान चाह ले तो क्या नहीं हो सकता!"

फैयाज के जाने के बाद भी बेगम के दिमाग में यही बात मचलती रही कि बादशाह सलामत से किस प्रकार यह कहा जाए कि बीरबल को वे दरबार से निकाल बाहर करें?

छोटी बेगम अकबर की चहेती बेगम थी। छोटी बेगम को इस बात का अहसास था कि अकबर उसके रूप पर फिदा हैं...गुण पर नहीं! छोटी बेगम के साथ शराब पीना, मनोरंजन करना और आराम फरमाना अकबर को प्रिय था। अपनी अन्य बेगमों की अपेक्षा वे छोटी बेगम के साथ अधिक समय बिताते थे। इसके बावजूद छोटी बेगम को नहीं लग रहा था कि वह बादशाह के सामने बीरबल को दरबार से निकालने का प्रस्ताव रख सकेगी क्योंकि बादशाह उनके साथ मनोरंजन की बातें तो करते थे, संजीदा बातें करना कतई पसन्द नहीं करते थे।

जब बादशाह छोटी बेगम के पास आए तब छोटी बेगम इन्हीं खयालों में डूबी गुमसुम-सी पड़ी रही। उसे बादशाह के आने का अहसास तक नहीं हुआ। अकबर को यह बहुत अटपटा-सा लगा क्योंकि इससे पहले जब कभी भी अकबर छोटी बेगम के महल में आए, उन्हें छोटी बेगम इन्तजार करती मिली। अकबर के आते ही छोटी बेगम मनुहार और प्यार लुटाने लगती थी। आज बेगम का चेहरा उदास था। उसने शृंगार भी नहीं कर रखा था। अकबर इस स्थिति से अकबका से गए और उन्होंने छोटी बेगम से बहुत ही प्रेम से पूछा—"क्या बात है बेगम! तुम्हारी तबीयत तो ठीक है? मैंने तुम्हें इतना उदास इससे पहले कभी नहीं देखा।"

बेगम के दिमाग में अपने भाई को दीवान बनवाने की अचानक ही तरकीब सूझ गई। अकबर की आवाज सुनकर भी वह अपने स्थान से न तो हिली और न ही बादशाह का अभिवादन किया जिससे अकबर ने अनुमान लगाया कि जरूर कोई गम्भीर बात है। वे उस बात को जानने के लिए बेचैन हो उठे। मगर अकबर बात जानते कैसे? छोटी बेगम कुछ बोल ही नहीं रही थी।

बहुत मनुहार करने पर छोटी बेगम ने कहा—"मैं ज्यादा कुछ तो नहीं बोलूँगी, हाँ, यदि जिल्लेइलाही मुझे खुश देखना चाहते हैं तो कल ही बीरबल

से दीवान का पद छीनकर उसे कहीं दूर भेज दिया जाए और बीरबल की जगह पर फैयाज को दीवान बना दिया जाए।"

छोटी बेगम की शर्त सुनकर अकबर दंग रह गए। उन्हें यह बात तो समझ में आ गई कि जरूर फैयाज ने पद के लोभ में अपनी बहन को भड़काया है, मगर वे यह नहीं समझ पा रहे थे कि आखिर वे छोटी बेगम को मनाएँ कैसे? बीरबल को दीवान के पद से हटाना साम्राज्यहित में नहीं था और मान लिया जाए कि बीरबल को इस पद से हटा भी दिया जाए तो किस अपराध में? ऐसे कदम से तो उनकी बादशाहत कलंकित हो जाएगी।

ऐसा सोचकर अकबर ने छोटी बेगम से कहा–"छोटी बेगम! मैं तुम्हारे कहने पर बीरबल को दीवान के पद से हटा तो दूँगा मगर मुझे यह भी बताओ कि उसे किस अपराध में यह दंड दूँ? बिना किसी अपराध के ऐसा कदम एक बादशाह तो नहीं उठा सकता है।"

छोटी बेगम ने कहा–"आलीजाह! आप उसके अपराध की चिन्ता न करें। बस, आप महल में चर्चा हो जाने दें कि आप मुझसे नाराज होकर चले गए हैं और जब बीरबल आपसे मिले तो उसे यह कहकर मेरे पास भेज दीजिए कि तुम जाकर छोटी बेगम को मनाओ। छोटी बेगम मुझसे नाराज हो गई है।"

छोटी बेगम की बात सुनकर अकबर वहाँ से झटके में उठे और कहा–"ठीक है," और तेजी से पाँव पटकते हुए छोटी बेगम के महल से ऐसे निकले कि छोटी बेगम को भी लगा कि अकबर नाराज हो गए हैं।

छोटी बेगम के महल के खिदमतगारों ने असमय ही बादशाह को तेजी से महल से निकलते हुए देखा तो वे अचरज में डूब गए। इससे पहले उन्होंने अकबर को छोटी बेगम के महल से ऐसे जाते नहीं देखा था। एकबारगी वहाँ दास-दासियों में चर्चा शुरू हो गई कि आज बादशाह और छोटी बेगम के बीच झगड़ा हो गया है।

एक दासी ने साहस करके अकबर के जाने के तुरन्त बाद छोटी बेगम के कमरे में प्रवेश किया। उस समय छोटी बेगम रुआँसी-सी अपने बिस्तर पर पड़ी थी।

दरअसल उस समय छोटी बेगम को इस बात के लिए पछतावा हो रहा था कि उसे बादशाह के काम में दखल नहीं देना चाहिए था। यदि बादशाह

को उसकी बात बुरी लगी तो वे उसके पास आना बन्द कर सकते हैं जैसे कि बादशाह अपनी कई बेगमों के पास नहीं जाते हैं। ऐसे में तो महल में उसकी हस्ती भी वह नहीं रह पाएगी, जो आज है।

दासी ने देखा छोटी बेगम बहुत उदास है। उसने शृंगार भी नहीं किया है। उसने पूछा–"क्या हुआ बेगम साहिबा! बादशाह सलामत आज रुके ही नहीं। आए, और आकर चले गए...कोई ऊँच-नीच बात हो गई क्या?"

"नहीं, कोई बात नहीं हुई है...बस, तुम जाओ, अपना काम करो और मुझे अकेला छोड़ दो।"

छोटी बेगम का यह उत्तर दासी के शुबहे को मजबूत बनानेवाला साबित हुआ।

छोटी बेगम के कमरे से निकलकर उसने प्रचारित कर दिया कि आज बादशाह ने छोटी बेगम की 'खबर' ली है। छोटी बेगम अपने बिस्तर पर दुखी और निढाल पड़ी हैं।

महल में चर्चा फैलते देर नहीं लगी। अन्य बेगमों ने भी यह चर्चा सुनी। उन्होंने सोचा, यह तो होना ही था–बादशाह को अब फिर कोई नई बेगम लाने की इच्छा हो गई होगी।

दूसरे दिन अकबर ने बीरबल को अपने बाग में बुलवाया। टहलते-टहलते ही अकबर ने बीरबल से कहा–"बीरबल, जाओ, जाकर छोटी बेगम से मिल आओ।"

अकबर का यह निर्देश बीरबल को अटपटा-सा लगा। आखिर वह अकारण छोटी बेगम से मिलने क्यों जाए? मगर बादशाह के चेहरे पर चिन्ता का भाव देखकर उसने कुछ पूछा नहीं। उसके दिमाग में तेजी से कई बातें कौंध-सी गईं। उसे यह पता था कि दरबार के कई दरबारी फैयाज को दीवान पद के लिए बहकाते हैं और फैयाज छोटी बेगम का छोटा भाई है। अकबर छोटी बेगम को बहुत चाहते हैं...कहीं फैयाज ने दरबारियों की सलाह पर दीवान पद के लिए छोटी बेगम का सहारा तो नहीं लिया? मन में यह शंका आते ही बीरबल को उसका उत्तर भी मिला कि हो सकता है कि ऐसा ही हुआ हो...महत्त्वाकांक्षा आदमी को उचित-अनुचित दोनों ही दिशा में बहुत दूर तक ले जाती है।

दिमाग में यह विचार आते ही बीरबल छोटी बेगम के महल में जाने के लिए बाग से निकला और रास्ते में ही खुफिया विभाग के एक अधिकारी के कान में कुछ फुसफुसाया, फिर तेजी से छोटी बेगम के महल की ओर चला गया।

जब बीरबल छोटी बेगम के महल में पहुँचा तो पाया कि छोटी बेगम काफी असमंजस की स्थिति में है। उसने बेगम से इधर-उधर की बातें छेड़ दीं। अभी बातों का सिलसिला शुरू ही हुआ था कि खुफिया विभाग के अधिकारी ने बीरबल के पास सन्देश भिजवाया कि वह उससे मिलना चाहता है। प्रकट रूप में बेचैनी दर्शाते हुए बीरबल कुछ इस अन्दाज में बुदबुदाया कि बेगम सुन लें। बेगम ने सुना—बीरबल के मुँह से निकला—''बादशाह सलामत भी न जाने क्यों मुझे ही ऐसे काम सौंप देते हैं।'' इसके बाद सन्देश लेकर आई दासी से बीरबल ने कहा—''जाओ! उसे यहीं भेज दो।''

थोड़ी ही देर में एक आदमी छोटी बेगम के कक्ष में आया और बेगम को झुककर 'आदाब' करते हुए बीरबल से कहा—''हमारे सूत्रों ने जानकारी दी है कि जहाँपनाह इसलिए नाराज हैं कि उन्हें यह पसन्द नहीं कि कोई उनके काम में दखल दे। लड़कीवालों से बातें तय हो चुकी हैं, जल्दी ही कुछ हो जाएगा।''

यह वही आदमी था जिसके कानों में कुछ फुसफुसाकर बीरबल बेगम के पास आया था। बीरबल ने उससे सपाट लहजे में कहा—''ठीक है, अब तुम जाओ।''

अधिकारी को जाता देखते हुए बीरबल भुनभुनाया—''इस उम्र में अब यह सब ठीक नहीं, मगर बादशाह को कौन समझाए!''

इस बार भी बीरबल का भुनभुनाना बेगम ने सुन लिया। उसने बीरबल से कहा—''क्या हो गया दीवान साहब? आप कुछ परेशान से हैं? और यह खुफिया महकमे का आदमी क्या कह रहा था?''

"वह बात छोड़िए बेगम साहिबा!" बीरबल ने बात टालने के अन्दाज में कहा। फिर वह इस अन्दाज में बोला, जैसे उसे अचानक कोई बात याद हो आई हो—''अरे हाँ! बेगम साहिबा! बादशाह सलमत ने मुझे आपके हुजूर में पेश होने का हुक्म दिया था। इसीलिए मैं आपके पास आया था।''

बेगम का मन अब तक अनेक तरह की आशंकाओं से घिरा था, वह बीरबल से ऐसी कोई बात कहने या करने का साहस नहीं जुटा पा रही थी,

उसने कहा–"वह बात अभी रहने दें दीवान साहब! मुझे बताएँ कि खुफिया क्या सन्देश दे गया है? पता नहीं क्यों, मेरा मन तरह-तरह की आशंकाओं से घबरा-सा रहा है!"

बीरबल ने छोटी बेगम को मानसिक रूप से परेशान करने के लिए ही यह चाल चली थी। उसे विश्वास था कि यदि बेगम ने बादशाह से उसके खिलाफ कोई बात कही होगी तो खुफिया विभाग के अधिकारी के सन्देश से वह अवश्य आतंकित हो जाएगी। बेगम की स्वीकारोक्ति से बीरबल इस निष्कर्ष पर पहुँच गया कि छोटी बेगम ने बादशाह के कान भरे हैं। फिर क्या था, उसने तुरन्त एक मनगढ़ंत कहानी सुना दी कि बादशाह अब छोटी बेगम के विकल्प की तलाश में हैं क्योंकि छोटी बेगम उनके काम-काज में दखलअन्दाजी करने लगी हैं। इस सम्बन्ध में बादशाह एक लड़की पसन्द कर चुके हैं। मगर निकाह से पहले वे उससे यह आश्वासन चाहते हैं कि वह उनकी बेगम बनने के बाद केवल उनके मनोरंजन के बारे में सोचेगी तथा इस बात की ओर कभी ध्यान नहीं देगी कि उनका राज-काज कैसे चलता है या कैसे चलना चाहिए।

छोटी बेगम को तो जैसे साँप सूँघ गया। उसके मुँह से एक शब्द भी नहीं निकला। उसे फैयाज के दीवान बनने की ख्वाहिश के कारण अब उस पर गुस्सा आ रहा था। खुद पर भी कोफ्त हो रही थी कि बादशाह को आखिर उसने फैयाज को दीवान बनाने की बात क्यों कही।

छोटी बेगम को चुप देखकर बीरबल ने पुनः कहा–"बेगम साहिबा! मुझे जहाँपनाह ने आपके पास भेजा है। आप बताएँ, क्या हुक्म है?"

छोटी बेगम ने रुआँसे स्वर में कहा–"अब उस बात को जाने दें दीवान साहब! मैंने आपकी बुद्धिमानी की बड़ी तारीफ सुनी है। अभी तो आप मुझे कोई उपाय सुझाएँ कि बादशाह सलामत के दिमाग से निकाह का फितूर निकल जाए।"

बीरबल ने पूरी संजीदगी के साथ कहा–"बेगम साहिबा! आप परेशान न हों! कोई न कोई राह अवश्य निकल आएगी। आप अभी तैयार हो जाएँ। खुद को सँवारे। बादशाह सलामत अभी शाही बाग में होंगे। उनसे जाकर कहें कि वे जैसे चाहें, अपना राजकाज चलाएँ। आप कभी उनके काम में दखल नहीं देंगी। मुझे विश्वास है कि आपके इस संकल्प से बादशाह

सलामत का मन बदल जाएगा। आखिर अपनी सभी बेगमों में बादशाह आपको ही सबसे ज्यादा चाहते हैं।''

बीरबल का परामर्श मिलते ही छोटी बेगम तैयार होने के लिए उठी और बीरबल वहाँ से प्रस्थान कर गया।

थोड़ी ही देर में छोटी बेगम अच्छी तरह बन-सँवरकर पालकी में सवार होकर बादशाह से मिलने बाग में चली आई। बीरबल का अनुमान सही था कि बादशाह शाही बाग में मिल जाएँगे। असल में बीरबल की इस समझ का कारण यह था कि शाही बाग में टहलते हुए अकबर ने उसे छोटी बेगम के पास भेजा है तो वे उसकी वापसी का इन्तजार भी वहीं कर रहे होंगे।

बीरबल की जगह शाही बाग में छोटी बेगम को आया देखकर अकबर चौंक से गए। मगर जल्दी ही उनकी समझ में आ गया कि बीरबल अपना कारनामा कर चुका है। शाही बाग में अकबर के पास पहुँचकर छोटी बेगम बादशाह से यह कहते हुए बिलख पड़ी–''मुझे माफ कर दें आलीजाह! अब कभी भी मैं आपके राज-पाट के मामले में दखल नहीं दूँगी और न कभी फैयाज को दीवान बनाने के लिए कहूँगी। मुझे माफ कर दें और नई बेगम लाने का खयाल मन से निकाल दें।''

'नई बेगम' सुनकर अकबर चौंक गए। उन्होंने छोटी बेगम को समझाने की कोशिश की कि वे कोई नई बेगम लाने की बात नहीं सोच रहे मगर छोटी बेगम का फफकना जारी रहा।

अन्त में अकबर ने कहा–''देखो छोटी बेगम! यह जो बीरबल है न, वह बड़ा ही शरारती किन्तु करामाती आदमी है। उसने तुमसे जो भी कहा, वह उसकी शरारत है, इससे अलग कुछ भी नहीं।...लेकिन इस शरारत से उसने वह करामात कर दिखाया जिसके लिए मैं कल से ही चिन्तित था। उसने तुमसे यह संकल्प करवा दिया कि तुम राज-काज में दखल नहीं दोगी। दरअसल यह जरूरी इसलिए है कि राज-काज की बहुत-सी बातें तुम नहीं जानती हो और राज-काज रिश्तेदारी निभाने की भावुकता से तो कतई नहीं चलता। अब तुम महल में जाकर आराम करो और मन से निकाल दो कि मैं कोई नई बेगम लाऊँगा।''

बेगम बाग से चली गईं और बादशाह अकबर बाग में खड़े मुस्कुरा रहे थे।

सब्जी मंडी का उद्घाटन

बीरबल अपनी बुद्धिमत्ता, ईमानदारी, निष्ठा और कर्तव्य-परायणता के कारण अकबर के दरबार में अपना विशिष्ट स्थान बना चुका था। अकबर प्रायः प्रत्येक आवश्यक और महत्त्वपूर्ण कार्य में बीरबल की सलाह अवश्य लेते। स्थिति यह हो चुकी थी कि अकबर और बीरबल के बीच गोपनीय कुछ भी नहीं रह गया था।

अकबर अपने साम्राज्य-विस्तार में लगे हुए थे। मुगलिया सल्तनत की सीमाओं के विस्तार के लिए रोज योजनाएँ बनतीं, सेना के आला अधिकारियों से विचार-विमर्श होता। रणनीतियाँ तय होतीं और इन तमाम गोपनीय चर्चाओं में बीरबल की भागीदारी रहती।

जब कभी भी कोई विशेष चर्चा के लिए महत्त्वपूर्ण लोगों के साथ बादशाह की बैठक होती तब चर्चा के महत्त्वपूर्ण बिन्दुओं को बीरबल यत्नपूर्वक याद कर लेता और अपने घर आकर एक बही में उन बिन्दुओं को सिलसिलेवार लिख लिया करता था। ऐसा वह यह सोचकर करता था कि ये चर्चाएँ आनेवाले समय में नीति-निर्धारण के समय उद्धृत की जा सकें।

दीपावली की तैयारियाँ शुरू हो चुकी थीं। एक सुबह युद्ध सम्बन्धी परामर्श के लिए अकबर की सेना का सेनापति एवं कुछ अन्य महत्त्वपूर्ण सैन्य अधिकारी बादशाह के पास पहुँचे। बातचीत प्रारम्भ करने से पूर्व अकबर ने बीरबल को बुलवा लेना आवश्यक समझा। उन्होंने सेनापति से कहा—"तुम स्वयं जाओ और बीरबल को अपने साथ लेकर आओ।"

सेनापति जब बीरबल को बुलाने उसके घर पहुँचा, उस समय बीरबल सोया हुआ था। शाही सेना के सेनापति के आगमन से बीरबल की

पत्नी घबरा गई और बीरबल को जगाकर सेनापति के आने की सूचना उसे दी।

बीरबल बिस्तर त्यागकर बाहर आया और सेनापति को अपने शयनकक्ष में ही लेकर चला गया। शयनकक्ष में उसे बैठाकर उससे आने का कारण पूछा। तब सेनापति ने उसे बताया कि शाही सेना की गतिविधियों के सम्बन्ध में कुछ सूचनाएँ शत्रुओं तक पहुँच गई हैं जिसके कारण सीमा विस्तार सम्बन्धी अभियान में थोड़े परिवर्तन की आवश्यकता महसूस की जा रही है। अब से कुछ समय बाद बादशाह की सेना के आला अधिकारियों के साथ इस मुद्‌दे पर बैठक होगी। बादशाह चाहते हैं कि बीरबल इस बैठक में मौजूद रहें इसलिए वह उसे बादशाह के पास ले चलने के लिए आया है।

इस सूचना के मिलते ही बीरबल सेनापति को शयनकक्ष में बैठाकर स्वयं स्नान आदि से निवृत्त होने चला गया।

उसके जाने के बाद सेनापति थोड़ी देर तक खाली बैठा रहा और इधर-उधर दृष्टि दौड़ाता रहा। अचानक उसकी नजर पलंग के सिरहाने पड़ी उस बही पर चली गई जिसमें बीरबल महत्त्वपूर्ण बैठकों के निर्णय अपनी स्मृति के लिए लिखा करता था। बही का एक-दो पृष्ठ उलटते ही सेनापति चौंक गया। बही में उसने सेना के लिए दिए गए महत्त्वपूर्ण निर्देशों को सूचीबद्ध देखा। ऐसे निर्देशों के दुश्मनों के हाथ पड़ जाने से शाही रणनीति विफल हो सकती थी। हाल के दिनों में शाही सेना ने कुछ किलों पर हमला करना चाहा तो यह महसूस किया कि किले के अन्दर शाही सेना के आक्रमण को निरस्त करने के लिए पूरी तैयारी थी। सेनापति और उसके सहयोगियों को सन्देह था कि यह स्थिति शाही सेना की रणनीति की विफलता की सूचक है और इसका एक कारण यह भी हो सकता है कि शत्रुओं को पहले से पता चल गया होगा कि शाही सेना का आक्रमण कब, कैसे और कहाँ होगा।

उस बही को उलटने-पलटने के बाद सेनापति ने उसे अपनी पगड़ी में छिपा लिया। तब तक बीरबल भी तैयार होकर शयनकक्ष में आ गया। सेनापति ने उस पर जाहिर नहीं होने दिया कि वह उस पर सन्देह कर रहा है और उचित सम्मान देते हुए उसके साथ अकबर के महल में पहुँचा जहाँ गोपनीय बैठक होनेवाली थी।

बीरबल के पहुँच जाने के बाद बैठक शुरू हुई। तब सेनापति ने कहना शुरू किया—"जहाँपनाह! शाही सेना की रणनीतिक विफलता के कारणों को समझने के लिए आपने यह बैठक बुलाई है। हमने पहले भी आपके सामने अपना सन्देह जताया है कि शाही सेना की गतिविधियों की सूचना किसी तरह दुश्मनों के पास पहुँच रही है। आज जब आपने मुझे दीवान साहब को बुलाने के लिए भेजा तब उनके शयनकक्ष में मुझे इस बात के पक्के सबूत मिल गए कि सेना की रणनीतियों को सूचीबद्ध करके उसे हस्तान्तरित किए जाने का कार्य महल के विश्वासपात्र व्यक्ति द्वारा हो रहा है।" इतना कहते हुए सेनापति ने अपनी तलवार निकाल ली और बीरबल के शरीर से तलवार सटा दी।

उसे ऐसा करते देख अकबर ने कहा—"यह क्या बदतमीजी है?"

सेनापति ने दूसरे हाथ से अपनी पगड़ी उतारी और बीरबल की बही उसमें से निकालकर अकबर की ओर बढ़ाते हुए कहा—"यह बही मैं बीरबल के शयनकक्ष से लेकर आया हूँ। पहले आप इसे देखें, फिर मुझे कुछ कहें।"

अकबर ने बही खोली। उसमें प्रायः सभी गोपनीय बैठकों की सूचनाएँ ब्यौरेबार सूचीबद्ध थीं। अवसर ऐसा था कि अकबर के मन में भी बीरबल के प्रति सन्देह पैदा हो गया। युद्धोन्माद में प्रायः जीत की अभिलाषा में व्यक्ति अपना विवेक खो देता है। अकबर के साथ भी ऐसा ही हुआ। बही के कुछ पृष्ठों को देखने के बाद उन्होंने बीरबल से कहा—"बीरबल! तुम तो आस्तीन के साँप निकले! क्या मिला तुम्हें शाही सेना के अभियान की गोपनीयता भंग करके?"

बीरबल समझ चुका था कि सेनापति ने उसके विरुद्ध जो वातावरण निर्मित कर दिया है उससे बेदाग निकलना मुमकिन नहीं है फिर भी उसने आशा नहीं छोड़ी और अकबर से कहा—"जहाँपनाह! उस बही में दर्ज सूचनाएँ भविष्य के नीति-निर्धारण के समय काम आनेवाली हैं, इसीलिए उन्हें मैं एक स्थान पर सूचीबद्ध कर रहा हूँ। मैंने इन सूचनाओं का गलत उपयोग नहीं किया है।"

"तुम्हें भविष्य के नीति-निर्धारण के लिए सूचनाएँ एकत्रित करने की जिम्मेदारी तो मैंने कभी नहीं सौंपी, फिर तुम ऐसा क्यों कर रहे थे?" अकबर ने पूछा।

बीरबल के लिए यह एक ऐसी स्थिति थी जिसकी कल्पना उसने कभी नहीं की थी। उसने बादशाह को सन्तुष्ट करने के लिए कहा–''जहाँपनाह! मैं बहुत से काम पूर्वानुमान के आधार पर करता रहता हूँ। महज यह एक संयोग है कि उस वक्त यह बही सेनापति के हाथों में आई जिस वक्त उनकी सेना भितरघात से आक्रान्त है।''

बीरबल की इस दलील पर अकबर ने कोई ध्यान नहीं दिया और कहा–''अब तुम्हें इस गोपनीय बैठक में रहने की इजाजत नहीं दी जा सकती। तुम्हें यह आदेश भी दिया जाता है कि यथाशीघ्र राजधानी की सीमा से बाहर चले जाओ और फिर कभी राजधानी का रुख नहीं करना। यदि तुम्हें फिर कभी राजधानी की सीमा में देखा गया तो तुम्हारा सिर कलम कर दिया जाएगा।''

अकबर की कठोर मुद्रा देखकर बीरबल ने कुछ भी कहना उचित नहीं समझा और शाही महल से बाहर आ गया।

अपने घर जाकर बीरबल ने अपनी पत्नी और बच्चों को आवश्यक निर्देश दिए और अपने घोड़े पर सवार होकर अपने बहुरुपिया मित्र के पास चला गया। वहाँ उसने बहुरुपिए की सहायता से अपना हुलिया बदल लिया और फिर राजधानी से कुछ दूरी पर बसे अलीपुर गाँव में जाकर एक किसान के घर में आश्रय लिया।

खुद को मुसाफिर बताकर किसान के घर में रह रहे बीरबल ने आश्रय के बदले किसान को चाँदी के दस सिक्के दिए जिससे खुश होकर किसान ने बीरबल से कहा–''तुम जब तक चाहो, मेरे घर में रहो। जब किसी चीज की जरूरत हो, मुझे बता दो।''

बीरबल जानता था कि गरीब किसान के लिए एक साथ चाँदी के दस सिक्के मिलना बड़ी बात थी।

बहुरुपिया मित्र की सहायता से बीरबल ने जो अपना रूप बदला था उसके कारण उसके सगे भी उसे नहीं पहचान सकते थे। बीरबल के बाएँ गाल पर कटे का एक लम्बा निशान बन गया था और दाएँ गाल पर एक काला उभारदार मस्सा था। बाईं आँख की पलकें एक-दूसरे से चिपकी हुई थीं और उस विकृति को छुपाने के लिए माथे पर बँधी एक काली पट्टी का सहारा लिया गया था। बीरबल की मूँछें साफ थीं और कनपटी से गाल तक

दाढ़ी के बेतरतीब बालों से ढँका हुआ था। वह चोगानुमा लम्बे कुर्ते और बहुत खुले पायँचे वाले पाजामे में था। कमरे से बाहर निकलने पर वह अफगानियों जैसी पगड़ी बाँध लेता था जिसके कारण अलीपुर गाँव के लोगों में चर्चा फैल गई थी कि उस किसान के घर में कोई अफगानी मेहमान आया हुआ है।

बीरबल ने अपने अलीपुर प्रवास के पहले हफ्ते में ही जान-समझ लिया कि इस गाँव के लोगों की आजीविका का साधन सब्जियों की खेती है। राजधानी के सब्जी विक्रेता अलीपुर आया करते थे और ग्रामीणों से माटी के मोल सब्जियाँ खरीदकर ले जाते थे जिसके कारण अलीपुर के किसानों की आर्थिक स्थिति अच्छी नहीं थी।

बीरबल ने अपने आश्रयदाता किसान को स्वयं राजधानी जाकर सब्जियाँ बेचकर आने के लिए प्रेरित किया।

पहले दिन बीरबल अपने घोड़े पर उसकी सब्जियाँ लादकर राजधानी ले गया और उसे बेचने में भी उसने किसान की मदद की।

बीरबल चूँकि राजधानी के चप्पे-चप्पे से परिचित था इसलिए उसे इस बात का अन्दाजा था कि सब्जियाँ कहाँ पर अच्छी कीमतों में बिक सकती हैं। इस तरह अपने बदले हुए रूप में जब बीरबल राजधानी में आया तो किसी ने भी उसे नहीं पहचाना। उस दिन के बाद से वह प्रायः अपने आश्रयदाता किसान के साथ उसकी सब्जियाँ बिकवाने के लिए राजधानी आने लगा। इस तरह उसे राजधानी की गतिविधियों की जानकारी हासिल होने लगी।

एक बार जब वह किसान के साथ राजधानी आया हुआ था तब उसे जानकारी मिली कि बादशाह की सेना का एक बड़ा अधिकारी उस समय पकड़ा गया जब दुश्मन का किला फतह करने के बाद शाही सेना के जवान राजमहल की तलाशी ले रहे थे। तलाशी के दौरान शाही सेना का अधिकारी पराजित राजा के राजमहल में बने अतिथिशाला में रँगरेलियाँ मनाते हुए पकड़ा गया था। बादशाह अकबर ने उसे राजधानी में सरेआम सिर कलम किए जाने का दंड सुनाया है।

इसके बाद बीरबल उस दिन उस किसान के साथ अलीपुर नहीं गया और क़िसान को यह कहकर वापस भेज दिया कि वह दो-तीन दिन के बाद अलीपुर लौट आएगा।

बीरबल के कारण उस किसान ने राजधानी का मुँह देखा था और यह भी जान पाया था कि राजधानी में उसकी सब्जियों के अच्छे दाम मिल जाते हैं। किसान की आर्थिक स्थिति कुछ दिनों में ही बदलने लगी थी और उसकी देखा-देखी अलीपुर के कई और किसान अब राजधानी में बेचने के लिए सब्जियाँ लाने लगे थे।

किसान नहीं चाह रहा था कि बीरबल राजधानी में रुके किन्तु जब बीरबल ने उसे जरूरी काम याद आने की बात कही तब वह अकेला अलीपुर लौटने के लिए तैयार हुआ।

किसान को विदा करने के बाद बीरबल अपने बहुरुपिया मित्र के घर चला गया। यह वही बहुरुपिया मित्र था जिससे कभी बीरबल ने देव-रूप धारण करने की कला सीखी थी।

बहुरुपिए के साथ दूसरे दिन बीरबल ने राजदरबार के सामनेवाले मैदान में मजमा लगाया। उस दिन बादशाह अकबर की ओर से मुनादी कराई जा रही थी कि 'शहंशाह अकबर के दरबार के नूर दीवान बीरबल का जो भी व्यक्ति पता बताएगा उसे मुँहमाँगा इनाम दिया जाएगा।' यह मुनादी सुनकर बीरबल मन-ही-मन मुस्कुराया और सोचा इसका मतलब यह है कि बादशाह अकबर को यह पता चल चुका है कि बीरबल निर्दोष था और अब बादशाह अपने वफादार साथी पर सन्देह करने का पश्चात्ताप कर रहे हैं। ऐसा सोचकर बीरबल को बहुत तसल्ली हुई मगर उसने तय किया कि वह अभी बादशाह के सामने प्रकट नहीं होगा।

बीरबल के जाने के बाद से अकबर को अपने दरबार में ऐसा कोई व्यक्ति नहीं मिला जिससे वे मन की बातें बता सकें। बीरबल के जाने के कुछ दिन बाद ही एक रजवाड़े को अपनी सीमा में शामिल करने की मुहिम के दौरान शाही सेना का भितरघाती पकड़ में आ गया था और बीरबल के बही अध्ययन करने के बाद अकबर ने पाया था कि वाकई उसमें केवल ऐसी बातें ही लिखी गई थीं जिन पर भविष्य में आवश्यक रूप से चर्चा किए जाने की जरूरत थी। इन रहस्यों से पर्दा उठने के बाद से अकबर बेचैन थे कि उन्होंने अपना एक बेहतरीन सहयोगी खो दिया है। अपने खुफिया

अधिकारियों की सहायता से उन्होंने बीरबल का पता लगाने की बहुत कोशिशें कीं मगर कामयाबी हासिल नहीं हुई। बीरबल का पता बताने के लिए उन्होंने व्यापक रूप से मुनादी कराई मगर उसका भी कोई लाभ नहीं हुआ। राज-काज के संचालन में उन्हें एक तेज-तर्रार दीवान की कमी खटक रही थी इसलिए उन्होंने दीवान की बहाली के लिए भी जगह-जगह पर मुनादी कराई।

नियत दिन कुछ प्रतियोगी दीवान पद के लिए दरबार में आए। इसमें एक अजीबोगरीब लिबास और लम्बी दाढ़ीवाला एक शख्स भी था। इस शख्स की चाल में गजब का आत्मविश्वास झलक रहा था। इस आदमी के चेहरे पर कटे का लम्बा निशान था, जैसे कभी तलवार के वार से उसके गाल पर गहरा घाव लगा हो!

सभी प्रतियोगियों से अकबर स्वयं साक्षात्कार ले रहे थे। जब लम्बी पगड़ी और अजीबोगरीब लिबासवाले दढ़ियल व्यक्ति की बारी आई तब अकबर ने उससे पूछा–''समुद्रों में छिपी सीपियों में कितने मोती हैं?''

"उतने ही जितने संसार भर के लोगों की आँखें हैं।'' दढ़ियल ने जवाब दिया।

इस उत्तर ने अकबर को चौंका दिया। उन्हें लगा कि बीरबल होता तो वह भी इस प्रश्न का ऐसा ही जवाब देता। उनके होंठों पर यह जवाब सुनते ही मुस्कान आ गई।

''सबसे बड़ा सुख क्या है?'' अकबर ने पूछा।

''नीरोगी काया।'' दढ़ियल प्रतियोगी ने उत्तर दिया।

"सबसे अच्छा व्यसन क्या है?" अकबर ने पूछा।

''स्वाध्याय।'' दढ़ियल ने जवाब दिया।

इस प्रतियोगी से बादशाह खुश होते जा रहे थे। उम्मीद जग रही थी कि दढ़ियल के रूप में उन्हें बीरबल का विकल्प मिल जाएगा। ऐसा सोचते हुए अकबर ने पूछा–''सबसे निकृष्ट आजीविका क्या है?''

''भिक्षाटन।'' दढ़ियल ने नपा-तुला उत्तर दिया।

''तुम समुद्र का सारा पानी पी सकते हो?'' अकबर ने पूछा।

''यदि आप समुद्र में नदियों को गिरने से रोक दें, तब!'' उत्तर दिया दढ़ियल ने।

"पृथ्वी की धुरी कहाँ है?" अकबर ने पूछा।

"मेरे बाएँ पैर के नीचे।" उत्तर था दढ़ियल का।

अकबर इस साक्षात्कार से प्रसन्न हो गए और प्रतियोगी से कहा–"तुम्हें अपना दीवान नियुक्त करते हुए मुझे प्रसन्नता होगी। तुम चाहो तो अभी से अपना पदभार ग्रहण कर सकते हो।"

मगर दढ़ियल प्रतियोगी ने यह कहते हुए अकबर को चौंका दिया कि आपके दरबार में दीवान के पद पर काम करना बेशक गौरव की बात है मगर मैं यहाँ काम कैसे करूँ, जहाँ बीरबल जैसे निष्ठावान एवं स्वामिभक्त दीवान की कद्र नहीं हो सकी, वहाँ मेरी क्या कद्र होगी?"

इस प्रतिक्रिया से अकबर बहुत लज्जित हुए और उन्होंने दढ़ियल प्रतियोगी को बताया कि बीरबल के जाने के बाद ही उन्हें उसकी निर्दोषता का पता चल गया था और उन्होंने बीरबल का पता लगाने की बड़ी कोशिश की, मगर उसका पता नहीं चल पाया। बीरबल का जाना उनके लिए निजी क्षति है क्योंकि बीरबल उनके जीवन में आया एक ऐसा शख़्स था जिसकी जगह संसार का कोई भी व्यक्ति नहीं ले सकता है।

अकबर द्वारा ऐसा कहे जाने पर दढ़ियल ने पूछा–"यदि आज आपके सामने बीरबल आ जाए तब आप क्या करेंगे? उसे फिर से अपना दीवान बनाएँगे?"

"यदि बीरबल मेरे पास आ जाए तो मेरे लिए इससे अधिक खुशी की बात कोई हो ही नहीं सकती। मैं अवश्य उसे अपना दीवान बनाऊँगा।" अकबर ने कहा।

अकबर की बात सुनते ही अचानक दढ़ियल ने अपनी भंगिमा बदली और झटके में कहा–"तो बनाइए! बीरबल को अपना दीवान।" और ऐसा कहते हुए उसने अपनी पगड़ी खोल दी और अपनी दाढ़ी नोचकर फेंक दी।

अकबर ने देखा, उनके सामने बीरबल बैठा मुस्कुरा रहा है।

अकबर प्रसन्नता से उछल पड़े और बीरबल को अपने सीने से लगा लिया। उसी समय उन्होंने बीरबल को दीवान का पद फिर से सँभालने के लिए कहा।

बीरबल ने बादशाह के आदेश को स्वीकार किया और दूसरे दिन अलीपुर से उस किसान को बुलवाया जिसने उसे आश्रय दिया था। बीरबल ने बादशाह से उस किसान को मिलवाया तथा राजधानी में अलीपुर गाँव की सब्जियाँ बेचने के लिए एक हाट के निर्माण का प्रस्ताव रखा जिसे बादशाह ने मान लिया।

कुछ दिनों में ही मंडी बनकर तैयार हो गई जिसका नाम सब्जी मंडी रखा गया। इस मंडी का उद्घाटन बीरबल ने उसी किसान से कराया जिसने अलीपुर में उसे आश्रय दिया था।

समय का लाभ लेनेवाली जाति

अकबर अपने समय में प्रतापी सम्राट के रूप में जाने जाते थे। उनके दरबार में बीरबल अपनी बुद्धिमत्ता और हाजिरजवाबी के कारण उनका चहेता बन गया था। कोई भी उलझन की बात आती तो अकबर को एक ही नाम की याद आती–बीरबल। बीरबल भी अकबर के इस व्यवहार और विश्वास पर खरा उतरने की कोशिश करता रहता था। दरबार के बाद अकबर उसे प्रायः रोक लेते। उनके बीच बादशाह और दरबारी का ही रिश्ता नहीं था बल्कि एक ऐसे दोस्त जैसा सम्बन्ध था जिससे मन की हर बात की जा सके। कोई गोपनीयता बरतने की आवश्यकता ही नहीं हो।

एक दिन दरबार से निकलते समय अकबर ने बीरबल को अपने साथ महल में चलने के लिए कहा। ऐसा प्रायः होता था। बादशाह बीरबल को साथ लेकर महल में चले जाते और महल की छत से राजमहल के चतुर्दिक् फैली प्राकृतिक सुषमा को निहारते रहते। दोनों के बीच इधर-उधर की हल्की-फुल्की बातें भी होती रहतीं। उस दिन भी ऐसा ही हुआ। अकबर अपने साथ बीरबल को महल की छत पर लेकर चले गए। वहाँ से यमुना की कल्लोल करती धारा देखने में मग्न हो गए। बीरबल उनके साथ था इसलिए बीच-बीच में उनके बीच बातें भी होती रहीं।

अचानक अकबर ने कहा–"बीरबल! हमारी सल्तनत में तरह-तरह के लोग रहते हैं। कोई हिन्दू है तो कोई मुसलमान। कोई खेती करनेवाला तो कोई कपड़े बुननेवाला। कोई फलों का व्यापारी है तो कोई जवाहरात का। कोई मवेशी बेचता है तो कोई मांस बेचता है। इन तरह-तरह के लोगों को देखकर कई बार मेरे मन में यह सवाल पैदा होता है कि इतने तरह के लोगों में सबसे चालाक किस्म के लोग कौन हैं जो बिना पकड़ में आए अपना मतलब साध लेते हों और दूसरे को लगता हो कि उसने जो किया वह उचित

ही था। इस विविधता-भरे समाज में क्या सचमुच ऐसी कोई जाति, ऐसी कौम है?''

''हाँ, है जहाँपनाह! बिलकुल है। वह जाति है बनियों की, जो आपको बिना अहसास कराए अपना मतलब निकालती रहती है और आपको लगता है कि उसने जो किया और कहा, वह उचित ही था।'' बीरबल ने कहा।

''अरे! ऐसा कैसे हो सकता है कि कोई आदमी आपसे चालाकी बरत रहा हो और आप समझें कि वह जो कर रहा है, उसमें अनुचित कुछ भी नहीं है?'' अकबर ने प्रतिप्रश्न किया।

अकबर के संशय को सुनकर बीरबल मुस्कुराया और बोला—''जहाँपनाह! मेरी बात आपको सहजता से समझ में नहीं आएगी। बनिया व्यावहारिक जगत् का मानव है। उसकी प्रकृति और प्रवृत्ति को उसके व्यवहार से ही समझा जा सकता है। आप यदि मुझे इजाजत दें तो मैं बनियों की चालाकी आपको दिखा सकता हूँ और महसूस भी करा सकता हूँ।''

''हाँ-हाँ, क्यों नहीं! मेरी तरफ से तुम्हें छूट है कि बनियों की चालाकी मुझे दिखाने के लिए तुम जो चाहो, करो। मुझसे जो सुविधा चाहो, वह तुम्हें मिल जाएगी।'' अकबर ने कहा।

बीरबल ने थोड़ी देर तक विचार करने के बाद अकबर से कहा—''जहाँपनाह! आप पूरे राज्य में मुनादी करा दें कि हर क्षेत्र से बनियों का एक-एक प्रतिनिधि पूनम की रात तक चुन लिया जाए और चुने गए तमाम प्रतिनिधि पूनम की रात को शहंशाह अकबर द्वारा आयोजित एक विशेष सभा में अनिवार्य रूप से भाग लें।''

दूसरे दिन ही पूरे राज्य में मुनादी करवा दी गई। अकबर ने खुद इस बात की तसदीक की कि राज्य के हर कोने में मुनादी हो चुकी है।

दूसरी तरफ बादशाह द्वारा कराई गई मुनादी के कारण राज्य भर के बनियों में खलबली-सी मच गई। हर ओर संशय व्याप गया। सभी बनियों में एक ही चर्चा 'बादशाह की इस मुनादी का कारण क्या है? आखिर केवल बनियों के साथ बादशाह बैठक क्यों करना चाहते हैं? वतन में तो बहुत सारी जातियाँ हैं, बहुत सारे पेशेवर हैं फिर केवल बनियों को ही अपना प्रतिनिधि चुनने के लिए क्यों कहा गया? बादशाह का दरबार तो दिन में लगता है, यह रात में खास दरबार लगाने की बादशाह को क्यों सूझी?' उस

समय आलम यह हो गया कि बनियों के बीच हर जगह ऐसे ही सवालों पर चर्चा होने लगी। जगह-जगह पर बनियों की गुप्त बैठकें होने लगीं। किसी ने इस मुनादी में बनियों की भलाई देखी तो किसी ने इसमें किसी विपदा का संकेत पाया। अन्ततः बनियों में मान्य एक बुजुर्ग ने सलाह दी कि इस तरह की मगजपच्ची से कोई फायदा नहीं है। हर क्षेत्र से एक-एक चतुर बनिए का चयन अपने प्रतिनिधि के रूप में कर लिया जाए और पूनम की रात को बादशाह के दरबार में वह प्रतिनिधि हाजिरी दे दे। मुनादी का अक्षरशः पालन किया जाए। अपनी तरफ से न कुछ जोड़ा जाए और न कुछ घटाया जाए। तय यह भी हुआ कि बादशाह के दरबार में जो प्रतिनिधि जाए, वह वहाँ भी अपनी तरफ से कुछ नहीं बोले। दरबार की हाँ में हाँ मिलाने की स्थिति हो तो मिलाए वरना चुप ही रहे।

देखते-ही-देखते बनियों में आपसी समझ विकसित हो गई। हर क्षेत्र से एक-एक बनिया प्रतिनिधि चुन लिया गया। पूनम की रात भी आ गई। अकबर का दरबार लगा। दरबार में बनियों के प्रतिनिधियों के बैठने की व्यवस्था की गई थी। बीरबल को छोड़कर उस दरबार में अन्य किसी भी दरबारी को नहीं बुलाया गया था।

अकबर अपने तख्त पर आसीन थे। बनियों के सारे प्रतिनिधि आ चुके थे। बीरबल ने सबसे अन्त में एक थाल में उड़द लेकर दरबार में प्रवेश किया। बीरबल वह थाल बारी-बारी से बनियों के प्रतिनिधियों को दिखाता हुआ बादशाह के पास पहुँचा और थाल बादशाह अकबर के सामने रखकर बोला—"महाप्रतापी बादशाह अकबर के दरबार में बनियों को आज विशेष इज्जत बख्शी जा रही है। अकबर की सल्तनत में यह पहला मौका है कि किसी जाति विशेष के सर्वमान्य प्रतिनिधियों को एक स्थान पर एकत्रित देखा जा रहा है। बादशाह अकबर की समझ है कि बनिया जाति के लोग ही उनके राज्य का भरण-पोषण कर रहे हैं। सबकी जरूरतों की पूर्ति के लिए राज्य भर में सामानों के वितरण की व्यवस्था इस जाति के लोग जिस निष्ठा और तत्परता से करते हैं, उसकी कोई मिसाल नहीं है।...बादशाह अकबर के दरबार में सभी बनिया प्रतिनिधियों का स्वागत है।"

बीरबल की बातें सुनकर बनिया प्रतिनिधियों ने तालियाँ बजाईं और फिर एक-दूसरे का कन्धा दबाकर सतर्क रहने का संकेत दिया।

सबसे पीछे बैठे एक बनिए ने अपने पास बैठे बनिए के कान में फुसफुसाकर कहा–"सत्ता अपने चकाचौंध और चिकनी-चुपड़ी बातों से ऐसे ही लोगों को फाँसती है–सावधान रहना।"

उस बनिए ने अपने पास वाले और फिर पास वाले ने अपने पास वाले के कान में फुसफुसाकर वह पंक्ति दुहरा दी और इस तरह सभी बनियों में यह सन्देश आनन-फानन में प्रसारित हो गया।

बीरबल ने फिर कहना शुरू किया–"आप लोग यह जानने के लिए अवश्य उत्सुक होंगे कि बादशाह सलामत ने आप लोगों के लिए विशेष दरबार क्यों लगाया है, और शायद यह भी कि मैंने आप लोगों को एक थाल अनाज क्यों दिखलाया है?...दरअसल बादशाह सलामत यह जानना चाहते हैं कि थाल में रखे हुए अनाज को क्या कहते हैं? आप लोग बारी-बारी से आएँ और थाल में रखे हुए अनाज को देखकर बादशाह को उसका नाम बताएँ।"

बनिए चकित रह गए जब बीरबल ने अपनी बात समाप्त की। आखिर थाल में कोई नायाब और अनजाना-सा अनाज तो था नहीं! उड़द को दूर से देखकर ही पहचाना जा सकता है। बनियों ने फिर एक-दूसरे का कन्धा दबाकर एक-दूसरे को सतर्क हो जाने का संकेत दिया। उनकी सतर्कता देखकर बीरबल मुस्कुरा रहा था और अकबर सोच रहे थे–अजीब बेवकूफ लोग हैं जो उड़द भी नहीं पहचानते। अभी तक तो सबके मुँह से इस थाल में भरे अनाज का नाम निकल जाना चाहिए था। इन बेवकूफों को बीरबल हमारी सल्तनत की सबसे तेज दिमाग जाति बता रहा था...!

बनिए बारी-बारी से उठने लगे। एक बनिया थाल के पास गया और बादशाह से बोला–"जहाँपनाह! देखा तो है पहले भी इस अनाज को मगर इसका नाम मुझे याद नहीं।"

दूसरे बनिए ने कहा–"मूँग जैसा लगता है पर मूँग नहीं है।"

तीसरे ने कहा–"यह अनाज तो दहलन है–दाल बनाने के काम आता है। उत्तर के किसान इसे उगाते हैं...मगर नाम मुझे मालूम नहीं।"

चौथे ने कहा–"पहचानता तो हूँ मगर नाम भूल गया।"

इस तरह सारे बनिए उड़द देखकर लौट आए मगर किसी ने नहीं कहा कि वह उड़द है।

अकबर यह माजरा देखकर चकित हो गए और आवेश में कहा–"अरे बेवकूफो! तुम लोग 'उड़द' भी नहीं पहचानते?"

दो-चार बनियों ने समवेत स्वर से कहा–"जी हाँ, जहाँपनाह! वही है, वही है।"

बीरबल ने तुरन्त पूछा–"वही है–वही है, क्या कह रहे हो! इस अनाज का नाम बताओ?"

बनियों ने समवेत स्वरों में कहा–"अभी-अभी आलमपनाह ने जो कहा–वही नाम है।"

अकबर उस समय तक ऊब चुके थे। उन्होंने सबको डपटते हुए कहा–"जाओ, दफा हो जाओ यहाँ से, जो उड़द भी नहीं पहचानते, उनसे बात करने से फायदा ही क्या?"

बनियों ने जब अकबर का फरमान सुना तो उनकी जान में जान आई और वे वहाँ से अपने-अपने घरों की ओर चल दिए।

उनके जाने के बाद अकबर ने बीरबल से पूछा–"बीरबल! तुम अब भी समझते हो कि बनिए चालाक होते हैं?"

बीरबल ने हँसते हुए कहा–"जी हाँ, जहाँपनाह! आपने देखा–किसी भी बनिए ने उड़द की पहचान नहीं की। उड़द कोई ऐसा अनाज नहीं जिसे ये लोग नहीं पहचानते थे। दरअसल उनकी समझ में यह नहीं आ रहा था कि उड़द की पहचान के लिए बादशाह ने इतनी आडम्बरपूर्ण तैयारी क्यों करवाई और उन्हें सन्देह था कि बिना बादशाह की मंशा जाने 'उड़द' की पहचान करने से लेने के देने भी पड़ सकते हैं इसलिए वे आपस में एकमत हो गए थे कि कोई भी व्यक्ति उड़द को उड़द नहीं कहेगा। और अन्त तक उनकी यह सहमति बनी रही। यही चालाकी और सहमति इस जाति की ताकत है। आपने देखा होगा जब किसी चीज की बाजार में कमी होने लगती है तब ये लोग उसकी मनमानी कीमत वसूलते हैं, भले ही उस पर उनकी लागत दो पैसे भी नहीं आई हो।"

अकबर ने सिर हिलाते हुए कहा–"तो तुम यह कहना चाहते हो कि समय का लाभ लेनेवाली जाति है बनिया?"

"जी हाँ, जहाँपनाह! आपने ठीक समझा।" इतना कहकर बीरबल हँसने लगा।

सेठ को सबक

एक बार एक कंजूस सेठ को कविता सुनने का शौक चर्राया। सेठ के मुहल्ले में ही नजर साहब रहते थे। नजर साहब थे तो गरीब मगर उनकी शायरी ने उन्हें मशहूर कर दिया था। उनसे मिलने के लिए दूर-दूर से शायर और अदीब आया करते थे।

कई जलसों में उनकी शायरी बीरबल ने भी सुनी थी। कई बार मुलाकात होने से नजर साहब का अच्छा परिचय बीरबल से भी हो गया था। कविताएँ सुनाने के बाद जलसों में बड़े लोगों से जो बख्शीश मिल जाती थी उससे ही नजर साहब का गुजर-बसर होता था।

सेठ ने भी नजर साहब की शोहरत सुन रखी थी। इसलिए उसने नजर साहब को अपने घर कविताएँ सुनाने का आमंत्रण भेज दिया।

नजर साहब आम तौर पर किसी के घर जाकर कविताएँ नहीं सुनाते थे लेकिन सेठ उनके मुहल्ले में ही रहता था। पड़ोस का मामला होने के कारण वे न नहीं कर सके और नियत दिन सेठ के घर जाकर उसे अपनी कविताएँ सुनाईं।

उनकी कविताएँ तो मन को मोहनेवाली थीं ही, कविताएँ सुनाने का उनका अन्दाज भी आकर्षक था।

सेठ ने दिल खोलकर उनकी तारीफ की और नजर साहब से कहा–"मैं आपको खूब इनाम दूँगा–आपकी बेहतरीन कविताओं के लिए लेकिन इसके लिए आपको किसी और दिन आना पड़ेगा।"

नजर साहब बेचारे क्या करते! सेठ के घर से लौटकर चले आए। परिजनों से उन्होंने बताया कि सेठ को उनकी शायरी बहुत भायी और उसने उनसे इनाम का वादा भी किया है।

परिजनों ने नजर साहब से कहा भी कि वह सेठ महाकंजूस है। उसकी अंटी से एक दोकड़ा भी निकालना मुश्किल है।

मगर नजर साहब दिल के साफ इनसान थे। उन्हें अपने परिजनों की बात पर भरोसा नहीं हुआ कि वह सेठ उन्हें इनाम नहीं देगा। उन्होंने अपने परिजनों द्वारा सन्देह व्यक्त किए जाने पर कहा–"अरे भाई! किसी भले मानुष पर नाहक सन्देह नहीं करते। जरा तुम लोग भी तो सोचो कि एक फनकार से वह झूठा वादा क्यों करेगा?"

एक दिन नजर साहब को पैसों की बड़ी जरूरत पड़ी। कोई रास्ता न देख वे उस सेठ के पास गए। सेठ ने उन्हें देखकर ऐसा दिखाया जैसे उसने नजर साहब को पहले कभी देखा ही न हो। असमंजस में पड़ गए नजर साहब सेठ की बेरुखी देखकर। अन्ततः उन्होंने सेठ को याद दिलाया– "सेठ जी! मैं 'नजर' हूँ–वही शायर जो आपके घर आपको शायरी सुनाने आया था और आपने जिसे इनाम देने का वादा किया था।"

"हाँ भाई, नजर साहब! याद आया।" सेठ ने कहा और फिर अपने काम में व्यस्त हो गया।

नजर साहब संकोचवश पहले तो खुद कुछ नहीं बोले मगर जब सेठ ने उन पर प्रश्नवाचक दृष्टि डालते हुए पूछा–"कहिए! कोई काम है?"

तब संकुचित होते हुए नजर साहब ने कहा–"आपने इनाम देने का वादा किया था इसीलिए आया हूँ।"

"अरे, इतनी सी बात! एक बात बताइए–मेरा वादा सुनकर आपको खुशी हुई थी?" सेठ ने पूछा।

"जी हाँ, सेठ जी!" नजर साहब ने सकुचाते हुए उत्तर दिया।

"मुझे भी आपकी कविता सुनकर बहुत खुशी हुई थी। अब आप यह समझ लें कि आपसे मुझे सुख मिला और मुझसे आपको सुख प्राप्त हुआ। हिसाब हुआ बराबर! फिर इनाम किस बात का? इनाम की बात तो मैंने आपको प्रसन्न करने के लिए कही थी।"

नजर साहब को काटो तो खून नहीं। उन्होंने सपने में भी नहीं सोचा था कि यह सेठ उनके साथ इस तरह की वादा-खिलाफी करेगा। परेशान से नजर साहब सेठ के घर से वापस अपने घर की ओर चले जा रहे थे। उन्हें समझ में नहीं आ रहा था कि वे अपने परिजनों से क्या कहेंगे!...उनके परिजन उन्हें पहले ही आगाह कर रहे थे कि सेठ कंजूस है। उसकी जेब से दमड़ी भी निकलनेवाली नहीं।

जिस समय नजर साहब सेठ के घर से निराश लौट रहे थे, उसी समय बीरबल अपने घोड़े पर सवार उधर से गुजर रहा था। अदीबों के लिए बीरबल के मन में श्रद्धा थी। बीरबल ने घोड़े से उतरकर नजर साहब का अभिवादन किया।

नजर साहब ने अपनी उदास नजरें उठाईं और सामने बीरबल को पाकर चौंक पड़े।

नजर साहब को उदास देखकर बीरबल ने महसूस किया कि नजर साहब परेशान हैं। उनकी उदासी का कारण उनकी आर्थिक तंगी भी हो सकती है इसलिए उसने मन-ही-मन उनकी सहायता करने का निश्चय किया और कहा–"नजर साहब! आज मेरी तबीयत शायरी सुनने के लिए मचल रही है, इस कारण ही आपकी याद आ गई। आप जैसे अदीब को अपने घर बुलवाऊँ, यह गुस्ताखी होती सो मैंने खुद आपके पास आने का फैसला किया। अच्छा हुआ कि आप मुझे मिल गए वरना मुझे किसी से पूछना पड़ता कि आप किस मकान में रहते हैं।"

बीरबल की बातें सुनकर नजर साहब की उदासी थोड़ी कम हुई। सच भी है कि कद्रदानों में ही फनकारों की जान बसती है। बीरबल को साथ लेकर नजर साहब अपने घर आ गए।

बीरबल ने जब नजर साहब की बैठक की हालत देखी तो उसकी समझ में आ गया कि इतना बड़ा अदीब कितने अभाव में जीवन बसर कर रहा है!

बीरबल ने नजर साहब से कुछ नज्में और कुछ गजलें सुनीं और खुश होकर उन्हें सोने की पाँच मुहरें अपनी जेब से निकालकर यह कहते हुए भेंट की–"नजर साहब! मैं जानता हूँ कि आप खुद्दार इनसान हैं मगर आप अपने चाहनेवालों का दिल नहीं तोड़ेंगे...यह भेंट आप स्वीकार करें ताकि फिर कभी मेरी तबीयत कुछ सुनने-सुनाने की हो तो आपके पास आ सकूँ।"

और कोई मौका होता तो नजर साहब बीरबल की भेंट स्वीकार नहीं करते मगर घर में पैसों की सख्त जरूरत थी, उन्होंने उस भेंट को स्वीकार कर लिया। ऐसा करते वक्त उनकी आँखें गीली हो गईं।

बीरबल से यह बात छुपी नहीं रह सकी और उसने बड़ी आत्मीयता से नजर साहब का दामन थाम लिया और बोला–"नजर साहब! आप उदास और गमगीन हैं, मुझे बताएँ कि आपके साथ ऐसा क्या हुआ है कि खुशी के मौके पर भी आपकी आँखें नम हैं?"

बीरबल के दबाव डालने पर नजर साहब ने सेठ के वादे और सेठ की वादाखिलाफी की दास्तान बीरबल को सुना दी।

सारी बातें सुनकर बीरबल ने कहा–"नजर साहब! आप अब उदास न रहें। सेठ ने आपसे इतना ही कहा न कि शायरी सुनकर मुझे खुशी हुई और इनाम की बात सुनकर तुम्हें?"

"हाँ, ऐसा ही कुछ कहा उसने।" नजर साहब ने उत्तर दिया।

बीरबल ने नजर साहब से विदा लेते हुए कहा–"परसों शाम को मैं अपने घर पर दावत रख रहा हूँ। आप उसमें अवश्य पधारें।"

अपने घर आकर बीरबल ने कातिब को बुलाया और सेठ के नाम एक आमंत्रण पत्र बनवाकर उसे अपने घर दावत में आने को कहा।

बीरबल का आमंत्रण पाकर सेठ की खुशी का ठिकाना नहीं रहा। अकबर के दरबार के आला दीवान का आमंत्रण किसी को प्राप्त हो, यही अपने आपमें गौरव की बात थी।

निर्धारित तिथि को बीरबल के आवास पर उसके कुछ मित्रों का जमावड़ा लगा हुआ था। शायर नजर वहाँ शायरी सुना रहे थे। इसी दौरान सेठ भी वहाँ पहुँचा। बीरबल ने सेठ को अपने पास बैठाया। नजर साहब शेर पढ़ते तो बीरबल उन्हें दाद देता और सेठ से कहता–"नजर साहब! कमाल के शायर हैं। इन्हें तो इनाम मिलना चाहिए।"

नजर साहब की नजरें कई बार सेठ से मिलीं और जब भी सेठ से उनकी नजरें मिलीं, सेठ उन्हें देखकर झेंप गया।

देर तक शायरी का दौर चला मगर भोजन को लेकर कहीं कोई सुगबुगी नहीं देख सेठ ने बीरबल से कहा–"दीवान साहब! अब भोजन वगैरह भी हो जाए। रात गहरा रही है। मुझे लौटना भी है।"

बीरबल ने हँसते हुए सेठ से पूछा–"सेठ जी, दावत का आमंत्रण-पत्र जब आपको मिला तब आपको अवश्य खुशी हुई होगी...बस उसी खुशी का अहसास कराने के लिए मैंने आपको आमंत्रण-पत्र भेजा था। भोजन की तो कोई बात नहीं है।"

सेठ को याद आया कि नजर साहब को इनाम का वादा करने के बाद उसने उनके आने पर ऐसा ही जुमला कहा था। पहली बार सेठ को अपने कृत्य पर पश्चात्ताप हुआ और उसने बीरबल के सामने नजर साहब

से माफी माँगी तथा उनके इनाम की राशि का भी वहीं भुगतान कर दिया।

इसके बाद बीरबल ने अपने साथियों सहित सभी मेहमानों को भोजन कराकर विदा किया। नजर साहब ने जाते समय बीरबल का शुक्रिया अदा करते हुए कहा–"आपने अच्छा सबक सिखाया सेठ को। अब वह किसी के साथ वादाखिलाफी नहीं करेगा।"

□□□